权威·前沿·原创

皮书系列为
"十二五""十三五"国家重点图书出版规划项目

冰雪蓝皮书
BLUE BOOK OF
ICE AND SNOW SPORTS

中国滑雪产业发展报告（2017）

ANNUAL REPORT ON DEVELOPMENT OF SKI
INDUSTRY IN CHINA (2017)

主　编／孙承华　伍　斌　魏庆华　张鸿俊
执行主编／尹振华　于　洋

社会科学文献出版社
SOCIAL SCIENCES ACADEMIC PRESS (CHINA)

图书在版编目(CIP)数据

中国滑雪产业发展报告.2017/孙承华等主编.--北京：社会科学文献出版社，2017.9
（冰雪蓝皮书）
ISBN 978-7-5201-1276-5

Ⅰ.①中⋯　Ⅱ.①孙⋯　Ⅲ.①雪上运动-体育产业-产业发展-研究报告-中国-2017　Ⅳ.①G863.1

中国版本图书馆 CIP 数据核字（2017）第 202337 号

冰雪蓝皮书
中国滑雪产业发展报告（2017）

主　　编 / 孙承华　伍　斌　魏庆华　张鸿俊
执行主编 / 尹振华　于　洋

出 版 人 / 谢寿光
项目统筹 / 邓泳红　郑庆寰
责任编辑 / 王　展　郑庆寰

出　　版 / 社会科学文献出版社·皮书出版分社（010）59367127
　　　　　　地址：北京市北三环中路甲29号院华龙大厦　邮编：100029
　　　　　　网址：www.ssap.com.cn

发　　行 / 市场营销中心（010）59367081　59367018
印　　装 / 北京季蜂印刷有限公司

规　　格 / 开　本：787mm×1092mm　1/16
　　　　　　印　张：17.75　字　数：232千字
版　　次 / 2017年9月第1版　2017年9月第1次印刷
书　　号 / ISBN 978-7-5201-1276-5
定　　价 / 79.00元

皮书序列号 / PSN B-2016-559-1/3

本书如有印装质量问题，请与读者服务中心（010-59367028）联系

▲▲ 版权所有 翻印必究

《中国滑雪产业发展报告（2017）》编委会

总 顾 问 赵英刚 李 铁

顾　　问 单兆鉴　董林模　朱志强　李　宁　杨　扬
　　　　　　 申　雪　赵宏博　何文义　李晓鸣　张晓欢
　　　　　　 王辰宇　林显鹏　张贵海　唐云松　杨　强
　　　　　　 朱东方　王　诚　潘石坚　侯明晖　安福秀

主　　编 孙承华　伍　斌　魏庆华　张鸿俊

执行主编 尹振华　于　洋

副 主 编 赵昀昀　王　宁　姚　荣　张泽源

编　　委（以姓氏笔画为序）
　　　　　　 于　洋　于胜利　于　韬　大　命　马艳彬
　　　　　　 马　斌　王　宁　王忠厚　王　嵩　尹振华
　　　　　　 尹　磊　代　森　伍　斌　刘孟孟　刘微娜
　　　　　　 安亚忱　孙承华　孙　慧　李　丽　李兴宇
　　　　　　 杨大为　何红力　宋志勇　张鸿俊　张泽源
　　　　　　 周永梅　郎森鏊　孟泽轩　赵昀昀　姜　勇
　　　　　　 姚　荣　高　健　魏庆华　魏改华　魏彩霞

机构简介

北京卡宾冰雪产业研究院（以下简称"研究院"）依托北京卡宾滑雪集团在中国冰雪产业领域的丰富实践经验、领先技术优势和业内实力地位，旨在搭建一个集产业规划实践与研究、咨询服务与人才培养于一体的开放、创新、前沿性的冰雪产业智库平台。

北京卡宾冰雪产业研究院致力于对政府规划、冰雪产业发展、冰雪市场的长期跟踪研究，组建了一支专业研究团队，团队成员包括资深中外行业专家、高级咨询顾问和研究员、技术专家、场地规划设计专家以及中国首位滑雪冠军，成员平均行业经验超过 10 年。团队成员参与了与冬奥会相关的业务，开展冬奥会人员培训工作的同时参加了冬奥会的场地规划等。研究院围绕中国冰雪产业发展中的重大问题与战略性问题，对冰雪产业的发展定位、产业体系和产业链、产业结构、空间布局、经济社会环境影响、市场分析、产业可持续发展等进行了系统性的科学调查和分析研究。2016 年正式出版《中国滑雪产业发展报告（2016）》。

另外，研究院协助出版《中国滑雪产业白皮书（2016 年度报告）》、《2016 全球滑雪市场报告》与《2017 全球滑雪市场报告》中文版、《2015 中国·阿勒泰国际古老滑雪文化论坛报告》等多部冰雪产业发展报告，并将于 2017 年年底与北京市滑雪协会联合推出《北京市冰雪运动发展白皮书》。

2015 年 9 月，北京卡宾冰雪产业研究院与北京大学中国体育产业研究中心签订《中国冰雪产业发展合作研究协议》，合作成立"北京大学中国体育产业研究中心冰雪产业研究室专项研究小组"，并于

2016年12月在北大校园承办以"休闲体育·健康中国"为主题的"第八届中国体育产业高峰论坛",得到了社会各界的广泛关注。

对外合作方面,研究院与中国滑雪协会、北京冰球协会、新浪网冰雪频道、环球网滑雪频道、中国青年网等专业机构和媒体建立了战略合作关系,形成了"产学研媒"一体化的现代研究体系,加速推动研究成果转化,实现了理论、产品与产业的协同创新。

主编简介

孙承华 管理学博士,高级工程师,北京科技大学经济管理学院硕士研究生导师,北京大学体育科学研究所兼职研究员,北京大学中国体育产业研究中心冰雪产业研究室专项研究小组组长,北京卡宾滑雪集团总裁,《2015中国·阿勒泰国际古老滑雪文化论坛报告》主编。曾任大型上市地产公司副总裁。主要研究领域为国际贸易、产业经济学,研究侧重于滑雪产业的国内发展状况及未来趋势、滑雪产业研究的方法论等。主要代表作有《中国国际贸易模式研究》《中国燃料酒精行业发展战略布局研究》《农业产业化贸工农一体化发展》,主笔编写《中国滑雪产业发展报告(2016)》,同时参与与冬奥会相关的业务。

伍 斌 万科集团滑雪事业首席战略官兼吉林万科松花湖国际度假区副董事长。曾任北京万达文化产业集团营运中心高球冰雪部副总经理、吉林北大壶滑雪度假区总经理、河北崇礼多乐美地滑雪度假村总经理、意大利泰尼卡集团中国(北京)公司营销总监、北京雪上飞体育用品有限公司执行董事等。长期致力于推动国内滑雪产业发展,对国际国内滑雪产业有深入的研究。主笔编写《中国滑雪产业白皮书(2015年度报告)》《中国滑雪产业白皮书(2016年度报告)》《中国滑雪产业发展报告(2016)》,并参与编译《2016全球滑雪市场报告》与《2017全球滑雪市场报告》中文版,同时参与与冬奥会相关的业务。

魏庆华 资深滑雪场管理专家，现任北京安泰雪业投资管理有限公司董事长、中雪众源（北京）投资咨询有限责任公司董事长。历任亚布力滑雪场副场长、南山滑雪场执行总经理、万龙滑雪场总经理、密苑云顶乐园副总裁等。从事滑雪产业和事业二十五年，参与多家滑雪场规划设计、开发建设和运营管理工作。除滑雪场实务工作之外，还参与滑雪场规范和标准编制、滑雪业态研究和重要赛会申办等工作。先后参与编制《GB 19079.6－2013 体育场所开放条件与技术要求第6部分：滑雪场所》，参与编写《中国滑雪产业白皮书（2015年度报告）》《中国滑雪产业白皮书（2016年度报告）》《2016全球滑雪市场报告》与《2017全球滑雪市场报告》中文版，主笔编写了《中国滑雪产业发展报告（2016）》，全程参与北京2022年冬奥会的申办工作。

张鸿俊 北京卡宾滑雪集团董事长、黑龙江冰雪产业研究所滑雪场设备运营与管理客座教授，《滑雪去——跟着冠军学滑雪》主编，中国最早最大滑雪场——亚布力滑雪场的开拓者、建设者、管理者。在中国滑雪场选址、规划设计、建设和经营管理方面具有几十年的实践经验，曾先后建设、经营、管理北京八达岭滑雪场、北京怀北国际滑雪场、沈阳怪坡国际滑雪场等多个大型滑雪场项目。主要研究方向为中国造雪系统的技术与设备研发。已成功研发国产人工造雪机，为业内公认的中国滑雪设备技术专家、中国造雪系统专家。主笔编写《中国滑雪产业发展报告（2016）》，同时参与与冬奥会相关的业务。

序

2017年《冰雪蓝皮书》系列之《中国滑雪产业发展报告（2017）》成功问世，我谨代表中国滑雪协会再次表示祝贺，并向相关工作人员表示感谢。

2016年第一本滑雪蓝皮书《中国滑雪产业发展报告（2016）》的出版，为中国滑雪产业带来了积极的影响，受到了广大滑雪爱好者特别是冰雪产业界的高度关注和广泛赞誉。今年的《冰雪蓝皮书》系列，在第一本《中国滑雪产业发展报告》的基础上，新增加了《中国冰上运动产业发展报告（2017）》与《中国冬奥经济发展报告（2017）》，进一步拓展了我国冰雪运动的发展现状，内容更加丰富，分析更加深刻。相信它能在我国冰雪产业的发展中发挥更大的推动和指导作用。

2022年北京冬奥会的成功申办，为我国冰雪产业带来前所未有的发展机遇与挑战。面对新的机遇，我们应当积极把握时代发展脉络，利用好当前冬奥大背景下国家的各项扶持政策，让我们冰雪产业的发展更上一层楼。面对新的挑战，我们也应当时刻谨记自身发展的不足，客观分析制约发展的因素，积极探索解决问题的途经。希望我们冰雪人多多翻阅冰雪蓝皮书，从中得到更多利于自身发展的灵感与启示。

相信2017版《冰雪蓝皮书》系列能够为我国冰雪界带来更广泛的影响，希望《冰雪蓝皮书》系列越来越精彩，祝福中国冰雪产业健康发展，祝福北京冬奥会圆满成功，为我们留下丰厚的遗产！

中国滑雪协会主席

2017年7月12日

摘　要

《中国滑雪产业发展报告（2017）》是卡宾集团关于中国滑雪产业的又一报告力作。本报告主要描述了我国滑雪产业在快速发展期的发展现状、热点及经典案例。

本报告通过线上及线下问卷调查、滑雪专家访谈、滑雪场实地考察、文献资料分析、个案研究等定性、定量研究方法来搜集滑雪产业数据和资料。在充分把握基础数据的基础上，对滑雪产业发展的基本情况进行了分析，目的是为我国滑雪相关企业、机构决策提供一定的参考。

本报告共包括四部分：总报告、热点篇、案例篇、国际借鉴篇。总报告通过滑雪场、滑雪设备、滑雪装备、滑雪者四个滑雪产业关键因素来阐述国内滑雪产业的发展现状。热点篇描述滑雪产业方面国内大众关注的热点话题，如室内滑雪场、滑雪安全、国产滑雪装备、滑雪培训市场、滑雪赛事等，并探讨我国滑雪产业健康发展的对策。国内案例篇介绍了富龙滑雪场、南山滑雪场、北京雪族科技有限公司等相关案例。富龙滑雪场、南山滑雪场是国内新老滑雪场的代表，雪族科技是在垂直冰雪创业领域有影响力的科技互联网公司。国内案例篇通过介绍3家具有代表性的滑雪公司及其运营模式，来展望中国滑雪企业的发展前景。国际借鉴篇选取了加拿大的惠斯勒滑雪度假区、日本滑雪产业作为国外滑雪产业发展代表，希望通过对国外发展模式的剖析与介绍，为国内滑雪产业发展带来思考和借鉴。

目 录

Ⅰ 总报告

B.1 中国滑雪产业发展概况 …………………………………… 001
  一 滑雪场发展概况 …………………………………… 002
  二 设备发展概况 ……………………………………… 009
  三 装备发展概况 ……………………………………… 016
  四 滑雪者发展概况 …………………………………… 025

Ⅱ 热点篇

B.2 我国室内滑雪场发展现状及对策建议 …………………… 049
B.3 我国滑雪装备品牌发展战略 ……………………………… 065
B.4 滑雪安全研究及对策建议 ………………………………… 083
B.5 我国滑雪培训市场现状分析 ……………………………… 105
B.6 2016年中国滑雪赛事分析 ………………………………… 121

Ⅲ 案例篇

B.7 富龙·四季小镇度假区 ………………………………… 139

B.8 南山滑雪场 ………………………………………………… 163

B.9 滑雪场的销售提升与信息化流通的相互关系 ………… 179

Ⅳ 国际借鉴篇

B.10 加拿大惠斯勒滑雪度假区 ……………………………… 198

B.11 日本滑雪市场 …………………………………………… 223

Abstract ………………………………………………………… 255

Contents ………………………………………………………… 257

总 报 告
General Report

B.1
中国滑雪产业发展概况[*]

摘　要： 滑雪产业以滑雪场经营为中心，包含了设备和装备的研发、生产及销售。本文首先对我国滑雪场的发展现状做了论述，2016年，我国滑雪产业的规模不断扩大，滑雪场的数量稳步增长，其区域分布在不断扩大。其次，本文对滑雪设备、装备的现状做了论述，我国滑雪设备的规模不断扩大，无论是索道、魔毯、造雪机、压雪车，还是滑雪装备，在报告期内都有不同程度的增长。最后，本文对我国滑雪者的现状进行了论述，对我国滑雪者的特征进行了描述。

关键词： 滑雪产业　滑雪场设备　滑雪者　体育　冬季运动

---

[*] 本书的基础数据均来源于伍斌、魏庆华先生的《中国滑雪产业白皮书》。

一 滑雪场发展概况

（一）滑雪场数量及分布

图1是1996～2016年我国滑雪场数量的增长情况。2016年，我国共有646家滑雪场，相比于2015年的568家，新增78家，增长率为13.73%。同2015年增长23.48%相比，2016年滑雪场数量的增速有所减缓。

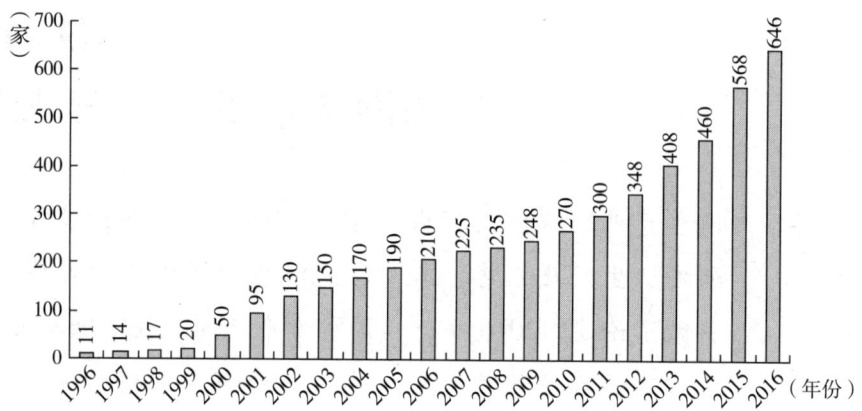

图1　1996～2016年全国滑雪场数量统计

说明：2011年及之前的数据是依据中国滑雪协会的官方数据修正而来的；2012之后的数据是根据《2016中国滑雪场大全》提供的相关滑雪场统计，在剔除戏雪、娱雪乐园的部分后，结合实际调研情况复核修正后得来的。

我国共有27个省（区、市）有滑雪场，其中，黑龙江省的滑雪场最多，为122家，比第二名的山东省多出了64家，香港、澳门、台湾、江西、海南、上海、西藏等地没有滑雪场（见表1）。

表1 2016年全国各省滑雪场数量以及新增数量

单位：家

排序	分区	省份	2016年滑雪场数量	2015年滑雪场数量	2016年新增滑雪场数量
1	东北	黑龙江	122	120	2
2	华东	山东	58	51	7
3	西北	新疆	57	52	5
4	华北	河北	46	40	6
5	华北	山西	42	32	10
6	华中	河南	41	33	8
7	东北	吉林	38	37	1
8	东北	辽宁	35	31	4
9	华北	内蒙古	33	26	7
10	西北	陕西	27	21	6
11	华北	北京	24	23	1
12	华东	浙江	18	17	1
13	西北	甘肃	16	11	5
14	华东	江苏	13	13	0
15	华北	天津	12	12	0
16	西南	四川	11	10	1
17	西南	重庆	11	10	1
18	西北	宁夏	11	7	4
19	华中	湖南	7	7	0
20	西北	青海	7	3	4
21	西南	贵州	6	4	2
22	华中	湖北	5	4	1
23	西南	云南	2	2	0
24	华东	福建	1	1	0
25	华南	广东	1	1	0
26	华南	广西	1	0	1
27	华东	安徽	1	0	1
总计			646	568	78

从2016年滑雪场排名变化来看,山东超越了新疆,排在第二,山西跻身前五名。排名由2015年的黑龙江、新疆、山东、河北、吉林变成2016年的黑龙江、山东、新疆、河北、山西。2016年我国共新增78家滑雪场,按新增数量排序,山西省增加10家,位居首位;随后是河南、山东、内蒙古,分别新增8家、7家、7家;河北、陕西、新疆、甘肃分别新增6家、6家、5家、5家。

为了更清晰地展示我国滑雪场的分布,我们按华北、华东、华南、华中、西南、东北、西北等七大区域的分布来分析,滑雪场分布状况如图2所示。其中,东北区域滑雪场数量占比最大,为30.19%;其次为华北区域,为24.30%。

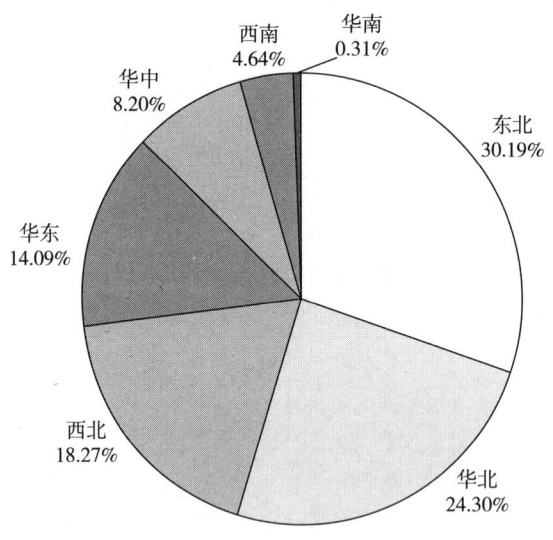

图2 2016年中国滑雪场区域分布比重

从全国七大区域来看,与2015年相比,2016年滑雪场数量增长最多的是华北区域与西北区域,都新增滑雪场24家;其次是华中区域,新增滑雪场9家。

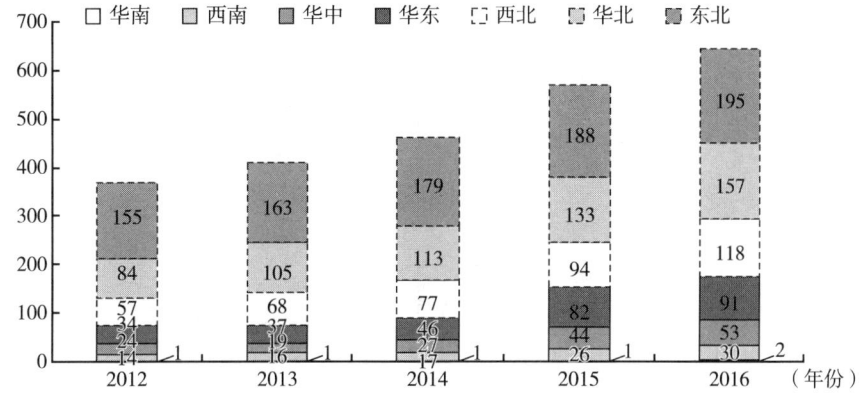

图3 2012～2016年全国各大区滑雪场数量变化

（二）滑雪场概况

垂直落差、雪道面积、核心目标客群是衡量滑雪场等级的重要指标，下面我们将从这三个方面来对滑雪场进行分类统计。

1. 按垂直落差统计

垂直落差是衡量滑雪场硬件基础条件的重要指标，本文以100米、300米作为两个测量指标，对全国的滑雪场进行分类统计，发现：垂直落差小于100米的滑雪场有507家，有120家滑雪场的垂直落差在100～300米，另外有19家滑雪场垂直落差超过300米。2016年开业的崇礼富龙滑雪场虽然总体规划的垂直落差达480米，但其一期项目的垂直落差不足300米，只能被归为100～300米这一类（见图4）。值得注意的是，国内也出现了超高垂直落差滑雪场。2017年1月，垂直落差超过1000米、首开直升机的新疆阿尔泰野雪公园正式开业。

2. 按雪道面积统计

雪道面积也是衡量滑雪场级别的重要指标。2016年，北大壶滑雪场、万龙滑雪场、万科松花湖滑雪场是我国雪道面积超过100公顷的滑雪场（见表2）。

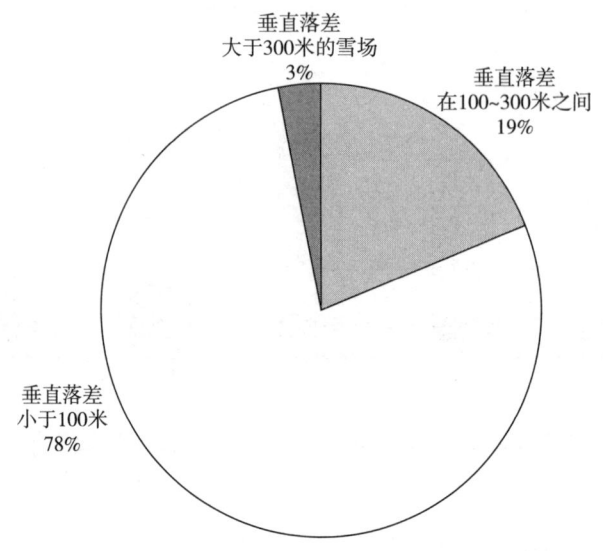

图4　国内滑雪场按垂直落差占比统计

表2　按雪道面积统计的滑雪场数据

雪道面积(公顷)	滑雪场数量(家)	滑雪场名称
>100	3	万科松花湖/北大壶/万龙
50~100	5	亚布力阳光/万达长白山/密苑云顶……
30~50	7	南山/牙克石……
10~30	26	万科石京龙……
5~10	87	
<5	518	
总　计	646	

注：亚布力滑雪场如果按三山联网的范围计算，雪道面积在100公顷以上。

3. 按核心目标客群分类

国内的滑雪场按核心客群分类可以分为旅游体验型、城郊学习型以及目的地度假型，三种滑雪场的特征、客群定位以及客群特征都有很大的不同。

旅游体验型滑雪场以旅游观光客为其消费客群，客户多为一次性体验，在滑雪场的平均停留时间为2小时左右。旅游体验型滑雪场多分布在景区或城郊，滑雪场只有初级道，滑雪场的设施也相对简单。我国的滑雪场以此类为主，占到总数量的75%，例如雪世界滑雪场就是典型的旅游体验型滑雪场。

城郊学习型滑雪场服务于本地居民，位于城郊，自驾游客人较多。游客一次在滑雪场逗留的时间约为3~4小时，城郊学习型滑雪场的特征是山体垂直落差不大；雪道较旅游体验型丰富，不但有初级道，部分还配备有中级道和高级道；滑雪场的设施也相对较为完善。此类滑雪场占到总数量的22%，南山滑雪场是城郊学习型滑雪场的代表。

目的地度假型滑雪场在我国的数量最少，仅占3%。除了旅游、运动之外，度假也是游客的重要目的，他们往往会选择过夜（见图5）。目的地度假型滑雪场的规模较大、垂直落差较大、雪道面积较大，能够提供丰富的产品，在住宿、餐饮等方面的配套也较为齐全。国内的万科、万龙、万达以及北大壶滑雪场是此类的代表。

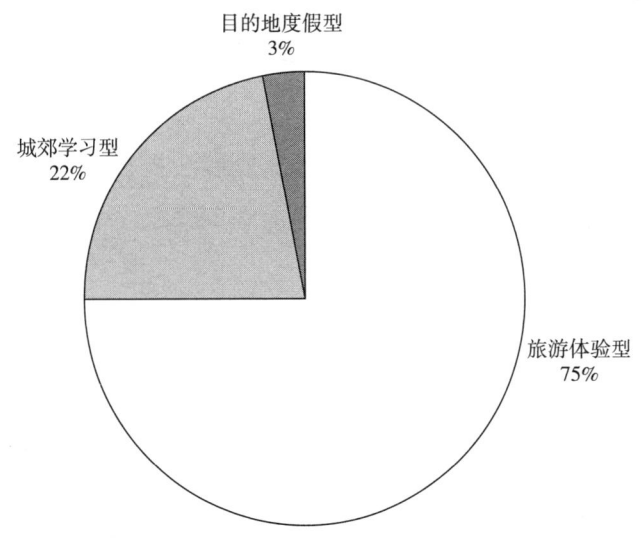

图5　国内滑雪场按核心目标客群分类

（三）四季滑雪场

1. 室内滑雪馆

截至2016年，全国室内滑雪馆的数量达到12家（见图6）。近几年中国的室内滑雪馆数量不断增长，已经成为全球拥有室内滑雪场馆数量的国家。2017年6月30日，万达哈尔滨室内滑雪馆正式开业，成为世界上规模最大的室内滑雪场。

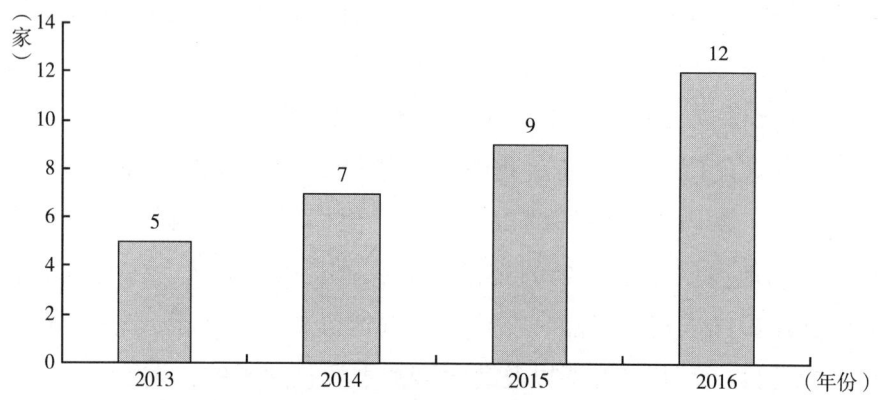

图6　已投入运营的室内滑雪场数量统计

2. 旱雪

我国的旱雪产业近年来取得了迅速发展。根据尖峰旱雪的材料，我国已经投入使用的尖峰旱雪滑雪场达到18家，另外有5家处于在建状态。

3. 室内滑雪模拟训练场地

根据室内滑雪模拟训练场地主要供应商提供的信息，国内目前共有25台滑雪模拟设备。以雪乐山俱乐部为例，雪乐山俱乐部已经有3家室内滑雪训练中心在北京开业，每家训练中心接待滑雪顾客量约为10000人次。按计划，2017年，雪乐山俱乐部将在北京新开3家训练中心，在北京的开设总目标为10家。

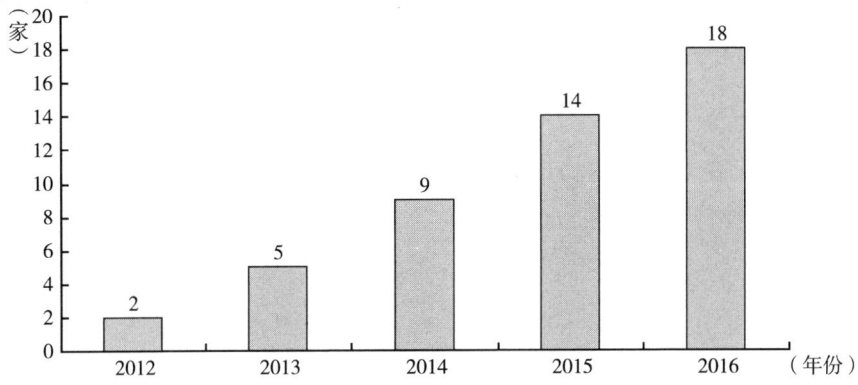

图 7　已投入运营的尖峰旱雪滑雪场地数量

二　设备发展概况

滑雪场设备主要包括造雪压雪设备和运力设备两大方面。因为我国绝大部分滑雪场主要依靠人工造雪压雪设备，所以滑雪场对造雪机和压雪车的需求量比较大。目前我国滑雪场使用的造雪机 80%～90% 依靠进口，国产化比重很低，压雪车亦是如此。昂贵的造雪压雪设备成为制约我国滑雪产业发展的一大因素，造雪压雪设备国产化刻不容缓。相比之下，滑雪场运力设备的国产化发展相对良好，魔毯、索道设备等基本实现国产化，无论是设计、生产还是安全性方面都达到国际先进水平。

（一）滑雪场运力设备系统

滑雪场运力是衡量滑雪场等级的一项重要指标。随着滑雪运动在我国的不断发展，滑雪者对于滑雪场硬件设施的要求也越来越高。就索道而言，滑雪者除了对速度的要求外，对于乘坐索道时的舒适性体验也很看重。比如雪道面积超过 100 公顷的万科松花湖滑雪场，共拥有6条索道，滑雪场购入的奥地利品牌Doppelmayr高速缆车，每小时可运送17000人。另外张家口崇礼区的滑雪场集群，比如万龙、密苑云顶以及太舞小镇等滑雪场都拥有多条高级索道。

魔毯是滑雪场初级道的必备运力系统。我国目前滑雪产业的市场特征是初级滑雪者人数居多，初级道使用率较高，因此，魔毯的需求量占滑雪场运力系统很大一部分。旺盛的市场需求量加快了魔毯的国产化，我国国产魔毯最长可达440米，无论是安全性、舒适度还是运输效率等方面都表现突出。

2016年，全国滑雪场共有架空索道226条，分布于137家滑雪场，架空索道主要分布在黑龙江、辽宁、河北、北京地区。我国共有脱挂式架空索道36条，主要分布在黑龙江、吉林、河北张家口等地的滑雪场。全国滑雪场共计魔毯数量为850条，2016年魔毯新增数量为232条。

1. 滑雪场架空索道

2016年全国滑雪场架空索道为226条，全国架空索道总量排名前五的省份依次为黑龙江、河北、辽宁、吉林、北京，河北的架空索道总量超过辽宁，仅次于黑龙江。黑龙江的滑雪场总数为122家，居全国之首，因此其架空索道数量也是各个省份中最多的。中部及西南地区省份的滑雪场发展较为缓慢，架空索道数量基本与上年持平（见表3）。

表3　全国滑雪场架空索道统计

省份	2016年(条)	2015年(条)	新增(条)	分布的滑雪场数(家)
黑龙江	44	38	6	25
河北	30	25	5	10
辽宁	29	29	0	22
吉林	26	22	4	8
北京	24	24	0	12

续表

省份	2016年(条)	2015年(条)	新增(条)	分布的滑雪场数(家)
新　疆	10	10	0	7
内蒙古	6	6	0	5
山　西	5	3	2	4
甘　肃	5	1	4	3
四　川	4	4	0	2
河　南	3	3	0	2
湖　北	3	3	0	2
山　东	3	3	0	3
云　南	3	3	0	1
重　庆	2	2	0	2
贵　州	2	1	0	2
陕　西	1	1	1	1
天　津	1	1	0	1
遗漏估计	25	19	6	25
总　计	226	198	28	137

全国脱挂式架空索道分布大致如下：吉林省共计17条，排名第一；河北省共计13条，排名第二；黑龙江省共计6条，排名第三（见表4）。

表4　全国滑雪场脱挂式架空索道分布统计

滑雪场	2016年(条)	省份
万科松花湖	6	吉林
万达长白山	5	吉林
北　大　壶	4	吉林
万　　　龙	4	河北
密苑云顶	3	河北

续表

滑雪场	2016年(条)	省份
太　舞	3	河北
亚布力体委	3	黑龙江
亚布力阳光	2	黑龙江
富　龙	2	河北
鲁能长白山	2	吉林
多乐美地	1	河北
帽 儿 山	1	黑龙江
合　计	36	

注：此项统计中，只包括用于滑雪的索道，不包括运输用途的索道。

2. 滑雪场魔毯

魔毯作为滑雪场运力系统里使用率很高的设备，具有运行平稳、乘坐方便、承载力大等优点，是初级、中级滑雪道的重要上行设备。另外，魔毯对于工作人员的操作及维修技术要求不高，操控简单，日常维修护理技术含量低。2016年，全国滑雪场新增魔毯数量为232条，运营的魔毯总数为850条，全部魔毯总长度约为128千米（见图8）。

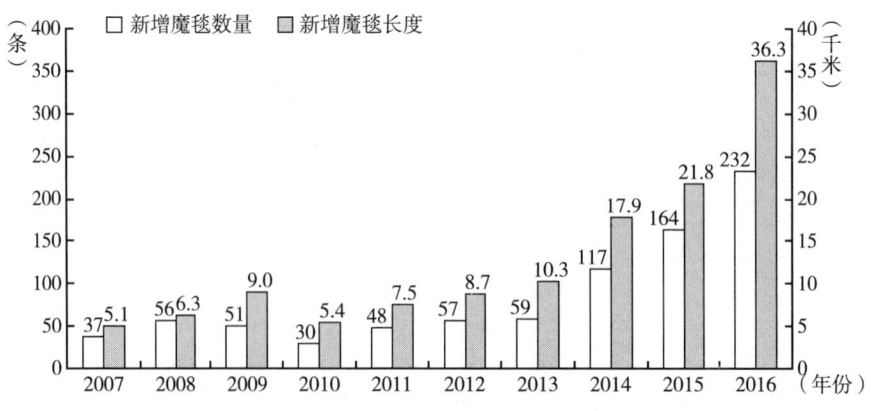

图8　滑雪场新增魔毯数量及长度

（二）滑雪场造雪压雪设备

1.造雪机

在每个雪季初期，大多数滑雪场要依靠造雪机进行人工造雪。滑雪场根据造雪面积的不同，配备相应台数的造雪机。不同品牌的造雪机在不同环境及温度下的造雪量也有所差别，因此每个滑雪场配备造雪机的数量差异较大。以崇礼地区的万龙滑雪场为例，该滑雪场总面积为90余万平方米，配备造雪机约为210台。

随着我国滑雪场数量的不断增加，造雪机数量也随之增长。2015年国内滑雪场造雪机数量增加700台，2016年滑雪场造雪机数量增加1180台，达到5180台。由此可以看出，全国造雪机的数量呈逐年增长的趋势（见图9）。

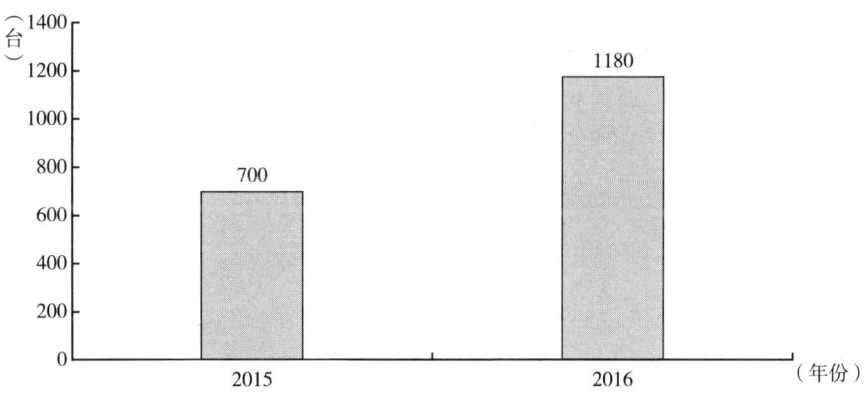

图9　滑雪场新增造雪机数量统计

我国造雪机主要依靠进口。相关调研结果显示，2016年新增的1180台造雪机中，有将近900台为进口品牌，国产造雪机在新增造雪机总量中只占很小的份额。市场占有率较大的天冰、迪马克等造雪机品牌在国内都设有代理机构，详细品牌与数据见表5。值得一提的是国产造雪机品牌诺泰克和铭星，2015年这两个国产品牌造雪机总共销量不足 70 台，而 2016 年仅诺泰克造雪机就有 160 台左右的销量，增幅明显。

表5 2016年全国主要造雪机数量统计

单位：台

品牌	公司	国内(代理)公司	数量
SMI	美国 SMI 造雪工程公司	加拿大双威力冰雪设备有限公司/北京哈尔滨办事处	260
天冰(Technoalpin)	意大利天冰	河北天冰造雪设备有限公司/德国美最时洋行(北京)公司	160
迪马克(Demaclenko)	意大利迪马克	北京卡宾滑雪体育发展股份有限公司	283
苏发格(Sufag)	奥地利 SNOWNET 集团公司	北京雪伊兰体育发展有限公司	260
艾瑞克(Areco)	奥地利 SNOWNET 集团公司	沃特司诺人工造雪设备公司	/
杰米尼(Gemini)	奥地利 SNOWNET 集团公司	—	/
超级雪(Supersnow)	波兰 SUPERSNOW	黑龙江奥格斯特旅游设备有限公司	/
诺泰克	—	河南郑州诺泰克滑雪设备有限公司	160
铭星	—	铭星冰雪(北京)科技有限公司	/
雪霸王	—	黑龙江雪霸王造雪机厂	/
雪城	—	牡丹江雪城机械制造有限责任公司	/

2. 压雪车

压雪车作为滑雪场日常整理雪道的必备设备，广泛应用于各大滑雪场。虽然压雪车的作用和功能是毋庸置疑的，但是国内还是有许多小型滑雪场没有配备压雪车。本报告认为有以下几方面原因。

首先,高昂的价格是制约国内多数滑雪场购买压雪车的重要因素。一台进口压雪车的售价一般在 150 万到 500 万人民币,这种价格对中小型滑雪场来说过于昂贵。其次,压雪车对于工作人员的技能要求较高,从日常操作到维修都需要专业技术支持,而很多滑雪场不具有这样的技术人才。最后,一些小型滑雪场没有意识到压雪车的功能,认为压雪车的使用价值不大。事实上,压雪车不但可以将雪压平压实,还可以配备雪犁,将结冰的硬雪打碎成软雪,避免造雪浪费,具有整理雪道的功能。

表 6　2016 年主要品牌压雪车销量统计

单位:台

品牌	公司	国内(代理)公司	数量
凯斯鲍尔(Keith Bauer)	意大利凯斯鲍尔	德国美最时洋行(北京)公司	25
普瑞诺特(Prinoth)	意大利普瑞诺特	北京卡宾滑雪体育发展股份有限公司	40
雪兔(Snowrabbit)	意大利雪兔	黑龙江奥格斯特旅游设备有限公司	
悍牛	—	北京卡宾滑雪体育发展股份有限公司　广西玉林悍牛工程机器有限公司	15

据统计,截至 2016 年,全国滑雪场全部压雪车总量为 410 台左右,国产压雪车占比约为 10%。从图 10 中可以看到,2016 年新增压雪车 80 台,较 2015 年 61 台的增长量来讲,增幅不大。

(三)雪地摩托

国内滑雪场使用的雪地摩托基本为进口品牌,价格在 10 万~20

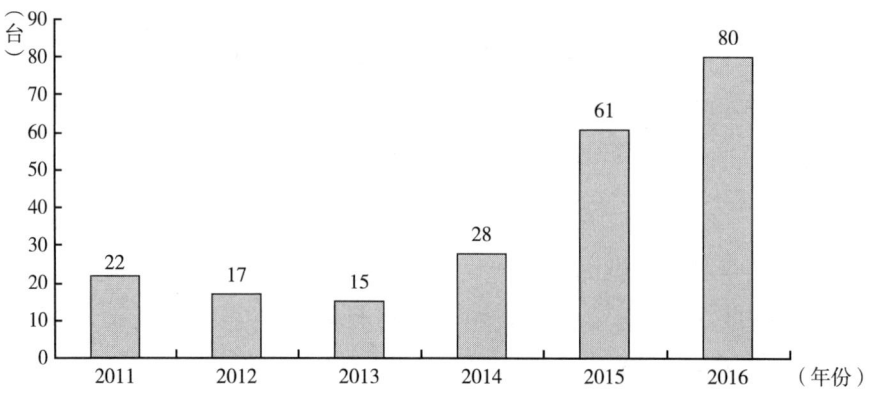

图10 滑雪场新增压雪车数量统计

万元人民币。加拿大知名品牌庞巴迪和日本品牌雅马哈的市场占有率较高。根据对崇礼地区的滑雪场的走访统计,平均每家滑雪场都配有3~5台雪地摩托,其中庞巴迪和雅马哈基本各占一半。表7为国内雪地摩托主要品牌信息。

表7 2016年全国雪地摩托主要品牌统计

品牌	公司	国内(代理)公司
庞巴迪(Bombardier)	加拿大庞巴迪公司	加拿大双威力冰雪设备有限公司/北京哈尔滨办事处
雅马哈(Yamaha)	日本雅马哈公司	北京卡宾滑雪体育发展股份有限公司
北极星(Polaris)	美国北极星工业公司	—
北极猫(Arctic Cat)	美国北极猫公司	—
维尼特	—	无锡尼特威雪地摩托车雪地车有限公司

三 装备发展概况

滑雪装备不仅受季节性制约,还受到专业技术的制约。个人滑雪装备可分为服装（滑雪服、滑雪鞋）、器械（滑雪板、滑雪杖、固定器）和配件（滑雪手套、头盔和滑雪镜）三类。京津冀地区是全国最大的滑雪装备品牌聚集区，而北京市场是全国滑雪装备零售市场的晴雨表，北京市场的表现可直接放大至全国市场。北京滑雪装备市场拥有全球不同市场战略定位的品牌，对不同细分目标客群的竞争日趋激烈。更多的中国本土品牌进入北京市场，参与市场竞争，学习、了解不同的品牌定位以及战略，发现差距。展览会是行业的直观参考，据 ISPO 北京展会数据统计显示，2016 年有 467 家户外用品企业带来 728 个品牌，同比增长超过 7%。

2016 年的市场格局与 2015 年相似，滑雪装备市场依旧是国产品牌或者中国本地加工生产占主导，无论是价格还是产品质量牢固都掌握在中国本土品牌手中。海外品牌例如迪桑特（Descente）、高得运（Goldwin）、菲尼克斯（Phenix）、KJUS、哈迪（Halti）因品牌市场定位不同，价格通常较高，加之中国本土品牌比较强势，这几个品牌在中国的市场占有率明显不如其他国家。城市时尚类的户外用品逐渐挤占传统滑雪服及其配件市场。探路者（Toread）、乐斯菲斯（The North Face）、阿尔派妮（Alpinepro）、哥伦比亚（Columbia）等品牌价格较高，其品牌用户也就是户外用品消费者初次进入滑雪场的转化成本低，有利于滑雪产业发展。具有通用性、高性价比的户外装备会受到滑雪爱好者的喜爱。

（一）滑雪器材零售

滑雪板市场依旧是海外品牌引导潮流并占据市场核心地位。欧美品牌完全挤占中高端滑雪板市场，核心玩家会重点关注的双板品牌有阿托米克（Atomic）、迪拿斯达（Dynastar）、费舍（Fischer）、海德（Head）、诺迪卡（Nordica）、金鸡（Rossignol）、所罗门（Salomon）、沃克（Volkl）；单板品牌主要有伯顿（Burton）、耐畴（Nitro）、里德

(Ride)、里波科技(Lib Tech)、GNU、凯图(K2)。表8显示的是滑雪爱好者选择的品牌，这些占据消费市场的品牌几乎都是海外品牌，这种表现是不同产品的生命周期导致的，直观地体现出国外品牌依靠先发优势获得稳固的市场占有率。这些欧美品牌能够占领市场不仅是因为它们的产品满足了核心消费者的需求，还因为它们实施了成功的营销战略。

表8 主要滑雪板品牌信息

主流双板品牌		主流单板品牌	
品牌	产地	品牌	产地
迪拿斯达(Dynastar)	美国	阿托米克(Atomic)	奥地利
费舍(Fischer)	奥地利	费舍(Fischer)	奥地利
海德(Head)	美国	哈根(Hagan)	奥地利
金鸡(Rossignol)	法国	海德(Head)	美国
诺迪卡(Nordica)	法国	伯顿(Burton)	美国
沃克(Volkl)	德国	凯图(K2)	美国
哈根(Hagan)	奥地利	金鸡(Rossignol)	法国
克耐思(Kenissl)	奥地利	所罗门(Salomon)	法国
伊兰(Elan)	斯洛文尼亚	诺迪卡(Nordica)	法国
所罗门(Salomon)	法国	沃克(Volkl)	德国
阿托米克(Atomic)	奥地利	伊兰(Elan)	斯洛文尼亚
—	—	耐畴(Nitro)	美国
—	—	里德(Ride)	美国
—	—	里波科技(Lib Tech)	美国
—	—	三沓克鲁兹(Santa Cruz)	美国

2016年双板滑雪板在中国的零售销量为14500副；单板在中国市场的零售销量为10800副（见图11）。根据历史统计信息，即便中国一整年处在经济下行压力下，本地市场中高端定位的滑雪板销量仍会持续增长。初次体验者的增长，再加之核心玩家对旧雪板更新换代的需求，以及越来越多的海外品牌进入中国市场等综合因素，刺激滑

雪板销量进一步增长。需要重点指出的是，统计中的单板数量仅为3个知名海外品牌，其数量就达到惊人的10800副，占11个双板品牌销量的74.5%，这一市场特点与Goski网络社群提供的核心消费者偏好数据表现相似。在Goski核心消费者偏好调查中，单板用户占据57.49%的比重，双板核心玩家仅仅占到了27.28%。虽然潮流偏好具有时效性，然而这种大量占据核心雪友市场的情况可能会持续几年时间。

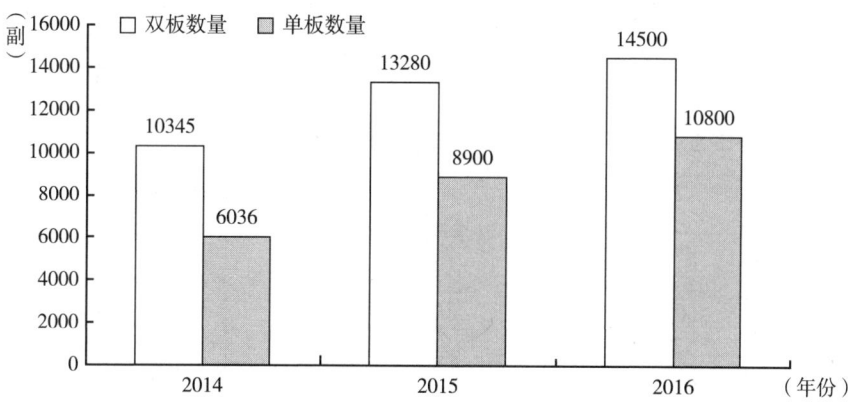

图11 近三年主流滑雪板新增统计

海外主流品牌经过市场锤炼、多年设计和生产工艺技术累积，其技术、品牌影响力都远远强于国产品牌。多数国产品牌公司不太可能并购国外品牌，技术壁垒是无法用金融资本打破的。国内品牌商通过并购国内市场中的代工工厂以及吸引人才等策略，进行快速学习和资源积累，掌握了一定的滑雪板生产技术，也积累了行业资源。租赁雪板市场成为国产雪板奋起直追的行业选择，这也是国产品牌与海外品牌直接竞争的细分市场。

（二）滑雪器材租赁

滑雪场地服务商、滑雪俱乐部会涉足个人滑雪装备租赁及共享服务。海外品牌在这一细分市场中的表现不如零售市场,这其中有国产品牌崛起的因素,而更多的是市场价格导向以及滑雪场对区域内品牌的数量限制。调研结果显示,2016年双板租赁数量远超单板,全国滑雪场提供租赁服务的双板数量约有485000副,新增双板数量达到131290副。2016年新增的供给租赁市场的双板中,进口板达到47815副,增长率高于10%;进口二手板17325副,与去年增幅基本持平;国产板占据一半的租赁市场份额,达到66150副(见图12)。因各滑雪场经营战略不同,许多滑雪场并不租赁单板。据不完全统计,2016年新增单板不足6200副,老旧二手单板占据绝对多数。

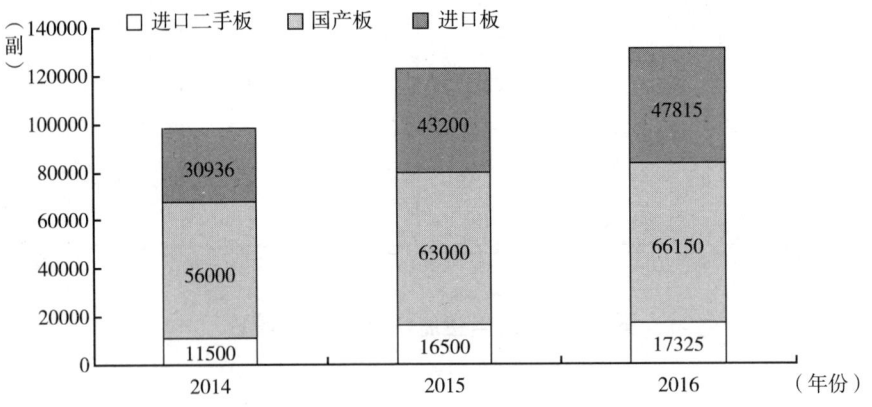

图12　滑雪场租赁服务新增双板

大型滑雪场选择雪板品牌、型号以及价格档次,多是根据多年经验积累、滑雪场硬件特点和滑雪场经营定位而确定的。这也直观地反映出消费者的滑雪方式以及滑雪技巧的选择性偏好。调研显示,约75%的消费者为体验娱乐式,两个小时左右的游玩时间集中于初级道或嬉雪区域,他们要求的装备门槛不高。这类人群对滑雪运动的理解更多源自双板视觉印象,选择租赁双板是习惯选择。

与销售市场相比,主动进入租赁市场的国外品牌较少。主动进入租赁市场的国外品牌通常选择一些大型滑雪场做品牌推广，例如伊兰（Elan）、诺迪卡（Nordica）、阿托米克（Atomic）、费舍（Fischer）。许多滑雪场出于自身需要购买二手进口板，此类滑雪场以低廉的价格购入养护相对完善的高质量二手雪板，不仅降低了滑雪场运营中的租赁成本，也满足了很多初学者对优质装备的体验需求，增加了滑雪场消费者的二次转化率。采购二手滑雪装备的举措，不但完善了滑雪装备市场，而且有利于促进二手装备市场的发展。

二手滑雪装备的使用有许多制约因素。不同的滑雪品牌装备需要的养护要求不同。材料、养护技术的不同直接增加了滑雪场的装备养护费用及人力成本。本报告调研多家大型滑雪场后发现，对于非系统性购入的租赁雪板，滑雪场养护周期相对较长，投入资源少，甚至出现零养护的现象，这导致国外品牌租赁雪板实际体验大幅下降。国内品牌进入租赁市场的方式有很多，推广营销战略是其中之一，由此产生了多种租赁合作模式。价廉物美的国产装备无论是对装备品牌商还是滑雪场运营方来说，都是双赢战略合作。国产装备应该重视设计研发和客户反馈，通过几次系统地全生产周期运作，快速学习先进技术，提高自身产品质量，培养自身装备品牌客群忠诚度。

体验型滑雪者转化为滑雪爱好者或核心玩家之后，通常有个人的偏好装备选择。无论是双板还是单板，滑雪爱好者都需要一款符合自身习惯的滑雪装备。如果滑雪爱好者对设计、材质、型号的需求无法从租赁市场得到满足，他们会把眼光转向装备零售市场。

（三）滑雪服装现状

2016年国内市场主流滑雪服品牌与2015年基本相同。进口品牌依托强而有力的先发优势，主打中国的中高端市场，保持千元以上的价格定位，将消费者群体锁定为滑雪发烧友。国内品牌探路者（Toread）、三夫户外、安踏已形成抢占高、中、低三个细分市场的攻势,从价位、质量、性价比等方面来说都是国产品牌的龙头,并且它们对大众消费者友好的市场营销模式吸引了滑雪初学者。探路者(Toread)、骆驼(Camel)、乐斯菲斯(The North Face)、狼爪(Jack Wolfskin)、哥伦比亚(Columbia)、迪卡侬(Decathlon)、凯乐石(Kailas)、犸凯奴(Makino)、始祖鸟(Arc´Teryx)、诺诗兰(Northland),这些传统滑雪服品牌保持了在滑雪服市场的竞争力,品牌效益进一步提升。

市场调查研究显示,2016年全国新增专业滑雪服的数量在40000套左右。滑雪初次体验者多数会选购有一定通用性的滑雪服作为第一套滑雪服。多数"80后""90后"会选择亚洲日韩款式的滑雪服,而非更注重功能性的欧美款式。35岁以下的消费者群体更喜欢通过网络渠道进行消费,2016年实体店销量延续2015年的疲态之势。俱乐部、网络名人为滑雪初学者推荐装备,已然成为新的消费者购物渠道。同时,海外网购等现象遏制了海外品牌在中国市场过高的定价,合理的竞争保障了中国滑雪人群的权益。

(四)电商渠道现状

滑雪装备市场早已出现成熟的电商渠道,并向着大客户、社群、俱乐部和场地渠道扩展,网络服务、网络购物的模式已经成熟。根据中国纺织品商业协会户外用品分会(COCA)的数据[1],2016年户外用品出货额为131.1亿元,整体零售总额约为232.8亿元,同比增长4.91%,增速明显趋缓。渠道分类统计显示:商场渠道为112.6亿元,户外店渠道为35.4亿元,电商渠道为84.8亿元,这与2015年的数据有着明显变化。

---

[1] 《中国户外用品市场2016年度市场调查报告》,http://mp.weixin.qq.com/s/RiKAEwk1YlVWqxAYGJV5vQ,最后访问日期:2017年8月1日。

通过市场调研可发现清晰的变化原因：2016年初国家对跨境网络购物进行改革，海关开始执行新政策以保护普通消费者的利益。正规的海外购物使中国大陆跨境消费市场的构成结构、消费习惯发生了明显变化。滑雪人群在线下市场享受到的各种保障，依托合法的跨境购物渠道延伸到了线上购物。中国滑雪人群普遍有多次网络购物体验，跨境线上购买转化成本极低。在电商渠道优势依旧的背景下，保障海外购物消费者权益、减少滑雪者普遍担忧的产品保障等举措，直接促使跨境电商渠道急速抢占传统渠道的客户。

跨境网络购物消费者对品牌的选择容错成本阈值提升。多家跨境电商年度报告显示，消费者主要集中于享受型消费和个人物品消费。网易考拉海购[①]以及天猫[②]两家跨境电商消费年度报告显示，市场进一步向未婚消费者开放（占比从33%上升至45%），在消费者数量持续增长的趋势下，已婚消费者占比下降13个百分点，27岁以下人群占比跃升至44%，该年龄层成为新的跨境网络购物主力群体。结合天猫以及亚马逊中国网购趋势报告[③]，免费跨境派送快速释放消费潜力。亚马逊Prime会员制极大地激发了客户的使用兴趣，全年跨境无限次免费配送的服务赢得许多滑雪发烧友的赞誉。这也与亚马逊自身报告中提及的消费者对品质与价格需求相符合，其全球化战略满足了消费者对产品品质的需求。

在滑雪消费旺季，亚马逊中国网上有实际销量的50家品牌商罗列的滑雪相关商品达1445种，产品价格分布集中于100~1500元。300~499元的价格区间成为滑雪品牌产品的分界线：低于500元的

---

① 《2016跨境消费趋势报告》，http://finance.huanqiu.com/roll/2016-11/9713347.html，最后访问日期：2017年8月1日。
② 《2016中国进口消费洞察报告》，http://www.ebrun.com/20170117/211302.shtml，最后访问日期：2017年8月1日。
③ 《亚马逊中国发布2016跨境网购趋势报告》，http://news.ifeng.com/a/20170112/50561140_0.shtml，最后访问日期：2017年8月1日。

产品更多是非必要的滑雪装备,如手套、面罩、帽子、护具、速干运动衫等;高于500元的产品普遍为滑雪镜、头盔、滑雪服等必要装备。其中100种装备为热销产品,Citoor、Marsnow、UVEX有超过10种热销产品,Oakley有9种热销产品,这四个品牌主要销售滑雪服、头盔、滑雪镜以及其他配套装备,占据了亚马逊中国电商的半壁江山。

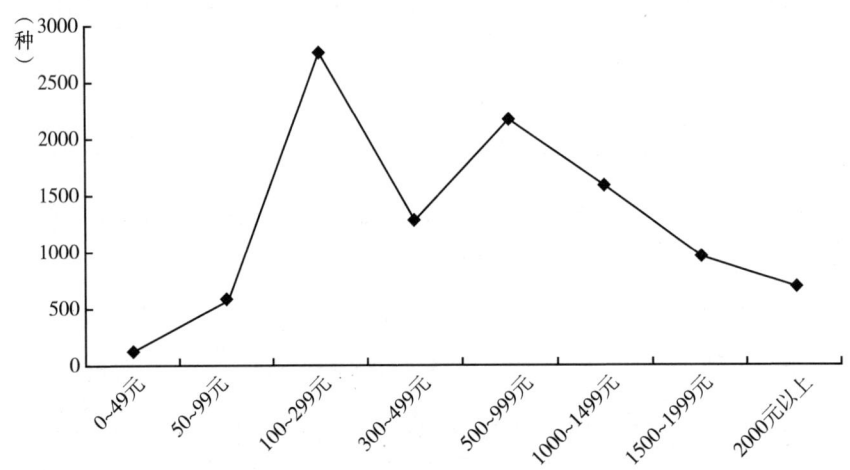

图13　亚马逊平台滑雪品牌产品价格分布

亚马逊公司凭借国际滑雪装备市场的运营经验,将滑雪装备进一步细分。亚马逊公司为一些特殊市场划分了专门的页面,主要涉及雪山徒步、越野滑雪、高山滑雪、特里马滑雪。这些项目装备的科技含量明显高于普通滑雪,装备价格及市场定位专门针对专业消费者。同时为了帮助普通滑雪者特别是初学者避开高成本门槛,合理化资金投入,亚马逊网站提供包括双板滑雪、单板滑雪、滑雪橇、雪鞋等常见的滑雪装备分类,消费者可以有针对性地挑选适合自己的装备。亚马逊在为普通消费者罗列出合理产品分类的同时也建立了一套期望产品列表,为品牌商的已有产品做出科学合理的市场预测,目的是在雪季满足供需双方的需求。反观国内电商平台，滑雪类商品不成体系、数量不足，选购信息很难做到友好交互。

表9 消费者装备期望品牌

期望品牌	产品（种）
伯顿（Burton）	10
七号营地（Camp Seven）	8
金鸡（Rossignol）	8
System	7
Flow	7
北面（The North Face）	3
斯木伯里克（Symbolic）	3
无夏（Never Summer）	3
总　　计	49

亚马逊统计中，消费者期望商品有49种集中于8个品牌，然而仅有5种商品受到缺货影响，其他近90%的商品价格高于消费者预期。这类公开的信息有利于促进商品交易，在同一细分市场竞争的品牌都能利用此信息有针对性地调整商品价格。消费者购买意向的合理展示，是市场经济规律促进亚马逊网络市场进一步繁荣的体现。互联网市场群聚效应在亚马逊电商平台出现，中国的滑雪爱好者普遍受教育水平较高，他们中的一部分会直接从该品牌所在国网购，这些是已经发生但无法确切统计的跨国购买。

四　滑雪者发展概况

为了对滑雪人群的特征有更精确的描述，我们通过问卷调查与国内著名滑雪消费领域的移动平台（Goski、SKI＋滑呗、滑雪族以及乐点滑雪）相关数据相结合的方式，展示消费者的相关信息、数据，以期能够更客观地展示滑雪人群的面貌。

（一）滑雪人群调研

本文针对目前我国滑雪人群的相关特征，通过社交网络、ISPO展会、滑雪场实地走访等渠道，以现场随机发布调查问卷的方式进行调查，并对我国滑雪人群特征做了简要分析。调查问卷共有22题，回收问卷共计538份，其中有效问卷529份。由于样本总体数量及问题设置数量有限，问卷分析结果难免存在偏差，例如对滑雪者装备品牌偏好的调查，所以本次问卷并未涉及具体的滑雪装备分类及品牌名称，此类更加细化的问题整理与统计工作都将在下一步的工作中逐步展开。

1. 我国滑雪人群的性别结构

就目前我国滑雪人群性别而言，滑雪者仍以男性居多，占比约为52.17%，但同2015年相比，女性占比已有所增加，占比约为47.83%（见图14）。这表明我国女性群体对滑雪运动关注度的增加，也提醒我们应该注意发掘女性市场，平衡滑雪人群性别结构，提高全民滑雪热情。

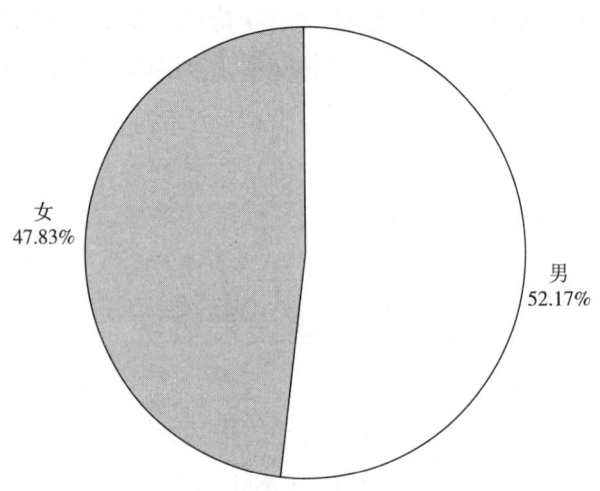

图14 滑雪人群的性别结构

2. 滑雪人群的年龄结构

通过对参与调查的滑雪人群的年龄进行统计（见图15），发现主流滑雪人群集中在18～9岁和30～39岁两个年龄区间，分别占了44.20%和41.30%，这说明国内滑雪人群偏向年轻化，主要为都市上班族群体；17岁以下和39岁以上两类人群占比较小，尤其是17岁及以下的滑雪人群，仅占样本总数的2.90%，这也与问卷发放和散布范围局限性有关。随着国内冰雪课程的开设，预计未来17岁及以下的滑雪人群将会有所增长，滑雪人群年龄结构将愈加平衡。

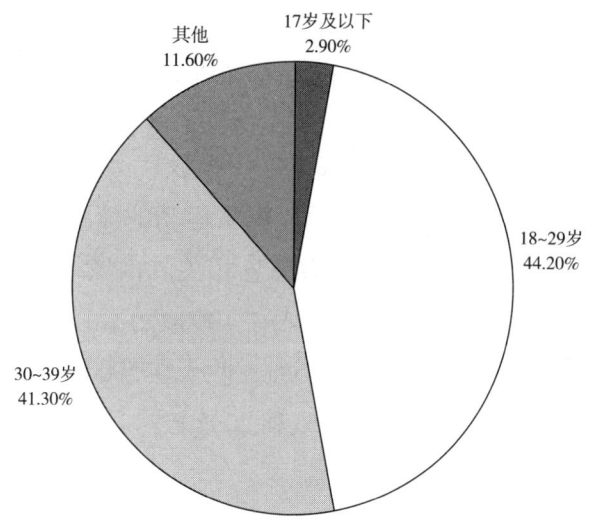

图15　滑雪人群的年龄结构

3. 滑雪人群的职业构成

根据图16显示的职业构成状况，可以看出国内滑雪人群职业最多的为商人，占比为23.19%；其次分别为工人（15.94%）、服务行业（13.77%）和教育研究行业（9.42%）。结合滑雪人群的职业构成状况，以上四类人群共占62.32%。这些滑雪者一般身体素质较好、运动意识较高,有稳定的工作、稳定的收入来源,接受新事物速度快,因此构成了我国滑雪消费的主力。

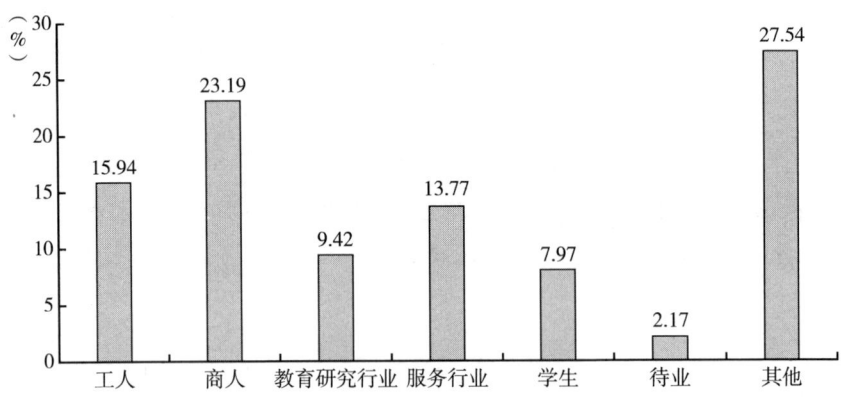

图16 滑雪人群的职业构成

4. 滑雪人群的个人月收入状况

不同于跑步、登山等户外运动,滑雪运动的消费相对较高,所以滑雪人群的收入状况与其消费行为息息相关。由图17显示的数据得知,国内大部分滑雪者的个人月收入在10000万元以下,其中收入在5000~9999元之间的比重约为42.75%,收入在5000元以下和10000~14999元之间的比重分别为29.71%和20.29%。

5. 滑雪人群的文化程度

由图18来看,目前国内滑雪者中本科学历最多,占到50%;硕士研究生和高中学历的滑雪者分别占比为18.84%和15.94%;初中学历占比为9.42%;博士及其他学历占比较少。总体来看,国内滑雪人群的受教育程度比较高。

随着未来我国国内冰雪课程的开展和国家"三亿人参与冰雪"等工作的号召,滑雪人群的文化结构将不断优化。

6. 滑雪人群地域分布

就滑雪人群的地域分布来看,华北地区的滑雪者占57.76%,其

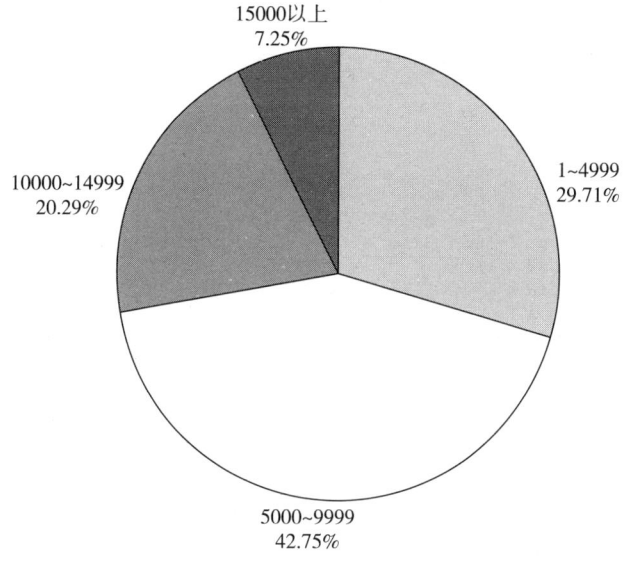

图17　滑雪人群个人月收入

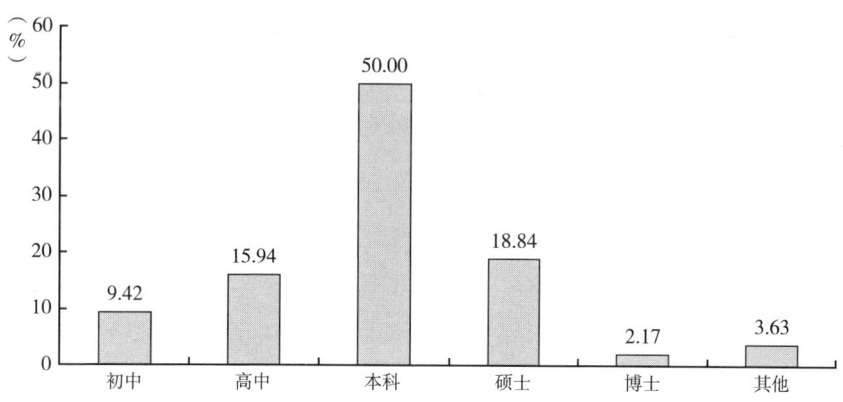

图18　滑雪人群的文化程度

中北京市的滑雪者比重高达43.16%（样本发放地为北京），河北省的滑雪者占10.39%；其次为东北地区，滑雪者比重为24.03%，其中黑龙江省的滑雪者占比为13.31%，仅次于北京；华东、西北、华中、西南和华南地区滑雪者的比重分别为6.16%、3.89%、5.84%、0.97%、0.97%（见图19）。

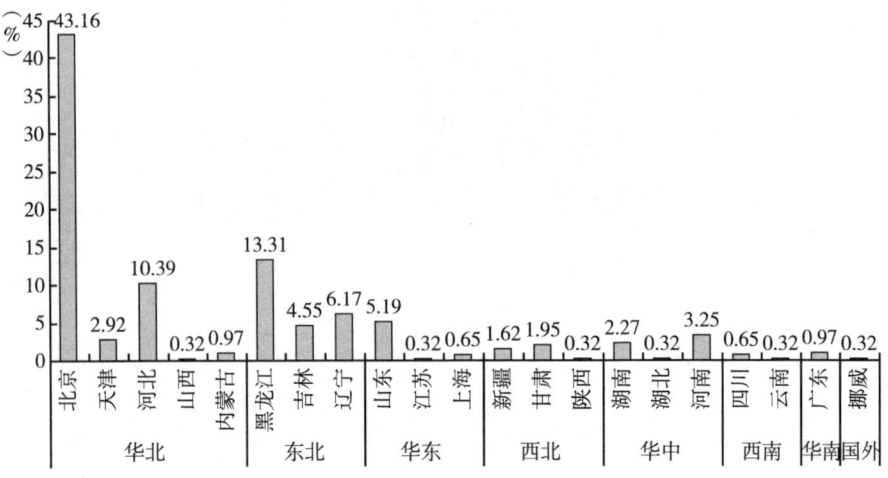

图19　滑雪人群地域分布

7. 滑雪人群每个雪季滑雪或滑雪旅游度假的次数

我国滑雪人群每个雪季滑雪或滑雪旅游度假的次数统计如下：每个雪季愿意滑雪5次以下的群体占比为48.55%左右，占整个样本的绝大多数；5~10次的群体占比为7.25%左右；10次以上的群体占比为10.87%；从未滑过雪的群体占比为33.33%左右（见图20）。与上年同期相比，我国2016~2017年雪季滑雪人次及人数均有提高，滑雪发烧友数量有所增加，但从未滑过雪的群体仍占有较大比重，存在部分地区滑雪活动普及率较低的情况。

8. 滑雪人群参加滑雪或滑雪旅游度假的动因

国内滑雪者的主要滑雪动因为休闲娱乐，比重高达52.97%，这部分人群多为体验型滑雪者和初学者，其中一部分未来会进一步转化为滑雪爱好者，进而产生多次消费。其次是运动健身和学习滑雪，比重分别为36.96%和23.91%，这部分滑雪者通常对滑雪场地和滑

中国滑雪产业发展概况

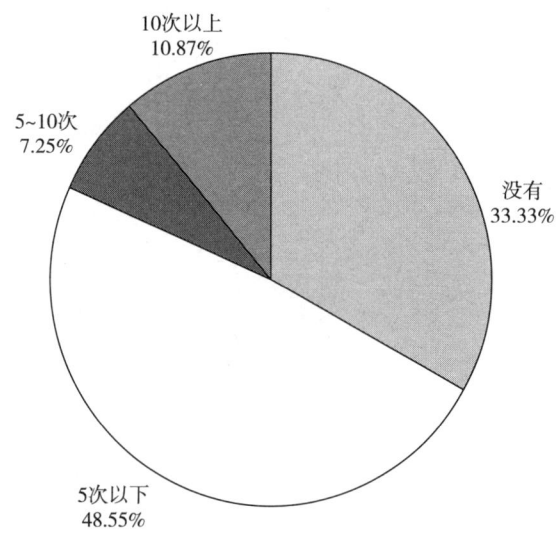

图20　滑雪人群每个雪季滑雪或滑雪旅游度假的次数

装备有较高的要求，且会产生规律性消费。以交友社交和提升品位为动因的比重分别占22.46%和14.49%（见图21）。

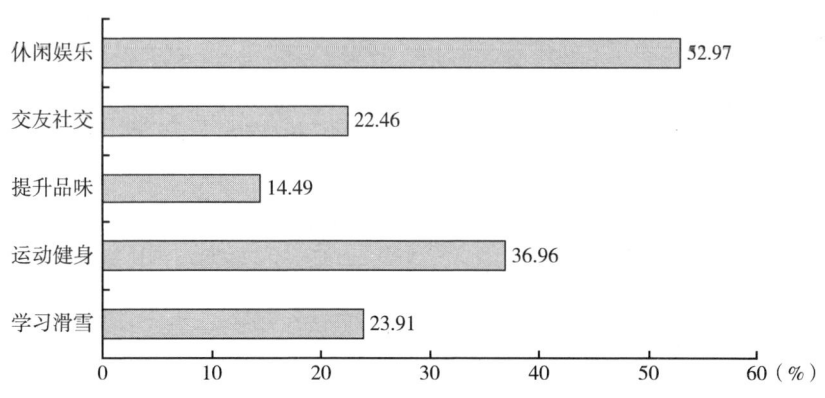

图21　滑雪人群参加滑雪或滑雪旅游度假的动因

注：本题为多选，所以各个选项占比之和大于100%。

9. 滑雪人群的出行方式

通过调查得知我国滑雪人群的出行方式形式，大多数滑雪者选择与同事或朋友一起,比重高达53.62%;34.78%的滑雪者会选择以家庭为单位外出滑雪或滑雪旅游度假;选择独自出游方式的群体约占样本总量的8.7%(见图22)。这表明,滑雪者多选择与同龄人一起参与滑雪运动,结合滑雪人群的年龄结构可知,我国目前滑雪人群呈现年轻化态势。

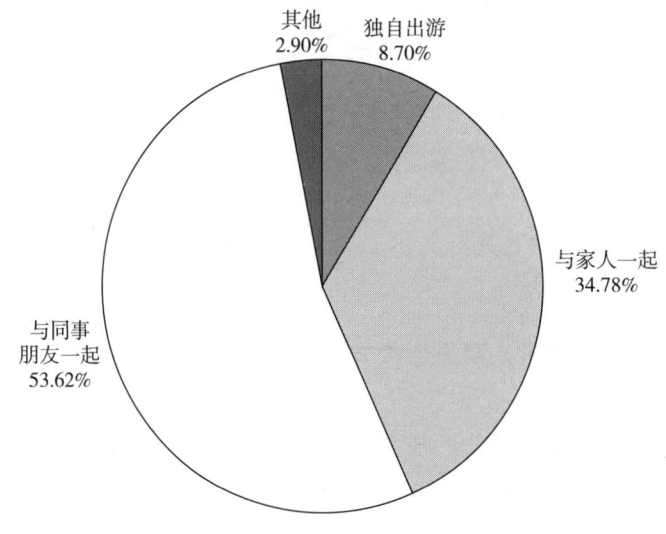

图 22　滑雪人群的出行方式

10. 滑雪人群所选择的交通工具

通过调查得知滑雪者去往滑雪目的地(滑雪场及滑雪旅游度假村)所选择的交通方式,大部分滑雪人群比较倾向于选择自驾车出行,约占到总样本量的55.07%;其次分别是乘坐公交车/出租车,约占18.12%;乘坐同事、朋友车的滑雪者约占13.04%;乘坐旅行社的车的占8.07%;乘坐单位车的滑雪者约占2.9%;其他占2.17%(见图23)。这也与我国目前大型滑雪场均距离城区较远、交通便利度不高有关。提示滑雪场应提高城区与滑雪场之间交通便利度,方便滑雪人群出行。

11. 滑雪人群的消费状况

关于滑雪人群的平均每次消费,约47.1%的滑雪人群每次去滑雪或滑雪旅游度假的消费不超过500元,约26.46%左右的人群消费

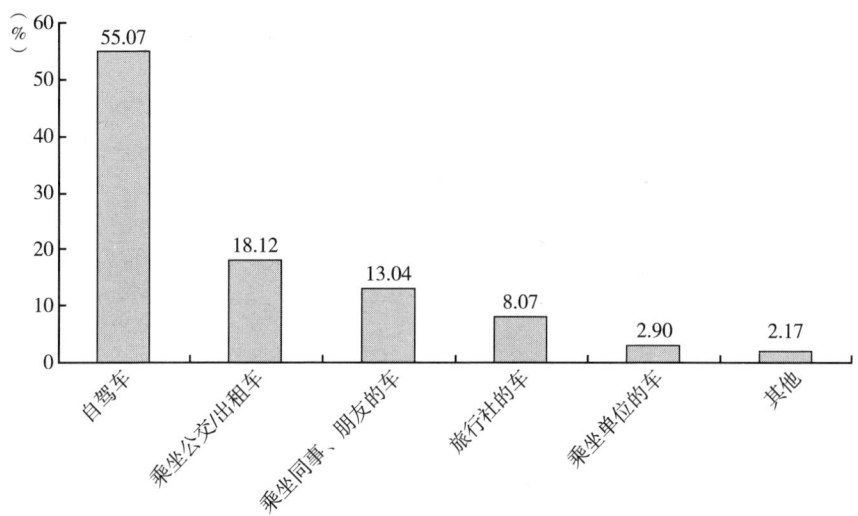

图 23 滑雪人群所选择的交通工具

区间在 500~1000 元，每次消费 2000 元以上的群人占比约 8.00%（见图 24）。这表明，同世界滑雪运动流行时间长的国家相比较，目前我国滑雪人群消费并不高，但随着国内收入水平的提高、滑雪运动的普及以及普通大众对冰雪运动的热爱，国内滑雪人群的消费也会有所提高。

12. 目前我国滑雪场和滑雪旅游度假村的价格

关于目前我国滑雪场与滑雪旅游度假村的价格，勉强接受的比重约占总样本的 63.04%，其中觉得目前我国滑雪场与滑雪旅游度假村价格非常不值得的比重约为 5.07%，非常可接受的比重约为 16.67%（见图 25）。在政策环境与市场环境的影响下，目前我国滑雪市场发展蓬勃，各种规模的大小滑雪场并立并存，为广大滑雪爱好者提供了较广的选择范围。这同时也表明，滑雪运动正在普通民众当中悄然流行开来。

13. 对滑雪指导员价格的看法

关于滑雪者对目前我国滑雪指导员价格的看法，有 55.07% 的人群选择不请指导员，对指导员价格满意的占 29.71%，不满意的占 15.22%（见图 26）。这表明，针对滑雪这一相对专业的体育运动，

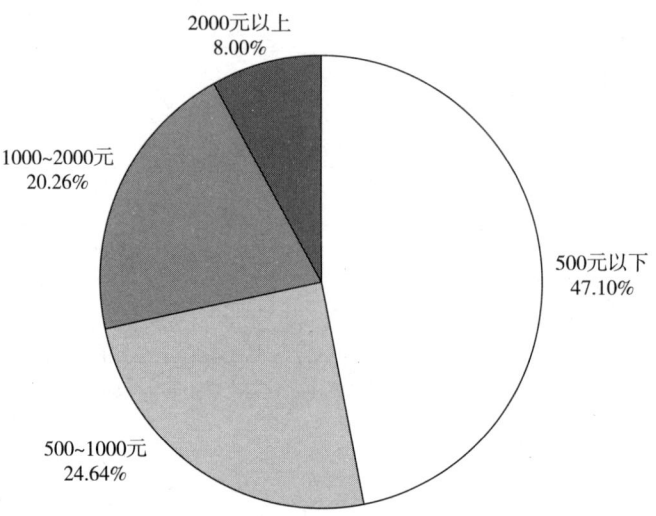

图 24　滑雪人群平均每次的消费状况

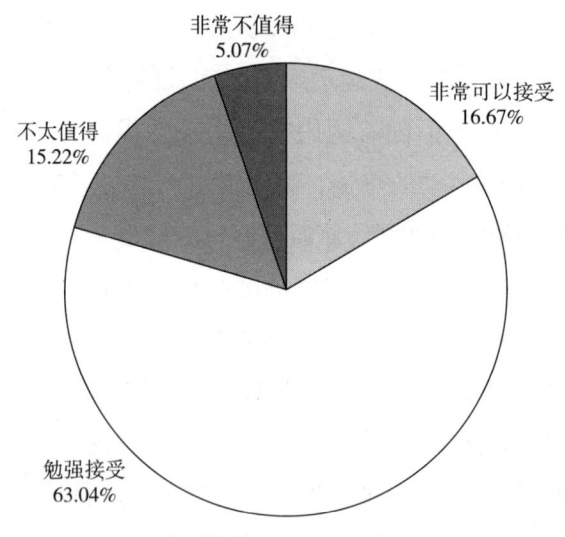

图 25　对于滑雪价格的看法

我国目前滑雪人群中，仍有大部分人员选择不请指导员，其中价格偏高是不请指导员的主要原因。为推动安全滑雪场建设进程，各滑雪场有必要反思指导员体系，从滑雪教学方面提高滑雪安全度。

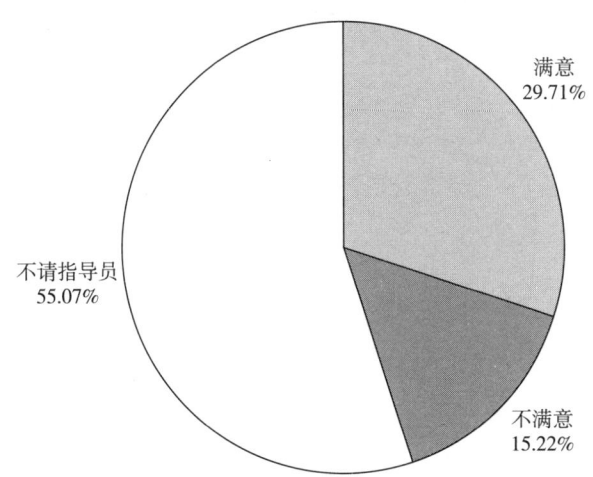

图 26　对于目前我国滑雪指导员的看法

14. 关于滑雪装备的选择方式

关于目前我国滑雪人群对滑雪装备的选择方式，图 28 表明，有 55.07% 的人选择滑雪场租用滑雪装备，占总样本总量大半；其余多采用购买方式，其中选择线下购买的约占 19.57%，选择线上购买的约占 25.36%（见图 27）。这表明，我国目前滑雪装备个人所有程度不高，未来滑雪市场滑雪装备仍将以滑雪场提供为主。同时，线上购买比重同线下购买比重相比已有大幅度上升，侧面反映出我国滑雪人群对网络购买装备的信赖度、依赖度提高。

15. 滑雪装备国内外产地偏好

在滑雪装备的国内外产地偏好调查中，我们只按照目前市场中的主要装备产地进行了初步分类和调查（见图 28），其中 55.07% 的滑雪者表现出对欧洲装备品牌的偏好，其次分别为北美、国产和日韩品牌。一方面说明了部分滑雪者对装备品牌的认识度较低，另一方面也说明了国产装备品牌的市场空间较大，亟待挖掘，另外也表明，滑雪运动流行时间较长的欧美，其滑雪装备品牌受到青睐。

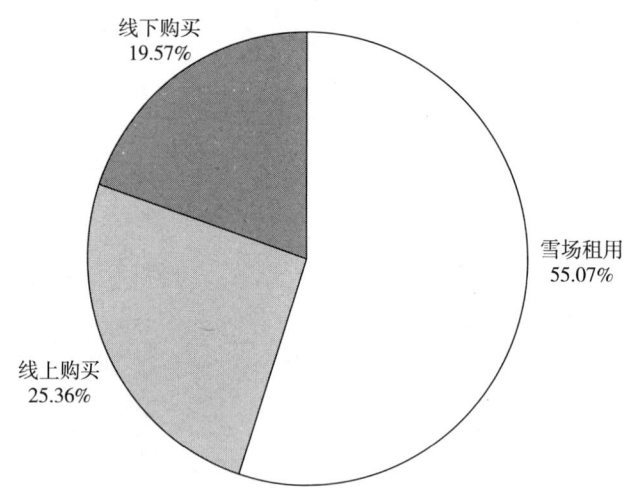

图27　关于滑雪装备的选择方式

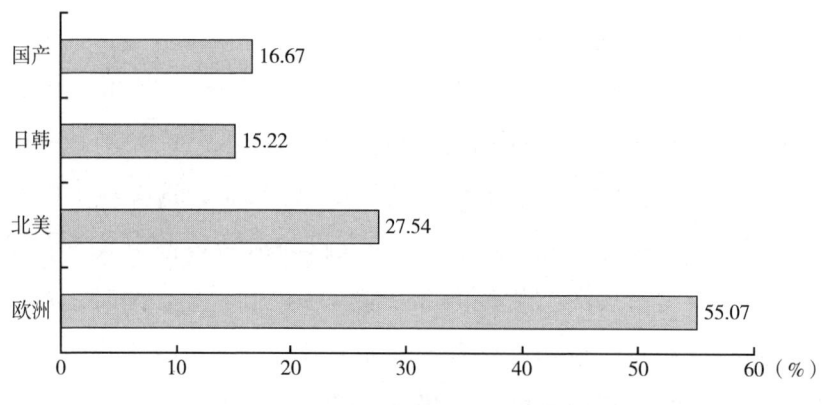

图28　滑雪人群的装备国内外产地偏好

注：本题为多选，所以各个选项占比之和大于100%。

16. 倾向于选择外国品牌的滑雪装备

关于喜爱的外国品牌滑雪装备，图29显示，大概有69.57%的人群倾向于选择国外品牌的雪板，占绝大多数，其次分别为头盔、滑雪服、雪鞋、眼镜、手套。这说明，国产雪板质量与国外相比还有一定差距，在开发国内雪板市场的同时，应当同样关注雪板质量的提升。同时表明,我国滑雪者在滑雪过程中,对于装备的关注度主要集中在滑雪板上。头盔、滑雪服、雪鞋等国内市场仍旧巨大。

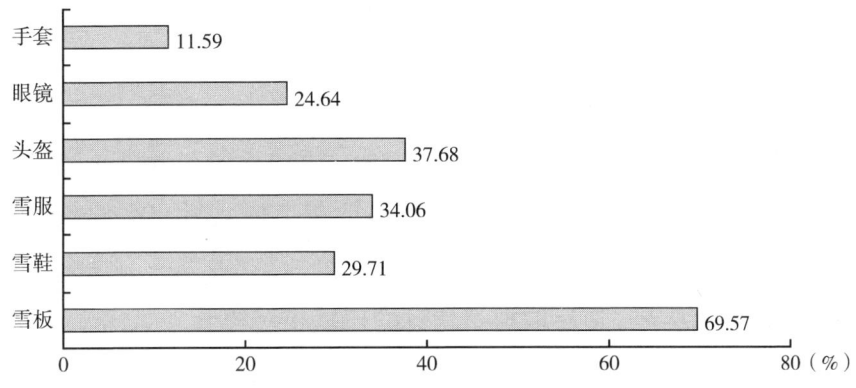

图29　倾向于选择外国品牌的滑雪装备

注:本题为多选,所以各个选项占比之和大于100%。

17. 滑雪人群的装备购买状况

由图30来看,目前国内滑雪人群对滑雪装备的购买意愿和消费水平较低,消费1000元以下人群的占比为55.07%左右,虽与2015

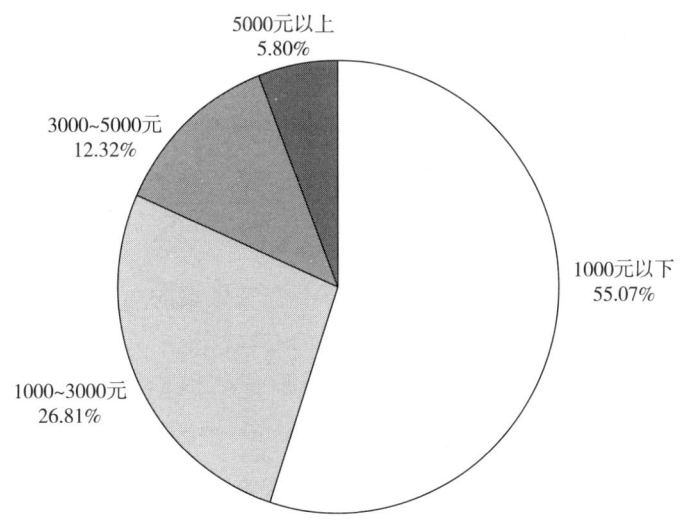

图30　滑雪人群装备购买情况

年相比有所降低,但仍占整个样本数量的大部分,其主要原因是我国滑雪人群多为体验型滑雪者。结合图27来看,国内滑雪人群主要以租赁滑雪装备为主,或者仅仅购买相对简单或低端的滑雪装备,与国外滑雪运动比较成熟的国家的装备使用状况还有较大差距。

18. 滑雪人群的信息获取渠道

据调查,滑雪人群的信息获取渠道比较多样化,其中超过55.07%的滑雪者通过与同事和朋友间的交流获取相关信息;其次为互联网、APP等方式,比重为46.38%;而通过电视广播等广告、旅游宣传手册和旅行社等传统渠道获取滑雪信息的比重相对较低(见图31)。这提醒我国大小滑雪场,在滑雪运动中,体验者舒适度及用户口碑是比较重要的,应当在做好相关基础宣传的前提下,提高自身服务质量,留住大批老用户,吸引更多新用户。

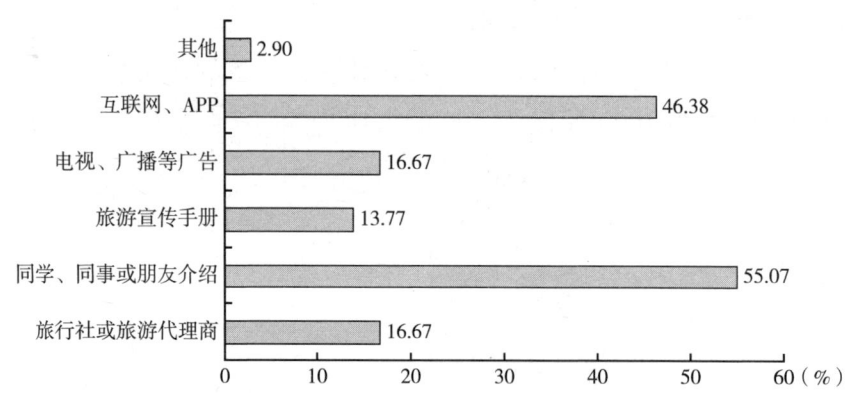

图31 滑雪人群的信息获取渠道

说明:本题为多选,所以各个选项占比之和大于100%。

19. 滑雪人群选择滑雪目的地的理由

就滑雪者选择滑雪目的地的出发点来看,滑雪场与滑雪旅游度假区滑雪条件好是滑雪者最为关注的因素,占比为63.64%;其次为交通便利（47.73%）、综合服务好（46.75%）和消费水平适中（38.96%），以上也可为国内滑雪场地经营者提供一些参考（见图32）。

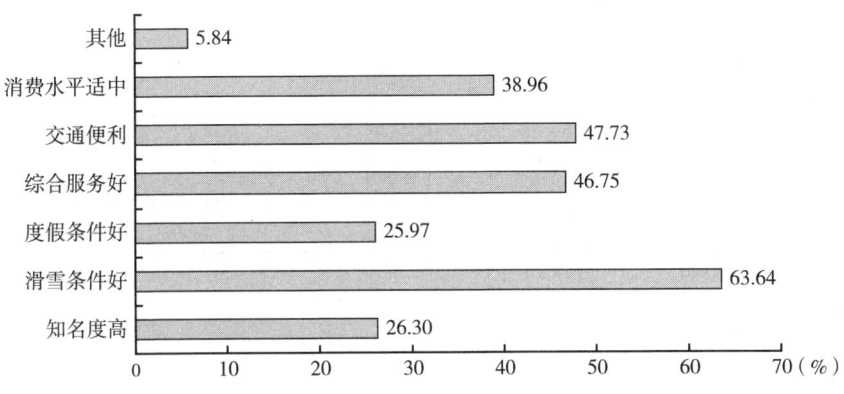

图32 滑雪人群的信息获取渠道

说明：本题为多选，所以各个选项占比之和大于100%。

20. 滑雪场吃住满意度

就我国目前滑雪人群对滑雪场满意度进行的调研，大概有55.29%的滑雪者满意度为41~60分，其次有16.20%的滑雪者满意度为21~40分（见图33）。这表明，我国目前大小滑雪场吃住方面配套设施不够完善，有待提高。

21. 滑雪场设备满意度

对滑雪场设备满意度调研，满意度在60~80分的滑雪者约占样本总数的34.81%，其次分别为81~100分（26.55%），41~60分（22.20%），21~40分（14.33%），0~20分（2.11%）（见图34）。这表明我国目前大小滑雪场滑雪设备分布完善，能够基本满足国内滑雪运动的需要。

22. 滑雪场服务满意度

对滑雪场服务满意度的调查中，有31.32%的滑雪人群表示满意度为80~100分，之后各满意度阶段人数随分值递减（见图35）。这表明我国目前大小滑雪场服务系统比较完善，能够基本满足滑雪者需要。

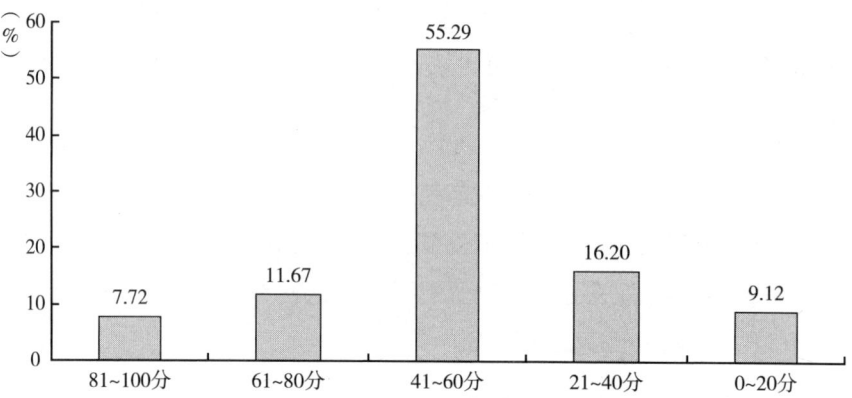

图33　滑雪场吃住满意度

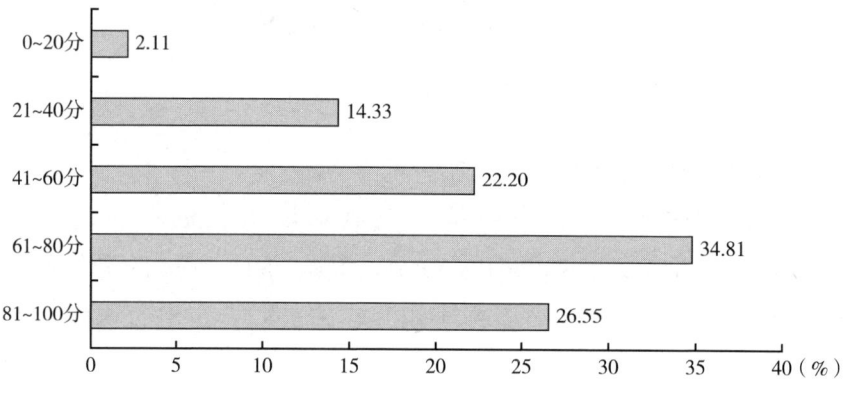

图34　滑雪场设备满意度

（二）2016年我国滑雪人群特征总结

根据测算，2016年我国全部滑雪人次为1510万（见图36），全部参与滑雪的人数为1133万，人均滑雪次数为1.33次。在全部滑雪人数中，一次性体验者所占的比重由2015年的80%下降到78%。

分析滑雪人次按目的地省份的分布可以发现，河北、吉林、新疆、山西、河南及甘肃六个省份增长量均超过20万人次。区域分布

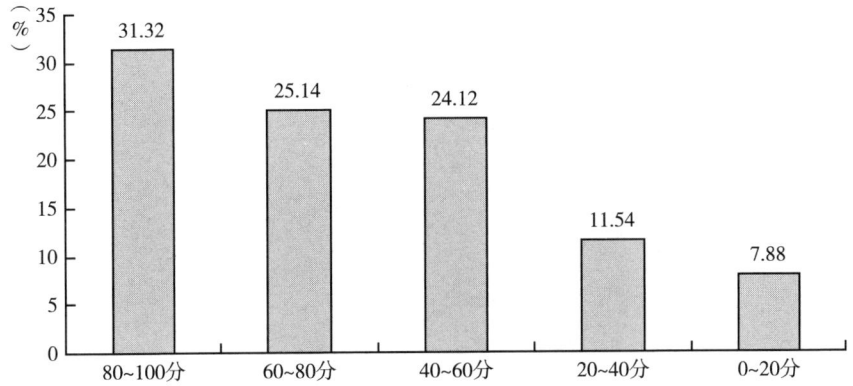

图35 滑雪场服务满意度

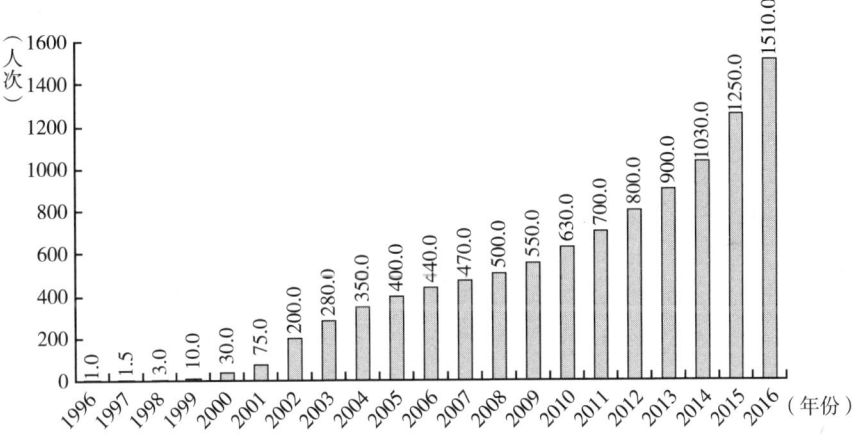

图36 1996～2016年我国滑雪人次

详情见图37。

客观上讲，滑雪移动端的用户基本上是已经获得一定信息量及资源的滑雪爱好者，更多地反映出滑雪爱好者的特征，一次性体验用户使用移动端的应该微乎其微。下文结合国内相对活跃的四个专注于滑雪消费领域的移动端平台，做出了部分维度的分析报告。这四个移动端平台为：Goski、SKI+滑呗、滑雪族以及乐点滑雪。

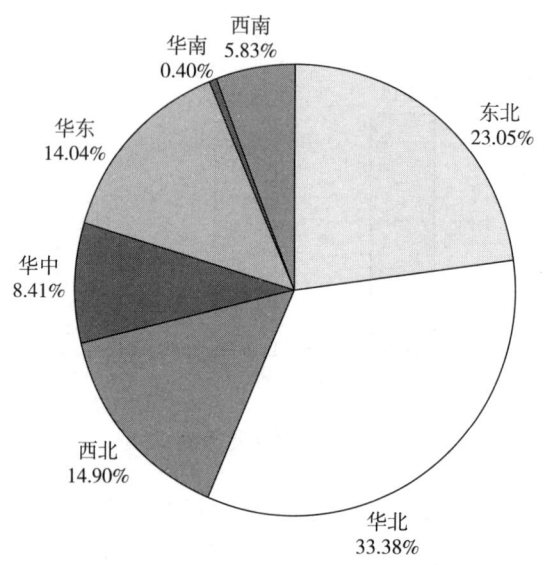

图37 2016年我国滑雪人次分布

（1）Goski

Goski的用户群体中，来自北京的用户比重高达30.37%，其次

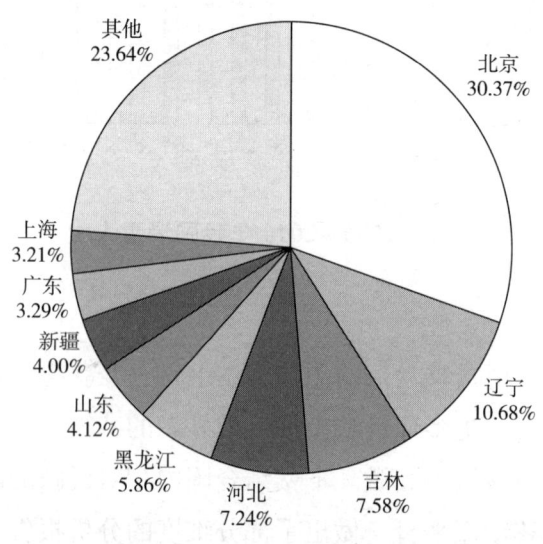

图38 Goski用户客源地分布

分别为辽宁 10.68%、吉林 7.58%，河北 7.24%，黑龙江 5.86%（见图38）。客源地分布与各个地区从业人员水平、区位特征、技术特征、滑雪场数量、滑雪产业发展情况、滑雪运动普及率有很大关系。

Goski 用户中，男性比重大于女性比重，与全国滑雪者男女比重基本一致；单板用户多于双板用户；中级雪友占总用户的74%左右，占整体用户的绝大多数；iPhone 用户多于 Android 用户（见图39）。

Goski 用户最喜爱的滑雪装备品牌 top 10 中，Burton 以绝对优势列位第一（见图40）。

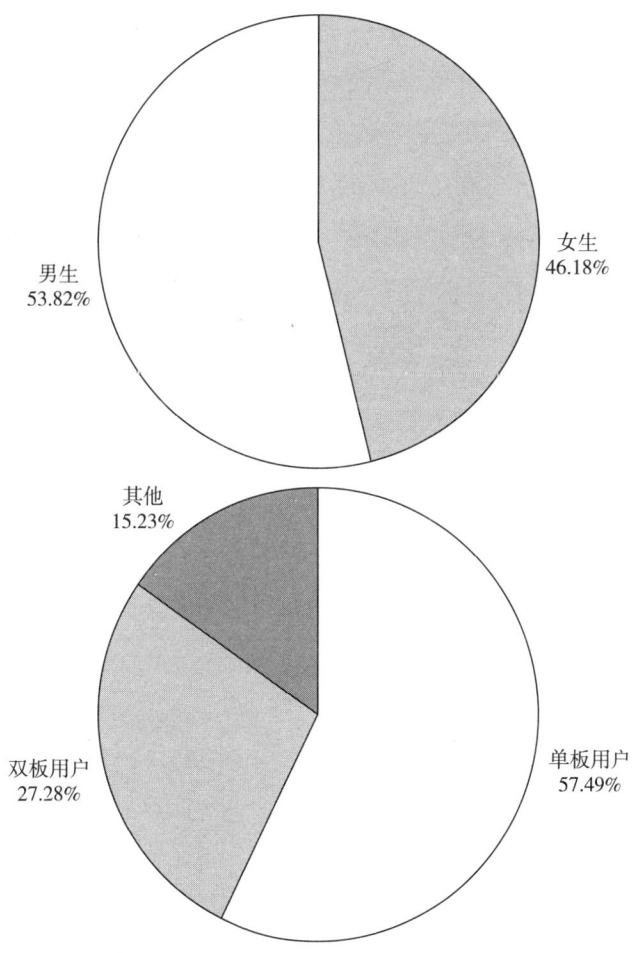

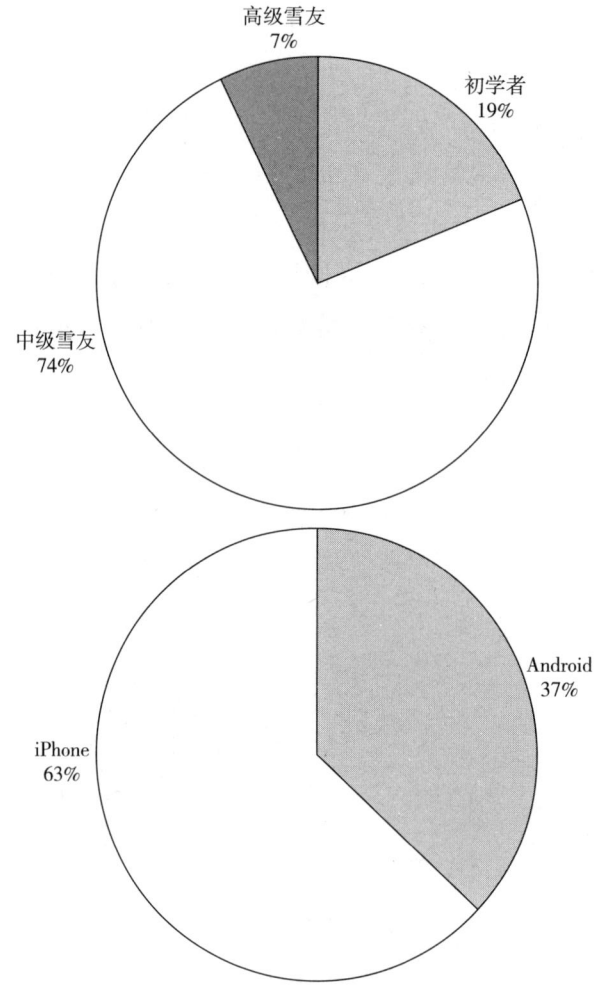

图 39 Goski 用户特征

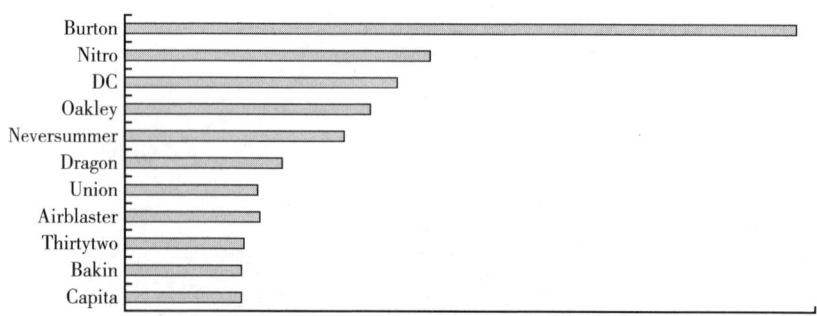

图 40 Goski 用户最喜爱滑雪装备品牌 TOP 10

(2) SKI + 滑呗

SKI + 滑呗基础信息一览（见表10）。

表10 2016年SKI + 滑呗基础信息

项目	数量
滑呗运动数据覆盖的滑雪场总数（家）	348
滑呗运动数据覆盖的国内滑雪场数量（家）	180
滑呗运动数据覆盖的国外滑雪场数量（家）	168
滑呗运动数据用户总数（人）	179632
滑呗运动轨迹记录人数（人）	53271
滑呗运动轨迹累计公里数（公里）	1188729
滑呗运动轨迹人均滑行记录公里数（公里）	22.3

SKI + 滑呗运动数据记录滑雪场排名（见表11）。

表11 SKI + 滑呗运动数据记录滑雪场排名 TOP 20

排名	滑雪场名称	记录人数（人）	记录总里程数（公里）	人均里程数（公里）	人均滑行落差（米）
1	万科松花湖	4322	228687	53	11917
2	万龙	3463	209779	61	13688
3	北大壶	1908	85229	45	10759
4	太舞	1847	84891	46	10042
5	亚布力	1428	129996	91	19686
6	富龙	1300	23758	18	3310
7	云顶	1278	94309	74	10217
9	南山	1024	18128	18	2805
10	万达长白山	977	28895	30	6040
10	多乐美地	953	33974	36	7249

续表

排名	滑雪场名称	记录人数（人）	记录总里程数（公里）	人均里程数（公里）	人均滑行落差（米）
11	怀北	951	15948	17	3171
12	庙香山	769	14000	18	3544
13	万龙八易	675	13852	21	3181
14	帽儿山	667	20921	31	7015
15	长城岭	497	14308	29	5463
16	怪坡	422	4157	10	2102
17	渔阳	342	5993	18	3451
18	军都山	337	3209	10	1552
19	丝绸之路	331	15374	46	9628
20	美林谷	319	10924	34	6124

SKI+滑呗滑雪俱乐部运动轨迹排名 TOP 20（见表12）。

表12　SKI+滑呗滑雪俱乐部运动轨迹排名 TOP 20

排名	滑雪俱乐部名称	记录人数（人）	记录总里程数（公里）	人均里程数（公里）	人均滑行落差（米）
1	1031滑雪俱乐部	649	36058	56	25474
2	炫酷之旅俱乐部	352	6369	18	11951
3	广东滑雪俱乐部	320	26904	84	34050
4	西安冰峰俱乐部	271	5794	21	8719
5	长春极限俱乐部	266	5055	19	10306
6	雪峰滑雪俱乐部	264	50186	190	58076
7	远山滑雪俱乐部	257	23098	90	33429
8	风暴俱乐部	247	6458	26	10211
9	雪线单板俱乐部	229	5445	24	12148
10	疯滑雪跃俱乐部	217	8775	40	17724
11	雪蛙族俱乐部	197	3297	17	9837
12	天津零度户外俱乐部	186	8943	48	21589

续表

排名	滑雪俱乐部名称	记录人数（人）	记录总里程数（公里）	人均里程数（公里）	人均滑行落差（米）
13	巅峰九七俱乐部	184	5843	32	14845
14	铲雪大队俱乐部	182	4401	24	11489
15	678滑雪俱乐部	178	5340	30	16465
16	Sstyle雪风俱乐部	144	8128	56	30038
17	中国魔诺滑雪俱乐部	106	10876	103	34877
18	吉林雪者联盟俱乐部	146	5625	39	26703
19	盘锦彩虹俱乐部	143	5075	35	18300
20	veneer单板俱乐部	105	7282	69	28956

（3）滑雪族

滑雪族用户客源地分布中，来自北京的用户比重高达33.67%，其次分别为辽宁16.76%、河北10.67%，黑龙江4.53%（见图41）。客源地分布与Goski客源地分布基本一致。

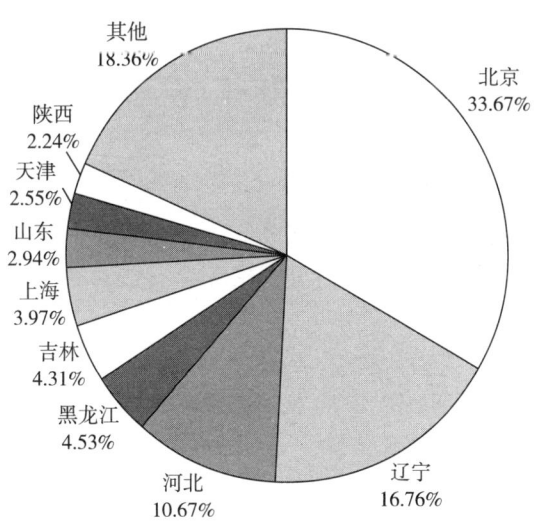

图41 滑雪族用户客源地分布

(4) 乐点滑雪

根据乐点滑雪针对中国滑雪爱好者境外目的地选择占比统计可见，目前我国滑雪爱好者境外滑雪选择日本的比重占总样本数量的48%，其余分别为欧洲23%、北美19%、新西兰4%、韩国5%及其他1%。

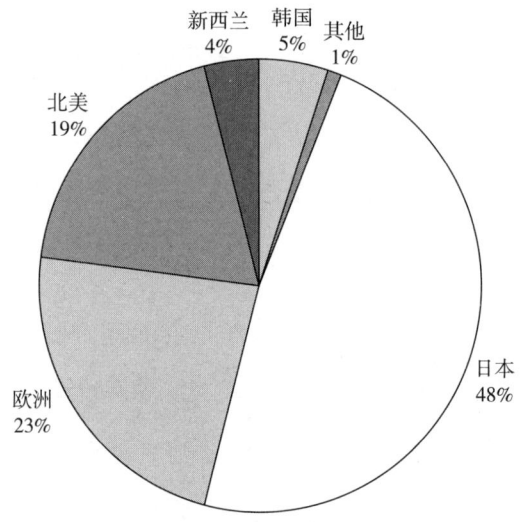

图42　中国滑雪爱好者的境外目的地选择占比

热 点 篇

Hot Reports

B.2 我国室内滑雪场发展现状及对策建议

摘　要： 室内滑雪场具有不受自然条件限制、四季经营、利用率较高、周围交通便利等特点。本章主要介绍了国内四家室内滑雪场，并对近几年兴起的旱雪滑雪、模拟滑雪等其他四季滑雪场地进行了概述，提出了推动我国室内滑雪运动发展的建议：①制定资本进入政策和优惠措施，吸纳资本注入，推动室内滑雪产业发展；②聘请专业人员规划室内滑雪场，加强管理人员培训；③开发多业态产品模式，提升滑雪服务质量；④整合营销方式培育室内滑雪市场。

关键词： 室内滑雪场　旱雪滑雪　模拟滑雪

随着我国经济的发展和国民消费水平的提高，国内滑雪产业蓬勃发展，近年来，已有众多省市建设了室内滑雪场。室内滑雪场已成为滑雪产业的重要组成部分。从自然气候方面看，室内滑雪场具有不受自然条件限制，可以四季经营，利用率较高的特点。

因纬度、气候、滑雪文化等因素的影响，我国南北方滑雪运动存在发展水平不一致、不协调的问题。根据初步统计，2016年，我国共举办112项滑雪比赛，南方省份仅举办1项大众滑雪比赛，可见我国南方滑雪运动发展较慢，群众基础薄弱。截至2016年12月，中国滑雪场的数量是646家，南方仅有71家，约占全国滑雪场总量的11%，其中江西省无滑雪场，福建、广东、广西、安徽各只有1家滑雪场。然而根据相关问卷调查统计结果，南方公众对滑雪运动较感兴趣，有旺盛的消费需求。南方较少的滑雪场与群众较旺盛的需求二者构成矛盾，室内滑雪场的建立为解决二者矛盾提供了可能。开展室内滑雪运动，不仅可以奠定良好的群众运动基础，还可以提升国民体育素质、转变大众冬季娱乐休闲方式。

一 室内滑雪场概述

（一）室内滑雪场

室内滑雪场，又称室内滑雪馆，是依靠人工手段保持一定温度进行造雪、存雪以满足大众雪上活动的一个场地。室内滑雪场的主体系统包括设备系统和室内器材，设备系统包括制冷系统、保温系统、提升设备、造雪系统、压雪机、飘雪机等；室内器材涉及嬉雪器材、滑雪装备、雪具存放器材、安全防护器材等部分。

与室外滑雪场相比，室内滑雪场具有不受自然条件限制、一年四季都可以使用的特点。除作为公众娱乐休闲场所外，室内滑雪场也可作为公众雪上竞技的场所。此外在非雪季,室内滑雪场还可作为雪上队伍进行专业训练、备战赛事的场地。

(二)室内滑雪场的规划设计

室内滑雪场的规划设计一般涉及滑雪场地、设备系统、配套设施等部分。

1. 滑雪场地

可以用雪道度数来表示室内滑雪场的雪道坡度。雪道度数指雪道倾斜线与水平线的夹角,单位为度。一般而言,室内滑雪场初级道雪道坡度范围是7~9度,中级道雪道坡度范围是9~14度,高级道雪道坡度范围是14度以上。

根据室内滑雪场规划的雪道面积、功能及配套主题、设备工艺技术及自动化程度,可以将室内滑雪场进行分类。(1)按照雪道面积标准划分,可以将室内滑雪场分为小型、中型、大型三种。小型室内滑雪场雪道面积在10000平方米以下,中型室内滑雪场雪道面积在10000~20000平方米,大型室内滑雪场雪道面积为20000平方米以上。(2)按照功能、配套主题标准,可以将室内滑雪场分为独立建造的室内滑雪场、与购物中心或主题公园配套的室内滑雪场、仅提供戏雪体验的室内滑雪场。(3)按照滑雪场设备的工艺技术及配套设施标准划分,将室内滑雪场分为一代、二代、三代、四代。一代滑雪场主要使用制冰、碎冰、制冷技术,配套设施较少;二代滑雪场采用造雪、制冷技术,配套设施增多;三代滑雪场对造雪、制冷技术进行了升级改造,工艺技术实现了整体提升,配套设施较为齐全;四代滑雪场采用先进的造雪、制冷技术,设备的自动化程度较高、工艺较为完善,滑雪场配套设施齐全,且与其他业态组成大型娱乐休闲综合体。

2. 设备系统

室内滑雪场系统主要包括制冷系统、造雪系统、除湿系统及中央控制系统,其中制冷系统分为间接制冷系统和直接制冷系统。间接制冷系统一般适用于大型滑雪场,目前国内滑雪场大部分采用间接制冷系统。间接制冷系统主要包含低温盐水机组、水泵、末端空气换热器、蒸发式冷凝器等设备。直接制冷系统主要包含制冷主机、蒸发式冷凝器及末端空气换热器等设备。

造雪系统目前有两种形式,分别为水气混合式和碎冰技术。水气混合造雪设备包含造雪主机(水泵、气泵、蓄冷、制冷)及室内造雪机,碎冰技术主要为碎冰机(滑雪场专用)。除湿系统的主要作用是保证室内空气质量,其主要设备为转轮热回收器、前表冷、后表冷及送排风电机。中央控制系统是整个滑雪场的大脑,控制整个滑雪场系统设备全自动运行。控制设备主要包括弱电柜、强电柜、PLC控制柜及工控机等。

3. 配套设施

室内滑雪场的配套设施主要有装备租借厅、装备专卖店、装备器材修复室、会议室、多功能厅、急救室、餐饮区、咖啡室、酒吧、游乐设施等。2017年,国内一些室内滑雪场开始配套建设电影院、购物中心、酒店等大型配套设施。

4. 室内滑雪装备

室内滑雪装备与室外滑雪装备基本相同。个人室内滑雪装备主要涉及器材、服装、配件三部分。滑雪器材一般指滑雪板、滑雪杖、滑雪鞋、固定器;滑雪服装包含滑雪服、滑雪手套;滑雪配件主要指滑雪头盔、滑雪镜。室内滑雪装备还包括护膝、护腕、护肘等装备。

(三)室内滑雪场及其他四季滑雪场地

1. 全球室内滑雪场

探究我国室内滑雪场的情况须先考察全球室内滑雪场发展的宏观

背景。瑞士滑雪产业研究专家劳伦特·凡奈特公布的《2017全球滑雪市场报告》显示，全球营业中的室内滑雪场共有43家，每年滑雪人次不少于2000万。《2017全球滑雪市场报告》的统计显示，全球各个地区均有运营中的室内滑雪场，室内滑雪人群主要集中在西欧和亚太地区（见图1）。室内滑雪场数量最多的国家依次为中国、德国、日本、荷兰、英国。

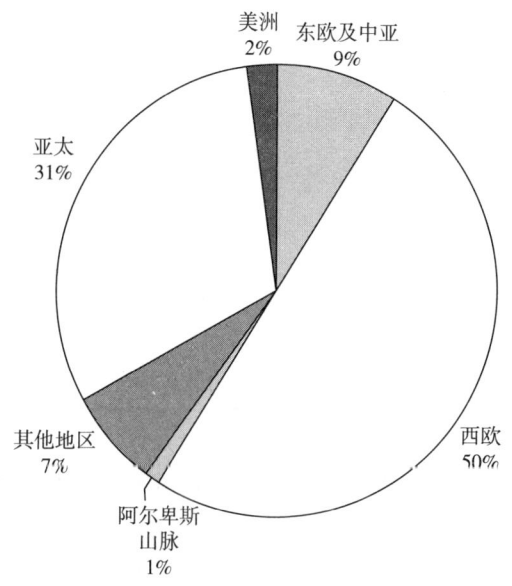

图1　全球室内滑雪场所分布

2. 我国室内滑雪场

2014年国内有7家室内滑雪场，2015年有9家，2016年增至12家。截至2017年6月，我国处于营业状态的室内滑雪场有14家。我国是世界上运营室内滑雪场数量最多的国家（见表1）。目前，我国的室内滑雪场主要分布在二、三线城市，这些室内滑雪场一般会选址在城市近郊地区。

表1　国内室内滑雪场统计

名称	开业年份	地区
阿尔卑斯冰雪世界	2000	深　圳
达永山滑雪馆	2005	内蒙古
乔波冰雪世界（北京）	2005	北　京
乔波冰雪世界（绍兴）	2009	浙　江
瑞祥冰雪世界	2011	湖　南
冠翔冰雪大世界	2014	辽　宁
西部长青室内冰雪馆	2015	河　北
三只熊冰雪王国	2015	湖　南
秦岭四季滑雪场	2015	陕　西
四季滑雪馆	2016	河　北
仙女山冰雪城	2016	重　庆
青田乐园室内滑雪场	2016	浙　江
冰河世纪滑雪场	2016	广　西
万达娱雪乐园	2017	黑龙江

根据初步统计，截至2017年6月，我国在建的室内滑雪场共计15家，除2家在建室内滑雪场在北方的黑龙江、山西外，目前在建室内滑雪场都在南方。贵州省2017年将建成3家室内滑雪场，预计是2017年建成室内滑雪场数量最多的省份（见表2）。2017年在建的室内滑雪场开始向三、四线城市发展。

表2　国内在建室内滑雪场统计

名称	预计建成或开业年份	地区
关岭冰雪世界旅游度假区室内滑雪场	2017	贵　州
荔波冰雪水世界主题乐园室内滑雪场	2017	贵　州
张家界冰雪世界	2017	湖　南
遵义思达欢乐谷室内滑雪场	2017	贵　州

续表

名称	预计建成或开业年份	地区
大同魏都水上乐园室内滑雪场	2017	山　西
重庆际华园启迪乔波冰雪世界	2017	重　庆
株洲奥悦云龙冰雪乐园室内滑雪场	2017	湖　南
马鞍山启迪乔波冰雪世界	2017	安　徽
容县大垌风景区室内滑雪场	2017	广　西
镇江奥悦冰雪乐园室内滑雪场	2018	江　苏
齐齐哈尔奥悦室内滑雪场	2018	黑龙江
都江堰万达文化旅游城室内滑雪场	2018	四　川
无锡万达文化旅游城室内滑雪场	2018	江　苏
广州万达文化旅游城室内滑雪场	2019	广　东
丝绸之路欢乐大世界室内滑雪场	2019	新　疆

3. 旱雪滑雪场

滑旱雪起源于英国，是在人工合成的特殊材料雪道上的滑雪，这种特殊的雪道地面称为旱雪毯。与室外滑雪场、室内滑雪场相比，旱雪场地具有建设周期短、投资成本小、绿色环保等优势。国内旱雪场地主要建设在度假区、公园、旅游风景区。根据国内旱雪主要制造商尖峰旱雪的数据，2012年中国投入使用的尖峰旱雪滑雪场数量为2家，2013年为5家，2014年为9家，2015年为14家，2016年为18家，在建的有5家。奥林匹克公园旱雪滑雪场是北京在建的旱雪项目，面积为20000平方米，此旱雪滑雪场将成为国内面积最大的旱雪滑雪场。

4. 室内滑雪模拟训练场

室内滑雪模拟指在室内机器或设备上模拟滑雪动作，达到滑雪训练效果的一种运动。根据模拟材质、设备的不同，可将室内滑雪模拟分为VR滑雪模拟和魔毯滑雪模拟两类。VR滑雪模拟是运动者通过联合运用VR设备、训练器材达到模拟滑雪训练效果的一种运动。VR滑雪模拟的国内主要供应商是司凯泰思。魔毯滑雪模拟指运动者在魔毯设备上模拟滑雪的一种运动。国内魔毯滑雪模拟提供商有雪乐山、顽酷、零度等。

根据初步统计，国内滑雪模拟设备数量在30台以上。以室内旱雪模拟训练场地提供商雪乐山为例，雪乐山在北京的室内滑雪训练中心数量为3家，每家训练中心接待滑雪人次约为10000人。2017年，雪乐山规划在北京开设3家室内滑雪训练中心。按照规划，雪乐山总共将在北京开设10家室内滑雪训练中心。

二 我国主要室内滑雪场概况及发展特点

（一）室内滑雪场

1. 北京乔波冰雪世界

北京乔波冰雪世界位于北京市顺义区，建筑面积约4万平方米，是北京第一家室内滑雪场。目前，北京乔波冰雪世界室内滑雪场已建成以室内休闲滑雪为主，同时提供滑雪教学、滑雪赛事、体育拓展、商务接待等全方位综合性服务的大型室内滑雪中心。

北京乔波冰雪世界初级道、中高级道平均坡度分别为8度、17度。其中初级道长度为200米，宽度为40米，配备魔毯；中高级道长度为300米，宽度为40米，配备拖牵伸缩杆式索道。滑雪场设有儿童戏雪乐园区域和乔波滑雪学校。乔波冰雪世界室内滑雪场每日接待能力为3000人次，配套建有乔波国际会议中心、停车场等设施，其中乔波国际会议中心设有餐厅、客房、接待厅等区域。

北京乔波冰雪世界共有12个会议室和1个多功能宴席大厅，多功能宴席大厅面积为400平方米；会议室配备话筒、投影仪、同声传译设备等，可满足20～400人规模参会。① 滑雪场还配备游泳中心、棋牌间、KTV休闲中心等设施，并开展台球、壁球、保龄球等休闲项目。室内滑雪场还曾主办滑雪产业发展论坛、雪上公益培训、雪地赛事发布会、滑雪装备发布会、雪地真人CS拓展、青少年滑雪冬令营等活动。目前乔波室内滑雪场已形成以滑雪培训、室内滑雪、商务会议、拓展训练为主，其他运动娱乐项目、餐饮为辅的商业模式。

2. 辽宁冠翔冰雪大世界

辽宁冠翔冰雪大世界位于辽宁省抚顺市高湾经济开发区，是以室内滑雪为特色的综合性游乐园。冠翔冰雪大世界室内滑雪场是东北地区第一家室内滑雪场，建筑面积为18487平方米，其中室内滑雪场面积为9200平方米。冠翔冰雪大世界室内滑雪场共建有两条雪道，分别是儿童与初学者练习雪道、成人雪道。儿童与初学者练习雪道长度为20米，宽度为6米，坡度约为4度。成人雪道长度为100米，宽为60米，坡度约为10度。冠翔冰雪大世界曾举办辽宁省首届室内滑雪公开赛、首届室内单板公园邀请赛等大众滑雪赛事。冠翔冰雪大世界以冰雪为特色，开展了40余种冰雪娱乐休闲项目。与此同时，冠翔冰雪大世界还拓展开设了冠翔7D影院、电玩城、5D自拍馆等项目。室内滑雪场配套建有停车场、餐厅等设施，其开办的北欧餐厅提供中餐和西餐，可同时容纳1000人用餐。冠翔冰雪大世界二期项目将包含酒店、温泉等新兴旅游配套项目。冠翔冰雪大世界的目标是建设娱乐产品开发、服务水平、游乐文化等具有国际化标准和内涵的大型冰雪主题乐园。

3. 哈尔滨万达娱雪乐园

哈尔滨万达娱雪乐园位于哈尔滨市松北区，是大型商业文化旅游

---

① 北京乔波冰雪世界官网，http://bj.qbski.com，最后访问日期：2017年8月1日。

项目万达文化旅游城的旅游板块的组成部分,与室外主题乐园、电影科技乐园、中央大剧院、室内滑冰场等项目共同构建了黑龙江省首个以冰雪为休闲娱乐主题的大型文化旅游购物综合体。

哈尔滨万达娱雪乐园高度约为120米,面积约为8万平方米,其中雪上面积是6.5万平方米[①],室内全年温度保持在-5℃。万达娱雪乐园可划分为初级道区、中级道区、高级道区、戏雪区等区域,其中初级、中级、高级雪道共计6条,最长雪道长度为500米,垂直落差为80米。为保护滑雪者的安全,娱雪乐园的魔毯配备随动扶手并采用单向单侧防摔的运送方式。魔毯总长度为150米,坡度是14.1度,运行最高速度是1米/秒[②],是亚洲最长的室内魔毯。娱雪乐园还设有索道、冷风机、吹雪机、造雪机等设备。滑雪场配套服务设施有雪具租赁大厅、咖啡厅、餐厅、雪具专卖店等。哈尔滨万达娱雪乐园是目前世界上规模最大的室内滑雪场,日接待能力为3000人,可以满足1500人同时雪上运动的需求[③]。

4. 石家庄西部长青室内冰雪馆

石家庄西部长青室内冰雪馆位于石家庄市鹿泉区,是河北省首家全年提供滑雪服务的室内滑雪场。西部长青室内冰雪馆面积为13916平方米,被划为戏雪、滑雪两部分,其中戏雪区域面积约为6000平方米,设有波浪道、蘑菇道、断桥等戏雪项目;滑雪区拥有1条滑雪初级道,初级道长度为226米,宽度为50米,坡度为8度。冰雪馆设有索道、拖牵、魔毯、造雪机、压雪机等设施,其中造雪机6台、压雪机1台、魔毯1条。冰雪馆室内温度常年维持在-5~-6℃。滑

---

① 《先睹为快!全球最大室内滑雪场6月底开业啦》,http://www.oeeee.com/mp/a/BAAFRD00002017032331534.html,最后访问日期:2017年8月1日。
② 《融创万达城室内滑雪场魔毯起飞 百人体验》,http://house.dbw.cn/system/2017/03/30/057587444.shtml,最后访问日期:2017年8月1日。
③ 《哈尔滨万达娱雪乐园开启首次造雪》,http://www.wanda.cn/2017/2017latest_0227/34725.html,最后访问日期:2017年8月1日。

雪场配备双板 2000 套、单板 150 套、滑雪服 650 套、护具 300 套，日接待能力为 1500 人次。

冰雪馆建设有会议室、餐厅、洗浴室、儿童游乐区、停车场等配套设施，其中建有会议室两个，可分别容纳 110 人、120 人。西部长青室内冰雪馆曾举办波浪道速度滑雪比赛、跳杆比赛、反季滑雪比赛等大众赛事。除举办大众滑雪赛事外，西部长青室内冰雪馆还为国家滑雪队提供训练场地。2017 年，西部长青度假区将加强室内冰雪馆服务标准建设和室外滑雪场的设施建设，将冰雪小镇板块打造成具有国际水平的冰雪旅游目的地。

（二）其他四季滑雪场

因地域、时间、成本的限制，旱雪滑雪场、模拟滑雪室等其他四季滑雪场所近些年来在国内开始发展起来。北京市已有 VR 模拟滑雪、魔毯模拟滑雪的场所，在建一座旱雪滑雪场。尽管我国的旱雪滑雪场、模拟滑雪室等滑雪场所数量较少，但根据初步调研，旱雪滑雪、模拟滑雪也有向国内大城市发展，旱雪滑雪场有向规模扩大、配套设施齐全、增加其他娱乐主题方向发展的趋势。因此有必要在本章简要介绍此类以旱雪滑雪场、模拟滑雪室为代表的其他四季滑雪场所。

1. 成都美洲四季旱雪滑雪场

美洲四季旱雪滑雪场是位于成都市高新技术产业开发区的国内首家提供四季滑雪服务的大型旱雪滑雪场。美洲四季旱雪滑雪场占面积约为 2 万平方米，旱雪雪上面积为 9400 平方米，设有魔毯 2 条，拖牵 1 条。滑雪场共设有 4 条雪道，其中初级雪道长 100 米、宽 20 米，雪道坡度为 9~11 度；中级雪道长 160 米，宽 20 米，雪道坡度为 10~13 度；高级雪道长 100 米，宽 16 米，雪道坡度为 15~30 度；单板公园雪道雪上面积为 2000 平方米，长 100 米，宽 20 米，雪道坡度为 10~15 度，单板公园建设有单板墙体、波浪道、铁杆、BOX 等滑雪障碍。

美洲四季旱雪滑雪场同时建设有综合服务大厅、休息区、餐吧、停车场等配套设施，其中综合服务大厅配备单板100套，双板400套。美洲四季旱雪滑雪场与多家滑雪培训机构和俱乐部合作，提供单板、双板旱雪教学培训。滑雪场同时提供夜场滑雪服务，日接待能力为500人次。美洲四季旱雪滑雪场未来规划建设滑冰、攀岩、山地车、滑翔伞、卡丁车、跑酷等项目，目标是建设成为中国最大的极限运动公园。

2. 上海顽酷滑雪工厂魔毯模拟训练中心

顽酷滑雪工厂是由上海缘界体育发展有限公司于2016年投资建设的大型魔毯模拟训练中心，场地位于上海市杨浦区悠方商业购物中心4层，面积为2200平方米。顽酷滑雪工厂使用的魔毯无限雪道设备（InfiniteSki Track），主要由循环雪毯、无线遥控系统、镜面三部分构成，无线遥控系统借助远端遥控方式控制雪毯速度和坡度，滑雪爱好者可凭借前面镜面矫正滑行动作。魔毯无限雪道提供13种滑行模式，连续可调坡度为9~20°。训练中心拥有魔毯无限雪道4条，1条魔毯无限雪道设备可以满足成人6人或儿童8人同时进行模拟滑雪训练的需求。滑雪训练者可通过魔毯无限雪道设备进行初级、中级、高级滑雪动作的训练。在滑雪训练方面，顽酷滑雪工厂自主研发了一系列完善的模拟滑雪教学体系，旨在从教学模式上改变人们对滑雪的认知，从真正意义上普及滑雪运动。此外，顽酷滑雪工厂还建设了多功能团操室、健身房、洗浴室、餐饮休息区、VIP休闲区等配套设施，为人们提供聚会、团建、亲子等活动。

2016年第四季度，顽酷滑雪工厂共接待4500余人次。未来，顽酷滑雪工厂将以建设普及、专业、创新的"南方冰雪世界"为企业发展目标，立足上海，继续以大众化发展思路打造冰雪运动。2017年将在三亚、腾冲、南京、杭州等地开展多项新型冰雪项目，2018年计划在江浙沪地区开办12家专业滑雪训练中心。

(三)我国室内滑雪场发展特点

我国室内滑雪场有向规模化、多业态化发展的特点,这种发展特点表现在四个方面。

(1)室内滑雪场数量逐年增长。2014年我国室内滑雪场仅有7家,2016年我国室内滑雪场数量达到12家,成为建有室内滑雪场最多的国家。根据初步统计,2017年在建的有15家,预计到2020年,国内室内滑雪场数量将达到35家以上。

(2)室内滑雪场建设面积不断扩大。哈尔滨万达娱雪乐园室内滑雪场面积约为8万平方米,是世界上最大面积的室内滑雪场。目前在建的室内滑雪场面积多在2万平方米以上。与建设初期相比,国内建设的室内滑雪场面积有扩大的趋势。

(3)室内滑雪场向南方中小城市发展。在建的室内滑雪场一部分分布在江苏镇江、广西玉林等南方中小城市,我国室内滑雪场有向南方中小城市发展的趋势。

(4)室内滑雪场向多业态方向发展。根据滑雪场的调研资料,正在改建、扩建、新建的室内滑雪场大部分规划了酒店、温泉、室内探险、电影院等配套项目。室内滑雪从主题板块开始向特色板块、组合板块发展,即室内滑雪不是游客休闲娱乐的一个必选项。室内滑雪的多业态组合方式有利于滑雪场实现产品差异化、盈利多元化等目标。

三 推动我国室内滑雪运动发展的建议

我国室内滑雪场起步较晚,还处于初级阶段。部分室内滑雪场存在选址不当、规划不合理、缺乏专业管理团队、客户体验度低、政府政策扶持力度不大等问题,为此本报告提出以下对策和建议。

（一）制定资本进入政策和优惠措施，吸纳资本注入

2022年北京与张家口将联合举办冬季奥运会，各省市纷纷出台鼓励冰雪运动发展的相关政策，社会机构开始加大对冰雪经济的投入，本报告预计滑雪产业将会迎来众多资本注入。从室内滑雪场分布看，江西、新疆、西藏、福建等省份均无室内滑雪场；从竞技项目水平看，我国冬季竞技体育存在"冰强雪弱"的格局；从冬季娱乐项目看，我国公众冬季娱乐项目明显少于夏季娱乐项目。因此，社会资本的注入将会极大地促进我国室内滑雪场的建设、运营，乃至推动整个滑雪运动的普及和发展。

尽管一部分省市发布了关于促进冰雪产业发展的意见，但在各类资本涌入冰雪产业的背景下，如何规范资本和相关进入政策成为关键。各级政府部门应尽快出台不同类别资本进入室内滑雪场的相关政策及具体详细的优惠措施，积极吸纳资本注入，推动室内滑雪产业发展。与此同时，因室外滑雪运动与室内滑雪运动存在差异，政府部门应制定专门的室内滑雪运动管理规范和安全规范，引导室内滑雪企业健康发展。

（二）聘请专业人员规划室内滑雪场，加强管理人员培训

室内滑雪场的管理者应聘请有经验的专业人员对滑雪场进行规划设计。室内滑雪场的选址应考虑交通、人口密度、消费习惯、娱乐休闲项目分布等因素，规划时应考虑成本、面积、坡度、设备、配套设施等因素，运营时应聘请专业的技术人员对制冷、滑雪等设备系统进行维护。在管理方面，可加强对室内滑雪场管理人员的日常培训工作，促进室内滑雪场管理人员的交流与学习。室内滑雪场只有通过专业的规划论证、科学的管理才有可能实现盈利。

（三）开发多业态产品模式，提升滑雪服务质量

因室内滑雪场存在运营成本高、自然景观少、滑雪趣味性较差等问题，如何增加盈利成为室内滑雪场亟待解决的问题。针对国内室内滑雪场的经营现状，可以从以下两个方面进行突破。

一是积极开发多业态产品项目，促使盈利模式多元化、深层次发展。目前，国内室内滑雪场开发的一个特点是由单一滑雪场业态向温泉、公园、滑冰场、剧院、电影院、酒店等多业态产品融合发展。河北省石家庄西部长青室内冰雪馆和辽宁冠翔冰雪大世界的二期工程都将开发酒店、温泉等产品。2017年开业的哈尔滨万达娱雪乐园已成为万达文化旅游城文化、旅游、商业、住宅综合板块中的一部分。

开发多业态产品项目是室内滑雪场促进盈利模式多元化发展、增加盈利收入的重要举措。在多业态产品模式下，应继续促进某一产品项目的深层次发展。如在室内滑雪产品模式下，可通过增加滑雪培训、滑雪比赛等项目增加滑雪场收入。在滑雪酒店产品模式下，通过在滑雪场举办明星音乐会吸引音乐粉丝入住、与滑雪场季卡进行组合套餐销售等项目促进滑雪场盈利模式深层次发展。总之，从市场角度出发，室内滑雪场应开发多业态大众娱乐产品项目及特色业态项目、进行多业态组合互动营销，以促进滑雪场盈利模式多元化、深层次发展。

二是把握顾客消费心理、提升滑雪服务质量。把握好顾客消费心理、提升服务质量是行业从业者的基本素质。室内滑雪场可通过对滑雪顾客类型、地域、收入等条件进行定性与定量分析，总结出顾客的消费能力、逗留时间、消费心理等。针对不同类型的滑雪顾客来制定和调整滑雪系列产品的类型、特点与价格，并进行有针对性的市场推广活动。

滑雪服务质量包括硬件服务质量和软件服务质量两部分。滑雪硬

件服务质量指滑雪顾客使用滑雪及其他硬件设备时对硬件的好感度，如租赁的滑雪鞋质量、雪道是否便于特殊群体使用等。滑雪软件服务质量指滑雪顾客针对其接收到的人工服务进行评价，如滑雪场咨询台服务人员的态度、滑雪指导员的教学水平等。建立室内滑雪服务标准系统、细化服务流程、提升滑雪服务质量等举措有利于提升滑雪用户的体验度、提高室内滑雪二次转化率。

（四）整合营销方式，培育室内滑雪市场

如何培育具有一定基数的室内滑雪爱好者是室内滑雪场管理者考虑的重要议题之一。当前，我国室内滑雪运动存在群众基础薄弱、普及率不高的问题。室内滑雪场可以通过整合各类营销的方式来培育室内滑雪市场。室内滑雪场一般会利用体育名人效应、季卡优惠或打折活动、举办大众室内滑雪赛事、网络或微信订票等方式进行市场营销活动。除上述营销方式外，室内滑雪场还可通过大众冰雪节、现场音乐会、趣味滑雪比赛、室内滑雪比赛+服装秀、室内滑雪比赛+美食节、室内滑雪+温泉、室内滑雪+其他娱乐休闲项目等多种营销组合方式来提升公众关注和参与室内滑雪运动的热情。

B.3
我国滑雪装备品牌发展战略

摘　要： 十八届三中全会以来，国家不断推出对体育层面的政策支持，将体育强国战略纳入国家重要战略思想，提出了一系列体育强国与提高民众生活品质、健康水平的战略方针，真正以人民对美好生活的向往为奋斗目标。滑雪运动是近些年中国大范围兴起的户外运动之一，中国滑雪产业的疾速成长有目共睹。滑雪装备产业是群众安全上冰雪的保障，是国家统筹推进群众体育和冰雪产业发展的关键战略组成部分。本章将从滑雪装备产业的品牌战略入手，分析国内滑雪装备产业发展现状、特点及未来发展趋势，为我国滑雪产业的发展提供动力。

关键词： 滑雪装备　品牌战略　滑雪运动　体育产业

体育产业是我国的朝阳产业。全民体育健身的兴起、体育休闲产业的发展都对体育装备的发展提出新的要求，这对我国整个体育市场来讲，是机遇也是挑战。

国务院46号文件提出，到2025年，我国体育产业总规模将超过5万亿元门槛；《体育发展"十三五"规划》提出，到2020年，中国体育产业的总规模规划超过3万亿元，占国内生产总值的1%。"十三五"规划为中国体育更远大的目标夯实了基础。这一政策规划扩大了体育产业的市场空间，体育产业整体附加值增长速度将高于同期全国整体经济增长均值，居民人均可支配收入至少会将提高2.5%的比重用于体育用品的消费。作为第三产业的体育业和衍生出的体育服务业发展都将大幅提速。

2016年，我国体育用品行业产值达到3077亿元，同期增长11.65%，冰雪运动产业作为体育产业的重要组成部分，其增长更为直观。2016年，在国家会议中心举办的国际体育用品博览会（ISPO展会），滑雪相关企业的参展商规模大幅扩大，增加了近一百个知名滑雪装备品牌。滑雪装备包括雪板、服装、配件等，占据了体育板块的大半。此外，各地纷纷举办各类冰雪相关论坛活动与研讨会等，充分体现了中国人参与冰雪运动的热情，展现了冰雪装备产业在中国未来市场发展中的大好前景。

而目前我国滑雪装备大部分依旧依赖进口，在滑雪服、雪板等产品等方面，进口品牌抢占了大部分中高端市场。中国滑雪装备没有展现出强大的"民族品牌"优势。如何利用广阔的市场发展空间来填补中国制造的不足，是我国滑雪装备产业发展过程中亟须解决的问题。

2017年5月31日~6月2日，中国-欧盟中小企业合作对接会在比利时首都布鲁塞尔举行。会议邀请各行业参加，其中包括滑雪行业。此次会议中，中国滑雪企业同欧洲各国冰雪企业进行深入沟通，达成多项共识与初步合作意向，为中国滑雪行业走出国门提供了更多机遇。

一 国内滑雪装备市场发展现状

（一）国内滑雪装备市场环境

调查统计显示，截至2016年底，全国滑雪场数量已达到646家，分布于27个省份,这也预示着中国的滑雪装备市场有着巨大的市场容量。瑞士滑雪产业顾问 Laurent Vanat 的数据显示,中国的滑雪人群约占全球市场的10%,是全球滑雪消费发展空间最大的国家。同时,中国多数本土滑雪相关产业从业者认为,中国的滑雪市场也是全球最具规模的初级滑雪市场,中国滑雪市场对滑雪装备产品的需求量大,开发市场相当广阔。

宏观环境下,中国滑雪市场高速发展,每年新增近千万人参与到滑雪运动中。若保持此平稳趋势,至2022年冬奥会,全国参与滑雪运动人数至少在1亿人。小众的滑雪成为大众项目,为商业化组织进入各个细分领域夯实了基础。2015年中国滑雪人次为1250万,2016年中国滑雪人次接近1510万。需要注意的是,由于中国人口基数大,且行业本身的周转率相对较高,2015年有800多万人被划分为一次性体验者,在多种因素叠加影响下,其在2016年并没有再回到雪道继续滑雪,这就阻碍了由体验者到爱好者的转变。如何培养初级滑雪者对滑雪运动的忠诚度,使其转化为滑雪装备品牌的消费者、关注者,是滑雪装备品牌重点关注的一个问题。

表1 我国滑雪场数量与滑雪人次

年份	滑雪场数量(家)	滑雪人次(万)	一次性体验人次(万)
2015	568	1250	800
2016	646	1510	960

2016年,整个滑雪产业装备成交率变高,直接购买或者短时间决定购买的消费者逐渐增加。购买产品不再是户外运动爱好者特有的人群特征,上千元的滑雪鞋和服装等更容易被消费者接受。多数滑雪用品及通用性较高的户外服装等用品,即使价格较高,但由于物有所值,也逐渐被普通消费者接受。

（二）海外滑雪装备企业抢占中国市场

我国滑雪人群总数不断增长，滑雪装备市场需求总量激增。作为最大的初级滑雪者市场，越来越多的国外滑雪装备企业对中国市场抱有积极的态度，不遗余力地参与中国滑雪市场中。参照滑雪产业发达国家的发展模式不难发现，北美、欧洲国家非营利性体育机构和组织的发展运营，离不开滑雪装备企业的资助。同时，这些企业通过多种合作方式，获得了相应的市场营销回馈，逐渐累积了市场竞争力。这些企业在寻找扩张市场时，中国成为其首要选择。滑雪装备企业海外扩张导致知识产权保护及转移等问题，因此，设立分公司实行本土化战略等也成为今后世界滑雪装备市场的发展趋势之一。

表2 主要海外滑雪板品牌进入中国的时间

品牌	产地	创立年份	进入中国市场年份
沃克（VOLKI）	德国	1923	1999
索罗门（SALOMON）	法国	1947	2002
阿托米克（ATOMIC）	奥地利	1955	1996
罗西尼（ROSSIGNOL）	法国	1907	2001
诺迪卡（NORDIC）	意大利	1945	2004
奈梭（KNEISSL）	奥地利	1919	2005
暴风雪（BUZZARD）	奥地利	1950	2004
菲舍尔（FISHRE）	奥地利	1934	2003
海德（HEAD）	奥地利	1935	2003
伊兰（ELAN）	斯洛文尼亚	1945	2002

由表2可见，多数国外滑雪装备品牌的创立时间与进入中国市场的时间有着至少50年的时间差，国外品牌多年积累的产品特征、良好口碑成了其产品的竞争力。雪板的一线品牌和二线品牌都很清楚，彼此之间的竞争已异常激烈，中国雪板想挤入这个市场不容易。这样

的现状对未来滑雪装备市场的发展有以下两方面影响。一方面，滑雪装备市场若形成马太效应，国外品牌继续保持高价战略，其较高的价格门槛通常会迫使初级滑雪者更多地选择租赁滑雪场的装备，这样不仅难以形成个人装备选择偏好，还会降低初级滑雪者由体验者向爱好者的转化率，势必影响整个滑雪产业链良性的互动。另一方面，这为中国滑雪装备品牌利用后发优势，迅速崛起提供了战略机遇。了解国外滑雪装备品牌的差异化发展路线，寻找民族品牌自有优势，将成为中国民族滑雪装备企业发展战略之一。

国外著名滑雪装备制造商往往拥有显著的资本优势、超前的研发技术，已形成较好的品牌优势，抗消耗能力非常强，以低价抢夺市场占有率的方式很难撼动其品牌地位。这种企业往往选择在劳动力成本低的国家或地区建立生产线，降低生产成本，节约前期投入。它们在向滑雪市场低价投放成熟产品以保持市场利润的同时，敏锐把握了市场动态，关注市场竞争品趋势，有针对性地采取措施，抢夺市场占有率，有利地保持了自身品牌竞争力，为企业发展带来了更多机遇。

国外著名滑雪装备品牌都在圣诞节之后推出新款雪板，在同一雪季推出2~3批雪板进行批量更新，这是企业供应链、精细管理的优秀展示。反观国内品牌，一些中小雪板品牌虽然在雪季之前推出新雪板，但是往往在雪季开始一段时间之后才能出现在市场。国内雪板品牌商通常在雪季结束之后总结和更新信息反馈，产品生命周期循环长达一个雪季。这也是国外滑雪装备充斥我国滑雪装备市场的主要原因。

国内多数滑雪装备生产企业为劳动密集型，通过为国外滑雪装备企业代工来赚取少量加工费，缺少研发含量高、附加值高的滑雪装备产品。国内企业应拒绝仿冒国外品牌，提升自身口碑及竞争力；应以成熟技术建立自身品牌，利用后发优势大幅缩短品牌生产周期。

（三）滑雪装备时尚化趋势

滑雪装备发展到今天，逐步呈现出品牌时尚化的发展趋势，能带动相关市场的时尚风向也是国外品牌先发优势之一。例如在滑雪服装方面，阿尔派妮的滑雪服在衣服的设计款式上，增添了可拆卸袖口、加强对口袋的设计等，专门面向中青年，衣服款式更为前卫，颜色选择更为多样。在国外品牌大量占据中国滑雪装备市场的背景下，装备时尚化是未来发展战略不能轻视的重要组成部分。国产滑雪装备品牌虽与国外品牌的产品生命周期不同，但随着国内经济的发展，消费者生活水平的提高，滑雪、户外、旅游等行业壁垒逐渐消失，国内品牌的时尚化越来越受到广大消费者的关注。以往单一的模仿款式、比拼价格、透支品牌生命力的方式并不能成为企业良性发展的途径。国内企业应当遵循市场经济的规律准则，在追求自身品牌时尚化的同时，保持自身装备具有强大的竞争力。

在滑雪装备生产方面，中国厂商有足以自豪的硬件生产基础，然而，要真正生产出质量过硬、时尚化强的自主品牌滑雪装备，需要投入更多的时间、人力、物力进行研发、测试、推广等。国家"三亿人参与冰雪"概念的提出，将引导中国青少年群体真正成为滑雪产业大客群之一，而青少年滑雪装备中的时尚元素将成为今后滑雪装备产业发展最大的导向因素。

"小批量、多品种、响应快"已成为滑雪装备企业提供时尚个性化产品服务的普遍要求。滑雪装备面对的消费者特性迥异，面向小规模细分群体、提供多样化的服装、及时响应消费者的需求成为企业新的商业战略。从产品的生产管理来看，产品的质量与创意是其成功的重要原因，例如伯顿（Burton）品牌产品从单板、固定器到服装都涉及，其下还拥有RED（护具）、ANON（雪镜）、GRAVIS（滑板鞋）、ANALOG（服装）等子品牌。设计师在设计新产品时，往往对自己进行封闭化的管理。秉承认真、执著的经营理念，其设计的产品既面向消费者，又充满了设计师苦思冥想的创意，赢得了世界范围内滑雪爱好者的好评。这些是其成为全球最大的单板制造商之一的重要因素。

（四）国内滑雪装备营销渠道

2017年初发布的《2016年中国户外用品市场调研报告》显示，目前国内户外用品营销中，商场渠道约为112.6亿元、户外店渠道约为35.4亿元、电商渠道约为84.8亿元。其中，电商渠道增长率最高，超过30%，而其他渠道则呈负增长。电商渠道也是滑雪装备产业链中的重要组成部分，据统计显示，目前我国滑雪装备电商渠道零售额仅次于商场渠道零售额，差额仅为30亿元。这一数字说明了电商渠道在滑雪装备营销中的重要性。

1. 国内滑雪装备电商渠道优势渐显

目前来讲，电商渠道滑雪装备的零售价格普遍低于商场渠道的零售价格，特别是一些国外品牌，产品价格差往往超过一半。另一方面，滑雪装备营业额的增长与实际毛利润的增长成正相关，随着滑雪装备商场渠道下行，规模越大、发展速度越快的实体店竞争优势更加明显。随着店铺租金的持续上升，规模较小的商场面对的市场压力逐步扩大，将会逐渐被竞争力更强大的经销商、大品牌挤出商场渠道。电商渠道销售的优势逐渐显现。

表3 国内装备主要销售渠道及金额

单位：亿元

渠道	金额
商场渠道	112.6
户外渠道	35.4
电商渠道	84.8

电商渠道拥有其他渠道所不具备的特点，例如涉及范围广、覆盖率高、产品集中、产业链环节高效等，这些都是电商渠道先天优势。另外，在消费升级的普遍商业环境中，电商渠道从供应链方面减少利益分配，使消费者直接获益。供给端直接面对终端消费群体，有利于双方高效互动。电商渠道既能够满足二三线城市滑雪爱好者的便捷需求，也降低了初级滑雪者的购买门槛，使中产阶级消费群体更为便捷地接触到滑雪运动及滑雪产业。网络能提供多样的滑雪装备，使消费者的对比、购买更加理性，也必然降低品牌间成本的转换，使国内消费者对国外品牌的忠诚度出现短期下降现象。

在国内滑雪装备销售领域，移动信息网络技术消除了旧有因信息不对称带来的渠道垄断，交易双方得以通过网络平台重新配置资源。滑雪人群对优质产品和配套服务的迫切需求，与一些国内企业生产和提供的低端产品不相匹配。中国消费者对于物品购买有自身习惯的信息渠道，例如知乎、微博、微信等，许多滑雪运动技术教学也逐渐依托于互联网、中国消费者对于滑雪装备体系的完全认知几乎可以做到足不出户。

最有代表性的微信信息服务占据了消费事业，传统媒介营销方式难以匹敌媒体，市场上还出现通过互联网信息分享获得金钱回馈的新趋势。企鹅智酷发布数字显示，微信平台有近6成用户有付费阅读体验，用户愿意以50元以内的支付成本获取有价值的内容和商品资讯，付费获取信息的模式在互联网经济中已成趋势。新的信息分享模式随着潮流演变为有针对性地分享。一些非品牌商的营销媒体，通过网络场景的影响力推介产品特点，实现多方共赢。调研发现中国主要滑雪场都已开通官方公众号、订阅号，一些品牌滑雪场以多种服务渠道为切入口，运营多个公众号。

然而，国产滑雪装备仅用情怀作为吸引力是不够的，很难将情怀转化为品牌竞争力。只有着眼于滑雪装备产品技术本身，积极拓展新的市场营销策略，整合滑雪系统资源，合理规划滑雪目的地，才能增强竞争力。如何促进国内滑雪装备电商渠道的健康发展，有以下两方面的建议。

（1）延伸滑雪产业链，打造国产品牌优势，引入国外社群模式。社群商业模式是社群文化现象的具体体现，它与滑雪装备品牌竞争力积累一样，有一个缓慢发展的过程。企业从与社群成员交互过程中，会发现新的产品，据此建立新的市场策略，在市场中夺得先发优势，以软实力优势提升滑雪装备品牌的综合竞争力。这使滑雪装备商业链条不再是简单的卖产品，而是消费、生产、社交、运动特征、品牌文化的连接。消费者被滑雪文化场景、雪上娱乐场景所展现的生活方式吸引，从而产生滑雪消费，成为品牌的忠实客户。

（2）滑雪装备发展出品牌电商道路，平台化构建才能稳固承载更多消费者需求。平台战略是一种势能，初期平台构建、资源投入、吸引流量需要一个或者几个全产品周期的过程。当平台真正运作起来，融入品牌产业链中，每一次产品周期的积累叠加，将使优势加大，强者愈强。电商品牌平台将使企业产生自身的吸引力，吸引更多的资源、用户。滑雪装备品牌的吸引力积蓄到一定程度后，在适当合理的营销战略配合下就可以转化为动能。

2. 国内滑雪装备零售渠道转型

竞争加剧以及电商渠道出现，为国内滑雪装备线下零售渠道的发展带来一定的障碍。目前国内滑雪装备品牌企业的发展方向多是向零售转型，在探索转型方向的过程中，滑雪装备品牌线不断拉宽，新品牌不断涌进，然后以多元化、多品牌、全方位的姿态占据细分市场。这些新品牌的扩张以并购那些经过完整产品生命周期运作实质进入市场，并拥有一定消费者信息反馈的品牌为主。这主要是通过企业转型升级来面对网络冲击，而非简单的离开市场。

依托中国成熟的电商环境，目前国内滑雪装备的理想发展模式为由线下滑雪装备产品转向线上销售，再由线下提供完整的服务。由于现阶段滑雪装备的日常维护只能依靠线下市场，这一模式在实际推行过程中存在较大困难。由于电商渠道多以冲量营销手段来抢夺市场占有率，而这并不是可持续的盈利模式。中国滑雪装备市场出现的网上平台挤占线下实体店的现象并不能长期保持。在今后很长一段时间内，我国滑雪装备产业链中的客户依旧将集中于线下。

未来新零售战略发展有两大发展趋势。一是整个零售管理的体系化。传统的滑雪装备零售行业，从品牌商到实体店会有很多的环节，影响整条营销产业链的输送。而零售组织结构的扁平化将使中间环节大量取消，使许多以传统模式走代理商战略的企业开始转型成为品牌商，直营或联营成为许多企业转型升级后所具备的共同属性。一些品牌直接使用全渠道经营模式，商品周期被压缩、内部流动加速。成都、厦门、沈阳、太原，都普遍出现代理商转型、开创建立本地自有品牌的现象。二是滑雪装备零售运营管理系统引入新科技，促使数字化信息快速流通。数字化信息掌控整个供应链，可以避免流转周期缓慢而对利润与现金流回笼产生负面影响。数字化的使用，使商品企划能够在前置的市场调研中找到第一手时尚信息。数字化零售管理即精细化管理，这不仅是数据的分析，还是对整个零售信息数据进行分析，只有如此才能够真实完整地传递信息和数据，实现终端快速决策。

二 国内滑雪装备产业链驱动力分析

目前我国滑雪装备企业规模较小，实力有限，产品研发周期长、难度大，而市场需求经过高速发展进入平稳期后，研发投入能否回收带有很大的不确定性。因此，需要选择合适的项目才能实现国内滑雪装备产业的转型升级。

（一）冬奥会、赛事与口碑推广

产业升级会带动商业模式更新，并将逐渐指引滑雪产业向着成熟的体育市场方向发展。从商业角度来看，国产滑雪装备市场发展的总趋势是积极追赶和接近国际水平。冬奥会这一积极因素将刺激装备市场加剧竞争，由此夯实中国滑雪装备市场基础，改善产业环境。随着物质生活水平的提高，人们购买力增强，开始追求生活品质，中国正在进入一个从"to have"到"to be"的新生活消费观念的形成阶段。消费需求的不断升级，对国内滑雪装备的整体印象将从乐观崇拜转为理智看待，这将严重考验装备品牌自身的综合实力。

品牌的知名度和影响力往往代表一个国家或地区的运动市场容量以及赛事水平。众多的滑雪赛事可以成为滑雪装备企业宣传推广品牌的重要途径，这一模式已经在其他体育产业经济运作中显示出成效，并充斥各个相关的细分市场。而滑雪赛事的观赏性和群众性特征，将极大地延伸滑雪产业构架，滑雪装备厂商对相关各级赛事以及相关活动应当进一步关注。例如，国产知名户外装备品牌探路者（Toread）已涉足滑雪装备行业，该品牌直接主办滑雪赛事，并联合多家滑雪网络平台积极宣传推广，已在核心滑雪人群中产生积极影响，促进了企业的发展。

滑雪场及指导员的口碑也是推广滑雪装备品牌的重要途径。中国滑雪装备品牌企业更多地以提供滑雪装备支持和援助来引导消费者，也有部分品牌直接动用资本来投资各级赛事，这些更多的是为占据滑雪市场热点、吸引消费者做出的战略布局。

（二）产业链分工

在滑雪装备设计生产环节中，规模化可以降低生产成本。规模化降低成本的根源是产业链分工，将信息技术应用于工业生产和销售，实现高效专业化协作分工特别是跨地域分工协作，可以大大降低成本。滑雪装备产业中的分工越来越细，人们越难以旧视角审视并确定市场上品牌的产地，中国品牌不会再出现20世纪80年代以省份为质量代名词的现象。需要注意的是，分工模式将创造更大价值，分工就是将某一环节从系统的产业链发展基础体系中剥离，从而增强资源配置的自由度。滑雪产业所涉及的纺织品、滑雪服、雪镜、滑雪板等都属于轻工业，其产业链相对较长，涉及因素较多。只有通过有效的产品战略和产业链的不同分工，才能以低成本优势得到集聚的竞争力优势。

要使滑雪装备产品中的各类材质在不同的使用环境下符合标准，也需要通过市场选择来实现。滑雪装备的上游产业包含纺织加工、原材料制造等环节，涉及化工原料、工业合成原料、纺织原料等因素，劳动力成本因素，物流因素伴随整个产业链周期，在一定程度上增加了滑雪装备产业企业的生产经营风险。而直接影响滑雪装备成品以及配套材料成本价格因素的市场运营，在过去十多年间基本上保持相对平稳。

以滑雪服为例，滑雪装备企业延续限产保价战略，致使需求时间窗口拉长。企业产业结构转型，在节约成本的同时降低了昂贵原材料的使用比重；硬件基础的更新换代、自动化程度增加使损耗减少。调研显示，滑雪装备市场的高仿真、功能性要求，直接迫使原材料技术不断升级，生物质纤维、高性能纤维研发生产成为滑雪装备生产的新战略。通过分子结构改性等技术提高材料的可纺染性，并兼顾阻燃与舒适性，成为户外滑雪装备时尚化、日常生活化的必备基础条件。例如，使用斜纹棉涤精梳面料生产滑雪服，可以在保持滑雪服专业性的同时，探索出一条在滑雪场之外营销的发展之路。

产业中研发成本不断攀升不是滑雪装备产业特有的情况，而是整个体育用品产业共同面临的问题。产品研发是涉及全流程的价值活动,对企业的价值链协同有着硬性需求,产品研发不仅对基本的成本、质量、品类有明显的提升拉动效果,还可以综合提高生产效率,增加投资收益等。企业在经营中应不断完善各个环节,提高客户价值,降低生产成本,加快品牌研发。这是冰雪装备产业发展需要正确面对的挑战。

滑雪装备产业链将随着企业所在市场外部宏观环境的变化而变化。滑雪装备企业对不可控的外部商业环境,需及时反应。全球化带来的工业规模及企业自身的创新能力降低了企业的潜在成本[1],使企业更加适应市场动态,同时,综合累积的品牌优势将提高相关联企业的商业议价能力、获取资源能力、多样化分工能力以及有效协调能力,这也是企业竞争力的表现。

(三)产品生命周期

分销商、市场零售商更多地关注产品生命周期,而滑雪装备有着十分明显的产品生命周期。通过这一产品周期来规划自身品牌战略,能够更有针对性地提高在细分市场的竞争力。同时,滑雪装备市场的现状是海外品牌在中国快速释放竞争力,直接占据一定数量的市场份额,质量高、设计新颖的产品已"空降"至中国滑雪装备市场。可以说,国产品牌与国外品牌之间的竞争实质是不同产品生命周期之间的竞争。阿托米克(Atomic)、所罗门(Salomon)、沃克(Volkl)、凯图(K2)等品牌更多地处在成熟的产品周期内,大批量规模效应直接呈现出来的是成熟的设计、较高质量的材料、合理的价格。这些品牌在原产地市场的需求趋于饱和,消费带动不足,急于扩展销路。国产滑雪装备虽然暂时落后于海外品牌,但是许多企业多年代工生产

---

[1] 迈克尔·波特:《竞争优势》,孙小悦译,华夏出版社,1997。

海外品牌，生产线设备与技术都达到一流水平，有利于缩短与国外产品的生命周期差距。

通过分析①2016年雪板的产品生命周期，Burton选择了可持续发展商业模式作为品牌战略。另外，Burton通过大数据分析，探究各个供应链环节对生态环境的影响并量化出临界点。Burton积极对占重量产品37%的木芯做出替换，使用符合雨林联盟组织（Forest Stewardship Council）认证的可持续木材。Burton负责研发的部门与原材料供应商建立了每月会谈的责任机制，原材料供应商承诺售后免费修补，从而延长Burton产品的使用寿命。

（四）价值链

企业的竞争力都是各方面多年累积的，不是单一加强某方面获得的。企业通过几个团队的努力协作，提高了其核心竞争力。企业核心竞争力通常是一系列互补配合的结果，企业通过知识和经验技术的组合建立优势体系。价值链展现的不同品牌的差异，也是竞争力的关键产生点。企业通过价值链的战略性确定自身的成本地位，与其他品牌展开差异化竞争。

价值链体系的趋势发展是扁平化，扁平化的团队，其物流、信息、资金高效且有序流动。当前，海外市场出现逆全球化现象，但中国经济发展稳健，成为世界重要的供给端和需求端，供应价值链不断延伸和范围不断扩大，竞争模式也由局限在企业品牌之间的竞争，演变为品牌供应链、行业产业链之间的积极竞争。在滑雪装备的产业链竞争中，国产中高端品牌的竞争力不足，应当积极补齐产业链积累的短板。

---

① Burton&Patagoni：《为什么高价？》，http：//mp.weixin.qq.com/s/eGa7npz4LbP4_x8QhePTfw，最后访问日期：2017年8月1日。

企业内部优势构成会受外部环境的市场化变化的影响，要追求最大价值的内生优势，就要确保各个价值活动集聚运作。这些不同资源产生有差异的非类同品牌竞争力，通常代表不同的价值链、价值观。在全球化市场中，应当动态定位品牌的目标市场，着重提高自身所在细分市场的表现力，从而增进品牌竞争力。

品牌差异化直观体现其所属企业的竞争力水平。企业以及品牌是各种资源的结合体，其竞争力通常来自其稀缺、不能被轻易模仿、具有自我发展的价值。价值链模型展示了内部资源的划分，这些有形与无形的资源最终转为企业竞争力，这个整体是不可流动、不可复制的。对于滑雪装备产品来说，新特性、科技含量已经成为大众滑雪核心玩家积极更新装备的诱导因素。

（五）组织管理优势

在品牌同质化的背景下，能否保持品牌竞争力取决于功能齐全、功能多样的组织是否具有高度专业化的核心竞争力以及能否通过突出重点优势夺得市场关注，从而补齐短板。要避免成为代工厂商，企业需有效地获得资源优势、市场优势、信息优势、合作优势等。因此，企业组织形式的优势是合理配比有限的资源并转化为竞争力。

垂直管理直接整合采购、研发、设计及下游的销售和售后部分。企业内部积极的数字化建设可以通过合理的内控减少与市场贸易的不确定性，确保数字资源的完整、优化交易行为。数字信息共享极大地方便了库存管理，降低了隐性成本消耗、提升了出入库的效率。依托数字信息内部跨团队全结构分享，企业可以及时掌握各级分销商的存货动态、销售周期规律，调整产品线生产配置，以战略管理审视热销品的资源配置与销售。

三 滑雪装备产业链可持续发展的建议

滑雪装备市场的发展和培育需要产品创新，然后引导庞大的初级滑雪者对产品产生直观认识。国家多次发布相关政策，旨在推动供给侧和需求侧同时发展，拉动体育产业以及装备配套产业的整体发展，补齐中国体育短板，进一步扩大内需。从供需角度来看，完整高效的产品供应链将有效地联动供需两端，积极地反馈和平衡双方资源配置，加强供给方对市场需求的认识和自觉，积极应对供给侧优化战略，提升品牌价值。通过满足需求方对优质产品和服务的需求，使这种需求更真实、可靠、可持续，从而促进彼此关系的协调、升级。针对目前我国滑雪装备市场的发展特点，本文提出以下几点建议。

一是做强，做稳健而强大的品牌，实现技术与创新的结合；

二是做大，放缓速度，管理库存，创新突破，整合产品供应链、提升品牌价值；

三是做精，实现精细管理，精准定位客户群，研发极致产品；

四是做专，细分滑雪装备市场，将定位确立在中高端市场，全渠道推广；

五是做小，打造小而出色的品牌文化，催生"社群品牌"的成长。

2017年2月21日，工业和信息化部、国家体育总局签署《关于推动体育设施设备和器材装备产业发展的合作协议》，双方就推动高端体育装备和器材国产化、推动国产体育装备和器材升级建立合作体系，推动建立由冰雪装备制造企业、科研机构与滑雪用户组成的冰雪装备产业联盟，完善产业体系，推动信息技术与冰雪装备深度融合，促进国产冰雪装备大发展。针对目前我国滑雪产业装备市场发展趋势，结合滑雪产业这一体育细分市场的近况，本文为滑雪产业可持续良性发展提出以下几点主张。

一是整体推动滑雪装备产业结构升级。抓住新一轮科技革命和产业革命的机会，以创新为动力，加快产业结构单元的补充与淘汰，从总体结构中优先选取高技术、高附加值的滑雪产业因素。

二是推动体育装备产业链升级。中国滑雪装备生产量比较大，质量也得到了市场的认可，然而利润中有60%~70%实际被海外企业与组织拿走，只有30%是中国企业拿到的，这本质上是海外滑雪产业瓜分中国庞大的市场。只有提升创意、设计、研发和线上线下互动销售等全产业链的竞争力，才能将利润牢牢锁住在产业链内部，以良性互动循环促进整个产业链稳步发展。

三是推动滑雪装备功能升级。目前我国滑雪装备功能相对较为单一，服装类产品占比接近50%。新的奥运周期已经到来，新装备、新材料、新技术成为推动体育发展，提升国家冬季运动整体水平的动力。智能体育装备已经出现，将成为科技领域与传统体育用品细分领域持续争夺的热点。

四是推动滑雪装备品牌升级。在国际市场上真正有影响力的中国品牌相对较少，这是中国滑雪产业以及各个细分领域的不足造成的。中国国家级传媒联合打造的"国家品牌计划"，正是以助力中国品牌走出去为战略目的的。打造驰名品牌，是中国智造和中国制造的长期战略布局之一。

五是推动滑雪装备质量升级。中国滑雪产业健康发展，消费群体不断扩大，消费者内部也不断分化，行业标准和覆盖层面的修订难以追赶行业发展的速度。现行监管受到法律法规的约束，很难以旧标准来监管当前滑雪装备的产品质量，难以满足市场各个细分领域的需求，造成产品非合理损耗、客户更换周期远短于设计预期使用寿命等问题。企业应以维护自身的品牌价值为出发点，承担起企业的社会责任，市场最终会认可优质品牌。

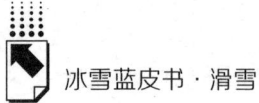

六是推动滑雪装备生产方式整体升级。生产方式随着人工智能的发展不断改进,已进入智能化高速发展期。政府规划出相当规模的体育产业园区,引入工程技术中心,实质上推动了滑雪装备产业生产方式的根本性变革。互联网时代的智能大数据分析,已出现在服装、家庭健身装备等细分领域中,科学技术正在成为滑雪产业装备领域生产的必备要素,迎接这一挑战也就是迎合滑雪装备发展趋势。

B.4
滑雪安全研究及对策建议

摘　要：　我国的滑雪人口近些年来呈现爆发式增长，但我国的滑雪人群以一次性体验者为主，滑雪者的技术水平、安全防护意识较差，滑雪安全问题频出，滑雪者受伤的现象也越来越普遍，且呈不断增长的趋势。安全问题是任何行业中最基础的问题，2016~2017年雪季出现的几次滑雪事故给我国的滑雪产业敲响了警钟。滑雪安全问题需要引起所有相关人员的重视，滑雪安全事故的直接后果是滑雪者的人身安全受到侵害，间接后果则是影响滑雪产业健康、长久、持续的发展。分析、发现影响滑雪安全的各种隐患，通过各种渠道、利用各种措施让滑雪变得更加安全，是行业亟待解决的问题。

关键词：　滑雪　滑雪安全　户外运动　体育运动

2013年5月1日，国家体育总局、人力资源和社会保障部、国家工商行政管理总局、国家质量监督检验检疫总局、国家安全生产监督管理总局联合发布了《第一批高危险性体育项目目录公告》，将高山滑雪、自由式滑雪、单板滑雪列为高危险性体育项目的目录。本文的目的是发现影响滑雪安全的因素，提出相应的建议，进而为解决我国的滑雪安全问题提供启示。

一 影响滑雪安全的因素

（一）滑雪场

1. 滑雪场规划设计不合理

滑雪场的选址以及规划设计需要科学、严密的论证，滑雪场雪道坡度、角度的设计须合理、规范。滑雪场规划设计人才是综合型、复合型人才，需要有复合的知识背景、较高的专业理论与技术水平，同时也要对滑雪运动、滑雪行业各产业链以及旅游度假行业有较深的理解，有一定的行业经验。国内的滑雪产业发展较为初级，相关的专家、人才稀缺，往往出现"懂技术的不懂滑雪运动，懂滑雪运动的不懂技术"的问题。我国滑雪行业无法在规划设计时对滑雪场的安全系统进行评估，留下了安全隐患。

很多滑雪场在建设时过分追求雪道的数量和难度，忽略了滑雪场安全、环保等方面的要求。《中国滑雪场所管理规范》（以下简称《规范》）要求，"入门级滑雪道须具备以下条件：练习的地形开阔，地形和小于5度的坡面相邻，坡面与滚落线一致；雪道变向处的角度大于135度；宽度大于30米；坡度小于10度。中级滑雪道的坡面与滚落线一致；雪道变向处的角度大于150度；宽度大于35米；坡度为9~20度。高级雪道坡面与滚落线一致；雪道变向处的角度大于160度；宽度大于40米；坡度为16~30度。"① 一些滑雪场在坡度、预留区域、角度等方面设计不合理，雪道存在安全隐患，超出了滑雪安全的范围，极易造成滑雪事故。国外的大型场往往会有一段很长的缓冲区，缓冲区的面积越大，滑雪者缓冲的时间越长，滑雪者就越安

---

① 中国滑雪协会编《中国滑雪场所管理规范》，人民体育出版社，2005。

全。而我国大多数滑雪场在雪道设计时没有预留相应的滑雪缓冲区，滑雪者在滑下时会因为速度过快，身体失去控制，与其他滑雪者产生冲撞进而造成伤害。另外，为了避免人流较多冲撞情况的发生，国外滑雪场设计时预留了相应的慢滑区、限速区，对滑雪者在慢滑区、限速区的速度给出了限定，若违规超速滑行，滑雪场将会按照相关规定处理。

2. 雪况因素

滑雪环境包括天气因素与滑雪场的雪况信息。

天气因素会产生滑雪事故。天气晴朗时发生的事故较多，滑雪者的滑行速度较快，容易发生扭伤和碰撞。雪天、多云及雨天时能见度低，视线受限制，滑雪时极易摔倒。不过，总体上看，天气差、能见度低时，滑雪者受伤的数量有所减少，程度都有所减轻。此外，雾、降雪、风力过大等天气状况，也会增加滑雪场事故的概率。

由于雪况因素而导致滑雪者受伤的例子屡见不鲜。雪况涉及雪质问题、雪道清洁等问题。同国外滑雪场优越的自然条件相比，受降雪量、气温等影响，我国滑雪场的雪量并不充足，需要造雪机造雪，纯天然的降雪只是滑雪场的补充，即使是在冰雪资源得天独厚的黑龙江省，也以造雪机造雪为主，这两种类型的雪混合使滑雪场的雪况变得不稳定。中国滑雪协会规定"雪道内经压实的雪层厚度最低为30厘米。雪层表面不得形成光滑冰面。"[1] 但实际上，很多滑雪场并没有配备压雪车，部分雪道的雪没有做相应的填补、加厚等工作，出现铺雪太薄、压雪不实、积雪太少、雪道不平整、局部结冰等现象，雪质无法得到保证。滑雪者在滑行时对雪况的判断失误，出现脚底踩不稳、滑倒等状况，给滑雪者的滑行造成了很大的安全隐患。

除此以外，还会出现的状况有滑雪场雪道上存在杂物、树桩、裸

---

[1] 中国滑雪协会编《中国滑雪场所管理规范》，人民体育出版社，2005。

露土石等障碍物，场地凹凸不平、过硬，没有专门的人员清理，没有人定时对雪况的安全度进行检查，甚至还时常发生造雪设备放于雪道上的状况，这给滑雪者的安全滑雪带来了隐患，是导致滑雪者受伤的主要原因。

3. 防护设施

滑雪场的安全防护设施包括防护网、安全垫、警示颜色、游客提示牌等。滑雪场的安全防护设施可以起到保护、警示、阻拦等作用，主要设立在坡度较大的雪道，侧面有山崖、陡坡地段等有安全隐患的地带。此外，滑雪场内部的设施及其他有安全隐患的地方也须用防护设施进行隔离保护。安全网为橘黄色，高度一般在1.5~2米；防护垫子厚度大于0.3米，高度大于1米。《滑雪场所的安全管理》规定在以下8种情境中必须安装防护设备：

①雪道侧面有障碍物地面；

②明显危险源暴露地段；

③雪道侧面陡峭地段；

④拖牵索道有必要的地段；

⑤中、快速转弯处的雪道两侧；

⑥中高级雪道两侧的必要地段；

⑦禁止滑行的入口；

⑧能冲出范围的终点停止区。①

这8种情境基本上涵盖了主要易发生安全事故的情境，为了维护滑雪者的安全，滑雪场应尽量在上述危险地带设立安全防护网。

我国大部分滑雪场的安全防护设施不完善，安全网的材质不合格，抗冲撞能力差；另有一些防护网年久老化、高度不足、弹性不够，没有做好日常维护；部分安全网存在缺口，没有完全闭合，这些有问题的安

---

① 中国滑雪协会编《中国滑雪场所管理规范》，人民体育出版社，2005。

全网不能起到防护的作用。我国对安全防护设施还没有明确的生产与检测标准,滑雪场自身对这些安全设施的检查也往往不及时、不到位。

另外,造雪机、树木、障碍物附近等容易引起安全事故的地方没有设置安全网,防护设施的位置不合理。很多滑雪者对安全网的用途缺乏足够的认识,直接冲撞安全网,造成了一定的运动损伤。

4. 滑雪场软件安全系统

保障滑雪场的安全,既需要在基础的规划建设及防护等方面下功夫,也离不开先进科技的帮助。滑雪场的安全保障工作应紧跟时代步伐,将先进的技术引入到滑雪场安全管理工作中。

国外大型滑雪场都会给滑雪者配备雷达测速装置,并对滑雪场的限速区进行醒目的标识,滑雪者可以及时掌握速度方面的信息,更好、更安全地滑行。

随着RFID(无线射频识别)技术的发展,国外滑雪场逐步将该技术用于滑雪场安全系统中。大部分美国滑雪场都提供无线射频识别信息身份卡,滑雪者在运动时佩戴这种信息卡,除了可以了解到自己的脉搏、心跳等相关信息,还可以了解到滑雪场的温度、雪道的人群密度等信息。当发生暴雪、雪崩或者其他安全事故时,滑雪场搜救人员可以凭借信息卡查找到滑雪者。信息卡在搜救工作中起到了重要的作用。

滑雪场的安全系统是一个综合的系统,部分学者开始研究将无线传感网技术(WSN)、无线射频识别技术与物联网技术进行整合,在滑雪者、总调度以及雪道监控预警之间建立联系。滑雪场管理人员通过这套系统完成对滑雪场信息的采集,并即时与滑雪者的交流互动,从而实现对滑雪场的信息化管理。

(二)滑雪场管理不完善

1. 滑雪场安全管理不足

滑雪场安全管理问题主要表现在缺乏安全巡察人员、安全管理不

到位以及缺乏安全信息等方面。

(1) 缺乏安全巡察人员

安全巡察人员是在滑雪场一线直接保障滑雪安全的人员,在发现滑雪场中的危险性因素、制止游客不安全的行为、安全救援等方面起到了重要作用。

《规范》中对安全巡察人员的责任做了说明:①滑雪场所必须配备安全巡察人员,安全巡察人员必须持有资质证书方能上岗。安全巡察人员的数量要充分保障实际需要。小型滑雪场可由兼职人员担任。②安全巡察人员要及时清除滑雪道中的安全隐患,保证滑雪道的安全、顺畅。③安全巡察人员要负责滑雪场内各种标识的布设、维护。④安全巡察人员负责第一线救护工作。⑤安全巡察人员要保证在滑雪场关闭后,雪道内无滞留的滑雪者。⑥安全巡察人员要熟知《中国滑雪运动安全规范》的所有条款①。

我国目前不但缺乏安全巡察人员,更缺乏一整套安全人员的服务体系。国内滑雪场对安全问题的重视程度不足,安全巡察人员多由其他员工兼任,岗位职责设置上缺乏独立的安全巡察人员,在发现和排查滑雪场的安全隐患方面做得相对不足。

(2) 安全管理不到位

部分滑雪场存在安全管理不到位的问题。滑雪场内人群众多,甚至还有不会滑雪的参观者也进入滑行区域,一些滑雪者在场内不遵守秩序,在雪道上逆行、横冲直撞,导致安全事故。《北京市体育运动项目经营单位安全生产规定》中明确指出,"滑雪、滑板项目人均运动面积,不得小于20平方米"。《中国滑雪场所管理规范》也规定"在雪道实际滑行的人均所占面积不能低于下列范围:初级道50~100平方米,中级道70~130平方米,高级道80~160平方米。"一

---

① 中国滑雪协会编《中国滑雪场所管理规范》,人民体育出版社,2005。

些滑雪场为了盈利，在周末人数几近饱和的前提下，仍然漠视这一项规定，接待超量滑雪者，导致滑雪场内人员拥挤，滑雪的安全性大大降低。

滑雪场的雪道在用途上应有明确的划分，有专门为儿童设计的雪道，也有专门为成人设计的雪道。同时，滑雪者应该根据自己的滑雪技术水平选择相应级别的雪道。当滑雪旺季来临，一些滑雪场为了能够容纳更多的消费者，让不同技术水平的滑雪者都在同一雪道滑行，导致雪道人满为患，极容易发生拥挤、碰撞等事故。

滑雪场的初始区域是滑雪场事故频发的区域，这也是需要引起滑雪管理者重视的地方。初级、中级、高级雪道的滑雪者最终都会在初始区域交汇，人员比较密集。同时，一些游客在进入滑雪场后往往也会在此戏雪，容易与雪道上的滑雪者引起碰撞。

（3）缺乏安全信息

在滑雪安全信息的提供方面，多数滑雪场做得不能让人满意。

欧美的大型滑雪场一般会配备雪道信息表、信息员，每个信息员有信息身份卡。对于信息的标注比较全面，滑雪场的信息或者由信息员主动发放，或者标注在索道的横杆、滑雪场信息板上，这些举措在保障滑雪者的安全方面起到了重要的作用。

我国滑雪场对滑雪场信息的提供不全面，滑雪场一般在入口附近提供滑雪场的整体概况地图，包括雪道长度、滑雪场面积等信息，滑雪者很难了解到滑雪场的雪质情况、天气状况、雪道的雪况等方面的信息。

滑雪场缺乏整体的向导图，依照中国滑雪协会规定，滑雪场的向导图的面积不能小于8平方米，应标明滑雪场的范围、滑雪场雪道相关信息，同时还应包含索道、设备位置等相关的信息，对于危险的区域应重点提示与标注。另外，滑雪场的向导图还应该对滑雪者需要的一些信息进行标注，例如经营者的办公室、滑雪场投诉处、卫生室、滑雪学校、休息室、餐厅等服务设施。以滑雪场的雪道为例，滑雪场对高级道缺乏更精准的描述和信息，很多滑雪者只能通过跟其他雪友交流来评估自己的水平是否可以去滑高级道。

滑雪场的标识不足一直是突出问题。2005年12月30日出台的《中国滑雪运动安全规范》里明文指出滑雪场要有"禁止""注意""指示""难易度"等4种标识。其中，"注意"标识指示特定的使用方法，包含停车场、紧急求助电话、办理手续、吊箱缆车、大型缆车、有轨缆车、越野滑雪传统技术、越野滑雪自由技术、单人吊椅、双人吊椅、三人吊椅、四人吊椅、杆式拖牵、儿童在外侧、履带式索道、禁止向前、禁止向左、禁止向右、请放下护栏、请抬起护栏等36个标识。"禁止"标识对滑雪者的危险行为进行了禁止，其中包含禁止入内、禁止转弯、禁止摇晃吊椅、禁止雪橇、禁止进入、禁止滑野雪、禁止雪地摩托、禁止通行、禁止骑坐拖车、禁止入内、禁止放开拖牵、禁止背小孩、禁止自由技术滑行、禁止狗入内、禁止单板滑雪、禁止停留等标识。"危险"标识标识出了滑雪场容易出现危险的地方或事件，其中包含危险、注意压雪车、注意雪道狭窄、注意雪道交叉、小心裂缝、小心悬崖、注意造雪机、注意拖索陡坡、注意雪地摩托、注意雪崩、注意右侧交汇、注意左侧交汇等标识。另外，滑雪场的标识中还包括难易度的标识，例如雪道的等级。

在欧美的滑雪场中，滑雪者一般在滑行中可以看到各种标识，可以通过滑雪场的标识了解到滑雪场安全方面的信息，滑雪者可以有效地依据标识来躲避滑雪场危险的区域，这对避免事故发生起到了很好的作用。而我国滑雪场在安全意识方面做得不到位，在雪道的安全标识方面做得不够细致。

滑雪场雪道上的标识较少，缺乏明显的分级、警示、防护等标识，滑雪者对初级、中级和高级雪道难以明显识别，在雪道上没有明显的限速标志，《规范》中要求用黑色、蓝色、绿色、虚线绿色分别来表示高级、中级、初级以及入门级雪道。滑雪场在设备方面的安全标识做得也不充分,《规范》中要求在索道上设置"禁止摇晃""禁止跳下""禁止手扶索道部件滑行""下车的准备""下车的位置""下车的方法"和"下车后的离开方向"等告示板和其他重要的标识。滑雪场的功能和分区不清晰、功能单一、分区较少,没有明显的初学者慢滑区等标识,在承办比赛时,才设置比赛专区。较少滑雪场设置儿童滑雪专区,不同年龄层的人在雪道上共滑,容易造成安全事故。

2. 缺乏专业的滑雪场安全救援体系

构建滑雪场安全救援体系,是滑雪场安全救援中非常重要的环节。安全救援是滑雪场安全问题处理能力的重要体现,也是滑雪者安全的重要保障。滑雪场安全救援体系主要由滑雪场安全巡检员、安全指导员、救援队伍和医疗队伍等相关人员及相关救援器械设备构成。

滑雪场必须有安全巡察人员实施侦查与救护的工作。安全巡察人员处在滑雪场的第一线,负责维护雪道的秩序,对滑雪者各种危险的行为进行劝说和警示,搜寻发生意外的游客、维护滑雪场的各种标识、清除雪道中的危险因素、保障滑雪道的安全、救助受伤和迷路的滑雪者等工作。我国的安全救援人员、救援队伍的数量少,很多由指导员兼任,部分滑雪场中的安全巡察人员有市级救援人员、省级救援人员资质,但绝大多数安全巡察人员没有相关资质。安全巡察人员没有相关的救援知识,当安全事故发生时不能对伤者进行正确的救治,不知道如何处理现场。同时,没有定期对人员进行救援培训,日常滑雪场安全救援演练次数较少,等事故发生时往往缺乏熟练的救援方法。

滑雪场医务人员承担着对轻伤滑雪者的救治以及对重伤滑雪者伤情的稳定等工作,是滑雪安全中十分重要的一环。我国滑雪场医务室配备少、面积小、缺少专业的医疗队伍。初中级医务人员较多,高级职称人员较少，医务人员技术等级不高，无法及时地对伤员进行救治，延误了最佳的救治时间。

滑雪场安全救援设施是滑雪场安全体系的硬件保障。我国多数滑雪场存在着安全救援设施数量不足、设施陈旧等现象。一部分滑雪场雪地救护车等专业设备欠缺，救护设备简单，对伤害事故的处理能力不足。滑雪场应对安全救援设施提供一套管理方案，积极完善救援设施和设备的管理制度。此外，滑雪场的运输工具也存在着同样的现象，耽误了紧急救援的时间。

我国滑雪场救援安全管理机构不健全，尽管有相应的部门，但在职位、岗位职责、制度等管理方面还存在着巨大的漏洞，各岗位的职责以及任务的分配不甚明确。

（三）滑雪者

滑雪者是滑雪安全的主体，部分滑雪者缺乏足够的安全意识、技术动作不规范，最终导致受伤。滑雪者应该充分提高自身的安全意识，时刻关注雪道中的危险因素，提高安全警惕，在发生危险时通过合理的摔倒等方式减小伤害。

1. 滑雪安全意识淡薄

滑雪者缺乏安全意识和自我防护意识，思想上不重视。对自己的滑雪水平判断失误或盲目自信，是造成滑雪者受伤的重要原因。具体来看，很多初学者不遵守规定，在还没有熟练掌握滑雪技能时就去中级道，滑雪难度的增加使很多初学者无法控制好平衡点、不能掌握重心、不会转弯、不能减速，无法掌握摔倒技巧、躲闪技巧，最终引发安全事故，使自己和他人受伤。同样的，一些中级滑雪者盲目自信去挑战高级道，最终因为坡度过大导致损伤。

滑雪运动是一项充满危险的运动。滑雪需要运用蹲、跳、转弯等动作，滑雪者在滑行前需要做好热身运动。另外，滑雪者的个人身体状态与滑雪的安全也息息相关，休息不足、身体疲劳、运动量过大、发力过猛以及姿势不对都容易引起相关部位的损伤。一部分滑雪爱好者喜欢挑战高难度，滑雪前没有做好热身运动，加大了受伤的可能性。

2. 滑雪技术不标准、不规范

我国滑雪者多数为一次性体验者，多数滑雪者在刚开始学习时会请教练，其后往往自学滑雪，真正系统地接受滑雪技能培训的滑雪者人数非常少。滑雪者学习滑雪的渠道除了滑雪指导员，还包括滑雪场的黑教练、好友等，他们对滑雪的规范一知半解，多数是凭着经验教授，他们教的动作往往不规范、不准确。

掌握好摔倒技术对于有效地减少滑雪运动损伤具有十分重要的意义。滑雪摔倒包括摔倒的时机、方法和摔倒后的站立方法等几个环节。

首先，滑雪者在摔时要注意把握好时机，选择好摔倒的地点和力度，当滑雪者预感到滑行节奏失控即将面临危险时，要及时下定决心、采取策略做好摔倒的准备。当雪道中还存在着其他滑雪者时，要让前方的滑雪者做好准备，及时提醒前面的滑雪者。

其次，滑雪者对于摔倒的方法要掌握好。在摔倒时一定要侧着身子，切忌直接往后仰。在倒地过程中，身体不能乱动、尽量蜷缩，可以把滑雪杖丢掉，保护好头部，不要让头触地。

最后，掌握好倒地后站立的方法。滑雪者者倒地后，要先查看雪板与鞋是否还连接在一起，如果两者已经脱离，滑雪者要积极利用好手中的雪杖。当雪板与鞋未脱离时，应先检查滑雪板与雪鞋是否连接在一起。保证雪板处于山下方，身体在山上方，用力推动身体以蹲在雪板上，曲身后用手支撑身体，双手抱着膝盖站起来。

（四）设备

滑雪场的设施设备也是造成滑雪者受伤的重要因素。滑雪场的设施设备涉及滑雪场的上升设施，包括索道、魔毯、拖牵等设施；滑雪场造雪压雪设备，包括造雪机、压雪车等设备；滑雪场其他设备，如雪地摩托等。滑雪场的设施、设备伤害是指在运行时对操作者及滑雪人员造成的严重损伤，设备的不当操作、位置的不当安放等都会对滑雪者的安全造成巨大的威胁。

索道是频繁发生安全事故的地方。一方面，滑雪场索道的产品质量不符合国家的标准规格，在运行时易出现安全故障，包括运行速度不均匀、吊椅划伤、急停等状况。另一方面，索道的起点区域是滑雪场的人群密集区域，往往出现滑雪者争抢索道等现象。滑雪场索道管理人员必须是持有专业资格证书的人员，对滑雪者造成的不合理伤害负有责任，应保障滑雪者的安全，而在实际工作中，滑雪场的索道管理人员往往也是兼任的，安全管理与服务意识差。

魔毯也是极易发生安全事故的区域。魔毯间的缝隙容易绞入衣服、雪板等物件，引发极为严重的安全事故。我国滑雪场很多魔毯设备没有专人看守，出问题时没有相应的滑雪场人员及时关闭应急按钮。

（五）器材、装备

滑雪的器材、装备包括滑雪板、滑雪鞋、固定器、滑雪服、滑雪杖，以及辅助装备滑雪手套、滑行头盔和滑雪镜等，器材、装备问题也是影响滑雪安全的重要因素。

首先是标准问题。国外滑雪场对滑雪器材的使用寿命有明确要求，而国内整个滑雪器材行业处在无标准可循的状态，不但缺乏滑雪器材的生产与检测的相关标准，还缺乏判定滑雪器材质量合格的标准，因而无法确定滑雪器材的使用寿命。其次，很多滑雪场器材陈旧，更换器材的周期较长，缺乏对器材系统的管理和维护。一些滑雪场为了降低成本，购入了一些二手的滑雪板，这些二手滑雪板多为国外滑雪场淘汰的雪具以及大型滑雪场转售给小滑雪场的雪具，在固定器、雪板与雪板连接、金属刃线等方面存在着各种各样的问题，滑雪板的质量不过关容易造成滑雪爱好者在滑行时扭伤。确立滑雪器材标准化的确立过程任重道远，除了确定材质、抗硬度等标准外，滑雪板和脱离器也没有一个合理的标准，需要不断地摸索。

国内多数滑雪场在出租器材时，都很难以做到根据滑雪者的条件及技术因人而异地给滑雪者提供装备，而国外的滑雪场为了能够确定固定器的安全值域，让固定器既不太紧，也不太松，将固定器的设置与滑雪者个人结合起来。国外滑雪场有专门的系统会对滑雪者进行评估以确定个人滑雪装备的安全系数。

滑雪器材在维修方面也存在问题。我国滑雪场在雪季经营期间很少对滑雪板进行保养，雪板的保养工作一般只在夏季进行。同时，器材在管理方面也存在着漏洞，没有建立起各个器材的来源渠道、使用年限等信息，以至无法进行后续管理。

从滑雪者对器材的了解角度看，很多滑雪者对器材并不了解，也没有养成良好的滑雪习惯。我国的滑雪者多为一次性体验者，很多初学者贪图价格便宜，舍不得在器材、装备上花太多钱，在租赁滑雪装备时不注重质量。滑雪者对滑雪运动缺乏了解，同时也对器材、装备的性能与结构特征缺乏了解，采购或租赁的雪板过长或过短，雪杖使用起来不顺手，也无法把滑雪固定器调节到合适的状态。一部分滑雪者滑雪时不佩戴滑雪头盔、护腕、护肘等装备，没有形成良好的滑雪习惯。

二 对策

滑雪场的安全工作涉及滑雪场从规划到经营各个环节的工作，涉及滑雪者的滑雪技术、安全意识，也涉及政府对滑雪场标准的制定以及监管等工作。维护滑雪场的安全是一个系统工作，深入推进滑雪场的安全工作需要政府及行业协会、滑雪场、滑雪者的共同努力。各相关主体应明确自己的安全责任，相互配合，切实推进滑雪场的安全管理工作。

（一）政府与行业协会

1. 各单位明确分工，加强合作

相对于滑雪产业的飞速发展，我国滑雪机构的相关职能还较为模糊，具体的职责有待明朗，涉及滑雪场管理的部门包括旅游、体育、工商以及其他政府部门。

滑雪产业有时被当作体育产业的一部分；有时候滑雪又被当作旅游业来看待。滑雪产业在具体的事务执行上经常被多个部门同时管理，各个部门的权力跟责任并不明晰，出现管理混乱以及管理交叉的现象。

滑雪场的管理需要各个部门的共同努力、相互协作，相互之间加强交流与联合、明确职责分工。欧洲的阿尔卑斯滑雪安全委员会由滑雪协会、红十字会、国家污染控制部门等九个部门分工合作，各个组织分工明细，在维护滑雪安全方面取得了很好的效果。

各单位需要对从滑雪场规划、器材与装备、滑雪从业人才、滑雪场制度与流程等方面明确工作任务、工作目标、检查依据和检查内容。在北京市的滑雪场安全管理中，客运索道的安全检查由质监局负责督查；消防通道、紧急出口、消防器材、应急制度由北京市消防局和公安局负责督查；滑雪场内其他基础设施、工作人员持证上岗与应急预案、演练和应急救援设备、用品配置及维护情况，由北京市体育局、北京市安监局负责督查。还要加强滑雪场的安全认证制度，定期对滑雪场的安全工作进行检查，对于没有安全资质的滑雪场取消其营业资格，只给通过安全资质认证的滑雪场发放营业许可证。

2. 建立健全滑雪产业各环节标准

滑雪标准是滑雪产业进行生产与检测的依据，我国缺乏滑雪产业链各环节的标准，包括安全设施、器材、安全网、指导员等方面，缺乏相应的标准导致无法对设备、装备等进行安全检测，也无法进行安全评估。因此建立统一的滑雪产业各环节标准将对推动我国的滑雪安全乃至整个产业的发展起到重要的作用。

各个部门应联合制定滑雪场场地、雪道的建设标准；制定滑雪场场地安全的标准；制定滑雪场器材的标准，对滑雪器材的生产质量及使用年限做出明确规定；加强滑雪器材、装备检验等行业标准；建立全国统一的滑雪场防护措施的标准和准则，建立统一的滑雪场防护设施标准；加强对从业人员资质的认定、滑雪指导员的认证、对滑雪爱好者技术等级的评定；出台滑雪安全运营标准。

3. 加大监管力度

政府、行业协会以及其他相关部门要加大对滑雪场各个环节的监管力度，出台相应的监管政策，做到有法可依。要严格执法，对滑雪场中出现的安全隐患严肃处理，将滑雪场的安全隐患问题杜绝在源头。充分发挥第三方的监督作用，提高各个滑雪场安全管理的意识和能力。追踪影响滑雪安全的因素，及时跟进政策，确保政策的时效性。

滑雪场要根据出台的国家标准进行自查，各部门应组建督查组对滑雪场进行全面的检查。国家相关部门要联合成立调查组对辖区的滑雪场进行抽查，形成滑雪场自查、市级督查与国家抽查的三级监督体系。

（二）滑雪场

1. 合理规划，实时维护

滑雪场的前期规划要进行系统的考虑，建设前须对滑雪场进行详细的评估和充分的论证。根据滑雪场的客流、承载力、可达性、安全性来确定可用于设置安全设施的地理范围，滑雪道的长度、宽度、坡度、梯度、变向角度要按照相关标准来建造。一些危险系数较大的地点，不适合开滑雪场，切忌为追求刺激而超出安全标准。滑雪场需要进一步细分，设计练习区、慢滑区、比赛区、游乐区等，充分满足少年儿童的需求，防止不同年龄、不同水平的人在同一个滑道上引发碰撞，从硬件上保障滑雪安全。另外，滑雪场需要预留出相应的缓冲区、慢滑区、限速区，在限速区内严格限制滑雪者的滑行速度，对违规超速人员给予严厉处罚。

在滑雪场雪道方面，要时刻加强对滑雪场雪道的维护，及时清理雪道上的各种杂物、裸露土石，保持雪道的清洁、平整，保障滑雪者安全。要加强对安全防护网的检查工作，确保防护网能承受滑雪者的冲撞。在滑雪设备的维护方面，要强化设备的日常保养和维护。对于索道、造雪机、压雪车等设备，要做到日用夜检，时时管护。在滑雪器材维护方面，滑雪场要经常对器材进行检修，建立器材检修保养的制度。滑雪场需要根据滑雪者的身体状况和水平等级来调整器材的参数，利用电脑对滑雪者进行综合评估，使用规范的器材说明书，同时建立滑雪器材的系统化管理模式。

2. 全方位提供安全信息，安全与科技结合

在我国，滑雪安全信息的传播渠道单一、覆盖面不广，很多滑雪爱好者因为无法得知滑雪场的相关信息导致安全事故的例子也非常多见。滑雪场一定要拓宽滑雪安全信息的传播渠道，实时为滑雪者提供滑雪场方面的相关信息，防止因信息传达不畅而导致事故。

滑雪场需提供整体的向导图。通过向导图，滑雪者不但可以了解到雪道的相关信息，还可以了解到滑雪场、索道平面图等基础设施信息以及滑雪学校、医疗机构等服务信息。

加强滑雪场各种安全标识的设置工作。滑雪场人员应在容易受伤、危险的地带张贴安全标识，对雪道的级别和难度进行明确标示，做好"提示""禁止""危险"等标识的标注;对易发事故地、未开发区、危险区、缓冲区等地段进行标识;对索道、压雪机、造雪机、雪地摩托等设备所需注意事项进行标识。

加强滑雪场广播设备建设。滑雪场应该及时向滑雪者提供滑雪相关资讯及特殊情况的应急通告,当出现滑雪安全问题时,应及时引导、警示、疏散现场人员。滑雪场应该采用 LED 显示屏实时发布滑雪场的风速、气温、雪质、滑雪者人员密度等信息。滑雪场安全问题的解决应该与现代科技相结合,从而提高滑雪安全的技术水平。近年来,一些滑雪场不断尝试新的技术,将无线传感网技术、无线射频识别技术与物联网技术融合到滑雪场中来,为滑雪安全的研究注入了新的血液。欧洲的一些大型滑雪度假区在滑雪安全管理方面做得较为成熟,在将一些先进的技术应用于滑雪安全、救援、搜救等工作中积累了相当丰富的经验。

3. 建立安全管理组织,提高医疗队伍水平

滑雪场需要建立安全管理组织,分析影响滑雪安全的因素,通过安全培训、安全监控、安全标识、应急管理与救援、保险理赔等一套安全组织系统来减少安全隐患。

滑雪场应设立相关的机构,确定各机构的权限和职责,同时确定人员的岗位任务与岗位职责。每项工作、具体的岗位都应落实复杂的滑雪安全管理制度,将滑雪安全真正当成一个工作来抓,切实提高滑雪场的安全管理水平。

滑雪场应制定"滑雪场游客安全管理条例"、编写"滑雪场游客救援方案"、"滑雪场游客救援流程"等,将滑雪安全制度化、规范化、流程化,将滑雪安全上升为最基础的工作要求。同时,建立各类应急方案如滑雪场大客流应急方案、索道应急方案、火灾应急方案等,做好自然地质、游客数量、森林险情等信息的监测。对于大客流应急等滑雪场经常遇到的安全隐患,滑雪场要利用好车辆控制、售票

控制、雪道分级分区管理、专人疏导等方式控制客流。对于索道的安全问题，滑雪场要成立专业的索道救援队，当事故发生时，各部门应该相互迅速配合，完成救援任务。

滑雪场应该及时提醒和制止不安全的行为，严格执行雪道分级制度，制止初学者乱入高级别的雪道；派遣安全巡检人员对雪道各个方面的隐患进行检测，及时排除安全隐患；对滑雪场人数进行控制，做好大客流的应急响应。

滑雪场安全人员应熟悉救援的流程，经常开展救援演练。应制定好滑雪场的安全救援流程，以便在安全事故发生时能够提供及时的救援方案。另外，必须对滑雪事故的预防、滑雪事故现场处理和救援设备使用进行定期演练，对演练中的个人进行考核评估，以便在实战中提高救援的能力。

定期对滑雪场员工进行安全培训，普及安全知识；建立自上而下的滑雪场培训与考核体系，提高从最高负责人到一线人员的重视程度；建立完善的服务体系，提高员工工作能力和素质。设备部门应建立起设备的操作流程，保障设备与人员的安全；建立安全档案制度，做好事故的记录，为滑雪场安全管理做好备案。

滑雪场应加大对救援硬件设备的资金投入，完善各项救护设施；增加高效救援设备器械的数量，配备全能型雪地山地特种车等先进救援设备，确保救援设备齐全；定期对救护设备进行检查、维修，定期考核相关人员熟练使用救援器械的程度；配备高速、便捷的急救车，防止重伤者的病情进一步恶化。

滑雪场应加强对救援队伍的管理，培养一批高质量、负责任的救援队伍；提高救援指挥中心、救援人员、设备中心之间的协同工作能力；做好事故前后处理、安全预警、公共关系处理等工作；提升救援团队的职业素养，转变工作态度。

滑雪场要加强与其他社会机构的联系，当自己解决不了时及时与其他行业组织、政府组织联系，请求救援。在国外，为了能够取得更好的滑雪救援效果，滑雪场同其他的行业组织之间往往会有合作关系。美国的滑雪巡查系统（NSPS）便是由滑雪场、政府以及保险公司共同建立的，滑雪场在达到相关的医疗标准后，便可加入到整个社会救援体系中，成为社会救援体系的会员。这种多机构合作的救援体系，提高了救援的效率和专业度。

（三）滑雪者

1. 提高滑雪安全意识和水平

滑雪者应首先提高安全意识，保护自己，对自己的安全负责。在雪道滑行时不能放松警惕，在滑行前尽量全面地了解滑雪场的相关信息，熟悉滑雪场的各种标识、告示牌、提示板；做好热身运动；控制好滑行的速度；学会躲避其他滑雪者。

滑雪者要提高自己的滑雪水平，应聘请专业的滑雪指导员学习滑雪，学习规范、准确的滑雪动作、学习基本的滑雪知识，学习滑雪刹车、减速的基本技巧，减小受伤的概率。

滑雪者需掌握正确的摔倒技术，掌握好摔倒的时机、方法，避免在滑行过程中出现意外事故。滑雪者要选择合适的器材，了解器材的性能，掌握器材的用法。遵守滑雪场的安全规定，不逞能，量力而行；根据自己的技术等级选择相应的雪道，不到高出自己水平的雪道上滑行；遵守滑行的秩序，不在雪道上嬉闹；不超速，控制自己滑雪的速度，保证自己滑雪的节奏；观察其他滑雪者，给超越者足够的滑雪空间；看到危险的标识要绕行。

国际雪联针对滑雪者提出了十条滑雪原则：

①尊重原则——无论双板还是单板滑雪者，都应该遵循以下行为准则，绝不做出将会损伤或致使他人受伤的行为；

②自控原则——无论双板还是单板滑雪者，都应当让自己的滑行处于可控范围之内。其滑行速度和方式应当和其个人滑雪水平相符，并且应根据地势、雪质、天气和滑雪场人口密度来选择以何种方式滑行；

③选择安全线路原则——后方滑雪者务必要选择不危及前方滑雪者的线路滑行（前方滑雪者有雪道使用的优先权）；

④超车原则——从后方或侧方超越其他滑雪者时，请保持足够距离；

⑤进入雪道、启动、爬坡原则——当滑雪中途稍作休息重新开始，或者向坡上攀爬时，务必保证不危及自己及其他人的安全；

⑥停止地点原则——除非必须，滑雪者应避免停留在雪道中间、赛道、狭窄的雪道、视线易受阻的地方，若经过上述地点，请尽快通过；

⑦两侧行走原则——如需在雪道上行走时，请务必在雪道两侧；

⑧注意警示标识原则——请滑雪者务必对信号牌、指示牌和指示物保持足够的重视；

⑨协助原则——一旦遇见事故，每个滑雪者都有义务去帮助受伤的人；

⑩事故确定身份原则——事故后的滑雪者或者目击者，无论是否有相关责任，都应该彼此留下联系方式[①]。

2. 购买滑雪保险

滑雪场的保险一般包含公共责任险和人身意外险。滑雪场公共责

---

① 《国际雪联十条滑雪安全准则》，http：//dyzx. sport. gov. cn/n5175/c786540/content. html，最后访问日期：2017年8月1日。

任险主要是为滑雪场而非为消费者投保。只有在滑雪者的受伤是由滑雪场经营问题（如设施故障、雪具缺陷、管理不善等）导致，滑雪场要承担事故的主要责任时，保险才会生效。如果经鉴定是滑雪者本人的原因时，滑雪者则得不到相应的赔偿。另外，即使因为滑雪场的原因，当滑雪者在滑雪过程中出现安全损伤甚至重大事故时，滑雪者得到的赔偿额度也很低，不足以支付高额的医疗费用。

滑雪场投保一般是为了维护滑雪场自身的利益，是滑雪场与滑雪者之间的责任界定，公共责任险无法确保滑雪者的利益，滑雪爱好者亟须有一份保险来保障自身的利益。中国滑雪协会自 2005 年就开始与保险公司洽谈合作推出专项滑雪保险的事宜，但滑雪保险在刚推出时遇到了种种困难。普通的保险公司对滑雪这种风险性较大的运动承保意愿较低，所以在大多数保险公司那里人身意外险一般不包含滑雪这一选项，如果因从事滑雪运动而造成意外伤害，保险公司不给予赔偿。滑雪运动因为赔付额度较大，不确定因素太多，保险公司对滑雪这种风险性较大的运动一般持抵触心理。随着我国经济的不断发展，参与户外运动的人群也越来越多，参与极限运动的人群也越来越多，这部分人群对保险的需求吸引了一些公司的注意。一部分保险公司已经愿意承保高风险的体育运动。不过，人身意外险的赔偿额度也非常低，通常在 1 万~2 万元之间。

如阳光保险推出了"安心旅行保险"，将滑雪、攀岩等高危险活动列在理赔范围内。太平洋保险也专门推出一款针对热爱高风险运动人士的保险产品。苏黎世保险公司北京分公司推出了"海外任我行"的保险项目，其承保范围包括滑雪、滑冰、攀岩、潜水等项目。这类高风险户外运动保险的主要特点是保障期较短，一般为几周、几天甚至一天，保障期主要与客户的旅游周期有关，但保险的保额较高，往往 10 万到 20 万元不等。这种专门针对户外高风险运动的保险在保障范围、保障对象、保障项目以及赔偿额度上与人身保险有很大不同。

相比之下，户外保险在保险项目上更专，一般只针对风险较高的户外运动，并且对户外运动进行了严格的分类；在投保的时间上更灵活，保障期较短，保障范围更专、期限更自由。在保障对象上更专，户外运动险的客户是户外运动爱好者，而普通人身险对所有的人适用。在保障项目上更广泛。户外运动险专为高风险户外运动而设计，它的保障项目非常多；而普通意外险规避掉了户外运动险的"高风险"部分，对某些高风险的项目，不予承保。在赔偿额度上更高，两者在高风险部分的赔偿额度不同，户外运动险专为高风险而生，其赔偿额度较高；而普通意外险对于高风险的部分往往有免责条款，对于该部分不予承保。

我国滑雪者购买滑雪专项保险的比较少，一方面是因为我国的滑雪者以初学者居多，很多滑雪者认为没有买滑雪保险的必要；另一方面则是因为我国的滑雪者对滑雪保险不了解，认为普通的意外险里面已经包含了滑雪保险。滑雪者应该加强安全意识，购买相应的保险。当滑雪场购买滑雪专项保险时，滑雪场、滑雪者与保险公司赔付的场景主要有：①当滑雪者的受伤是因为滑雪场经营导致的，滑雪场将为此负有主要责任；②当滑雪者是因为自身原因受伤，滑雪者可以从保险公司得到赔付；③当滑雪者是因为滑雪场中的其他人冲撞而导致受伤，此时滑雪场不负主要责任，滑雪冲撞者占主要责任，但对方若没有滑雪保险，伤者自己有一份保险也是对自己生命安全的一种保障。

滑雪者要尽量购买滑雪保险，保障自己的人身安全。在投保前一定要询问保险的相关细节，弄清保险的承保范围以及保险赔付的金额，看清是否包含滑雪这一项。当滑雪事故发生时，滑雪者应尽量保管好现场的证据，也可以找相关的人证。

B.5
我国滑雪培训市场现状分析

摘　要： 冬奥会的到来为我国的滑雪产业注入了新的活力，激发了大众参与滑雪运动的热情，然而，中国的滑雪产业发展较晚，滑雪培训市场的发展尚不成熟，滑雪指导员的数量较少，滑雪培训课程体系不完善。面向不同细分客群，因人而异、循序渐进的培训体系亟待建立和完善。应该深入推进滑雪培训体系改革，建立完善的滑雪培训、认证、考核体系，提高我国滑雪指导员的综合素质，以便更好地服务大众滑雪消费市场。

关键词： 滑雪教学体系　滑雪指导员　滑雪学校

一　滑雪培训市场现状

（一）滑雪培训的意义

滑雪培训在整个滑雪产业中具有十分重要的意义，可以教授滑雪者规范的滑雪技术，减小滑雪者受伤的概率。目前滑雪对于很多人来说只是休闲娱乐，而不是一项需要定期做的、健康的体育运动，如果初学者在最初的几次滑雪中受伤，没有感受到滑雪的乐趣，他们就难以转化为固定的滑雪人群。对初学者来说，滑雪培训不仅仅是教授滑雪技术，更重要的是培育初学者学习滑雪的热情，让初学者热爱滑雪。

对于滑雪产业来说,滑雪培训对于稳定滑雪人群,提升滑雪转化率具有十分重要的意义,最终给滑雪场带来雪票、住宿等其他方面的增值收入,有利于整个滑雪产业的发展、和转型升级。中国是世界最大的滑雪初级市场,滑雪体验者众多,如何留住体验者并将其转化成滑雪爱好者是滑雪培训应思考的重要问题,滑雪教学是这个转换链条中最重要的环节。随着人们滑雪天数的不断减少,调整滑雪教学方式变得越来越重要,如果没有让滑雪初学者在短期内就能热爱上滑雪的教学方法,那么初学者转变为发烧友将会变得越来越困难。

我国滑雪培训市场主要受制于四个方面因素的影响。

第一,滑雪场是开展培训的主要场所,滑雪第三方培训不盛行。同国外滑雪场的联营模式不同,中国的滑雪场从建设到运营都由同一团队负责,建设和运营成本太高。对于滑雪培训这种投入低、收益高的市场,滑雪场会尽量把培训市场抓在自己手里。

第二,滑雪培训面临着季节性经营的难题。滑雪场的四季经营是世界性难题,当雪季结束后,滑雪场不得不等待下一个雪季的来临,尽管开展了很多夏季项目,但效果仍然不理想。滑雪培训也是如此,当雪季来临时,滑雪者的数量猛增,滑雪指导员[①]供不应求,价格很高;而淡季的时候指导员往往会比较空闲。单季经营造成人才流失,产生人才储备盲点,阶段性、重复性的队伍建设制约滑雪学校的发展。

第三,滑雪指导员的素质不高。国内滑雪指导员的文化水平不高,高中及以下学历的很多;指导员的来源也比较复杂,从专业的指

---

① 滑雪指导员与滑雪教练这两个称谓有着明确的区分,滑雪指导员面向的群体是大众,它不仅教授滑雪技能,还要把滑雪娱乐性的一方面带给初学者。滑雪教练一般针对职业运动员。欧洲一般称为滑雪指导员,我国一般称作教练、导滑员、社会体育指导员。为了行文统一并且与国际一致,本章内容使用"指导员"这一称谓。

导员、运动员到滑雪场周围的居民不一而足；滑雪指导员存在理论水平与执教水平不足、教学不规范、服务态度较差、变相乱收小费等问题。

第四，滑雪者不倾向于请指导员也影响着培训业务的开展。一方面是滑雪指导员的收费较高，滑雪者在支付高昂的滑雪门票之后不想在培训业务上消费太多。另一方面是滑雪者对滑雪培训不了解，不知道请指导员给自己滑雪水平提升带来的积极意义。

（二）滑雪指导员

根据《滑雪社会体育指导员管理办法》和《中国滑雪场所管理规范》的定义，滑雪社会体育指导员是指在群众性滑雪活动中从事滑雪运动技能传授、健身指导和组织管理的人员。2016年12月，人社部发布了职业资格目录，滑雪被列入技能人员职业资格中的准入类职业资格。

同欧洲相比，我国的滑雪指导员在很多方面还有较大的差距。在培训经历和资质层面，欧洲的滑雪指导员一般都经过专业的培训，持有专业的指导员证上岗，长期从事培训工作，而我国的滑雪教练来源较为复杂，仅有少部分人持证。从文化水平来看，欧洲的滑雪指导员一般为高中及以上学历，文化知识水平较高且知识结构较为完善，在教学理论、技能传授以及实践经验等方面都具有很高的水平；我国的滑雪指导员参差不齐，高中及以下学历的指导员数量非常多。欧洲的滑雪指导员协会一般为私营，而我国的滑雪指导员协会为政府组织。

滑雪指导员所面临的客群主要是以休闲娱乐为目的的大众滑雪者，客群在年限、技能、学习能力等方面存在着较大的差异，每个层次、阶段需要掌握的滑雪知识也大不相同。滑雪指导员负有培养滑雪者参与滑雪运动兴趣、对滑雪者进行组织管理及保障滑雪者安全的职责，这对滑雪指导员提出了更高的要求。指导员既要具备高超的滑雪技能，还要在道德、文化、滑雪理论知识、教学方法、语言能力、服务意识等方面不断提升自己。从滑雪指导员的培训项目来看，滑雪培训项目主要负责客户的心理培训、客户服务培训、滑雪场营销培训、沟通技巧培训、教学技术培训以及滑雪技术培训等。

（三）世界滑雪指导员组织

滑雪指导员联盟承担着指导员培训与认证，建立大众滑雪教学体系以及对外交流等任务。国外很早就成立了全球性的滑雪联盟组织，负责滑雪指导员培训，滑雪技术交流等工作。

1. 著名的滑雪指导员联盟

国际滑雪（Interski International）成立于1951年，注册于德国波恩，是滑雪指导员的国际性组织，由36个成员及三大雪上运动国际组织组成，分别为国际滑雪指导员协会（ISIA）、国际滑雪运动指导员联盟（IFSI）、国际学校滑雪运动协会（IVSS）。国际滑雪运动指导员联盟与国际学校滑雪运动协会主要在欧洲活动，国际滑雪指导员协会在全球范围内比较活跃，也更为有名。

国际滑雪指导员协会成立于1971年，代表着世界范围内滑雪教学的最高水平，到目前已经有40个成员，每个国家都有其联盟组织。国际滑雪指导员协会主要包含高山、单板、越野以及泰立马克滑雪等四大运动分支。2016年11月1日，国家体育总局冬季运动管理中心书记、中国滑雪协会副主席任洪国与到访的国际滑雪指导员协会主席Riet R. Campell先生进行了亲切会谈，并就中国滑雪协会申请加入ISIA的相关事宜进行了现场磋商。会上Riet R. Campell主席签字确认了中国滑雪协会代表中国加入ISIA的申请，并赋予中国滑雪协会以观察员身份参加一切ISIA官方活动和会议的权利。Riet R. Campell主席表示，将积极协助中国滑雪协会的滑雪指导员体系建设工作，推动中国滑雪协会早日转为ISIA正式会员。

各国滑雪指导员协会承担着滑雪指导员的培训与考核体系的制定与实施、滑雪技术与方法的推广，与其他成员国建立交流的职责，同时参加四年一度的国际滑雪大会。

各国滑雪指导员联盟组织具有共同的特征：①行业培训与认证组织；②非营利机构；③挂靠在政府部门，比如教育部；④公司法人受法律约束。

2. 培训与认证体系

法国、瑞士、奥地利已经建立了完善的指导员培训体系，美国、加拿大也有自己本国特色的指导员体系，日本、新西兰也有严格的指导员培训与认证体系。这些国家在滑雪指导员的培训、滑雪技术的推广、对内的人才输出与培养以及国际交流方面，积累了相当的经验和方法。

国际上著名的滑雪指导员培训与认证体系有英国滑雪运动指导员协会（British Association of Snowsports Instructors，BASI）、加拿大滑雪指导员联盟（Canadian Ski Instructors'Alliance，CSIA）、新西兰滑雪指导员联盟（New Zealand Snowsports Instructors Alliance，NZSIA）、美国滑雪职业指导员协会（Professional Ski Instructors of America，PSIA）等，各个体系各有特色。

加拿大滑雪指导员联盟成立于1938年，拥有2万多名专业滑雪爱好者会员。加拿大滑雪指导员联盟的主要目标是在滑雪技术、教学方法、滑雪安全方面建立一个全国性的滑雪教学标准。它提供超级大回转、猫跳、雪园滑雪等滑雪资质水平，每个水平都需要有在滑雪教学和个人滑雪表演方面的能力。因此，最高水平很难达到，只有少数指导员能在每个地区都保持这样的水平。最近，加拿大滑雪指导员联盟为该组织连续工作了25年或更久的滑雪指导员颁发了一份"25年成员"的优秀证书，以嘉奖他们的努力。

英国滑雪运动指导员协会成立于1963年，1964年被邀请进入国际滑雪指导员协会，拥有6000名成员。其滑雪课程最初在苏格兰举办,后来搬到法国的蒂涅,最终在瑞士落脚。现在英国滑雪运动指导员协会在新西兰、阿根廷和美国等地开课,它提供高山滑雪、单板滑雪、泰勒马克滑雪、越野滑雪以及自由式滑雪等课程,提供不同层次的指导员资格认证。

新西兰滑雪指导员联盟成立于1971年,是国际滑雪指导员协会(ISIA)的成员,它提供自由式滑雪、泰勒马克滑雪、全地域滑雪等课程,旨在打造国际标准的滑雪培训、考核与认证体系。通过认证的指导员可以到加拿大、美国和欧洲等地的滑雪场工作。

美国滑雪职业指导员协会是美国双板与单板滑雪指导员协会,拥有31500多名注册指导员,是美国也是世界上影响非常大的滑雪指导员协会。美国早期的滑雪教程是欧洲滑雪指导员带来的,滑雪教学的培训内容和认证内容五花八门,没有统一的、标准的教程。1961年,7位著名的滑雪指导员发起建立统一的滑雪培训教程,出版了《美国官方滑雪技术教程》(The Official American Ski Techniqe),随着时间的推移,《美国官方滑雪技术教程》演变为今天的《美国滑雪教学体系》。美国滑雪指导员协会会员分为初学者(Beginning)、中阶(Intermediate)、高阶(Advanced)及专家(Expert)4个阶段。

另外,世界上著名的滑雪指导员组织还有法国滑雪指导员协会(Ecole Nationale de Ski et d'Alpinisme,ENSA)、意大利滑雪指导员协会(Association of Italian Ski Instructors,AMSI)、瑞士滑雪指导员协会(Swiss Snowsports Association,SSA)。我国的职业滑雪指导员中,拿到英语国家初级指导员资质的人较多,但是能拿到最高资质的人很少,拿到法国、瑞士、奥地利等国滑雪指导员资质的人数还非常少。

(四)中国滑雪指导员组织与认证体系

1. 中国滑雪协会

目前,中国滑雪协会承担我国指导员的培训与认证等工作。我国的滑雪指导员体系分为国家级、省级以及市级三层,其中滑雪协会负责一、二级指导员的管理工作,三级指导员由省级体育部门负责。

中国滑雪协会的主要工作有对指导员的管理,例如出台了《滑雪社会体育指导员管理办法》,对滑雪指导员的职责、认证标准、层级、培训内容、培训时间、考核及证书颁发等做了较为详细的界定。中国滑雪协会从事相应的培训和考核标准的制定,出台了《中国高山滑雪指导员晋级考核标准》等针对滑雪指导员的制度,对考核的技术、场地等做了详细说明。同时,中国滑雪协会也编纂了相应的滑雪教程,主要内容包括滑雪运动的基本理论,技术教程及相关的教学方法。中国滑雪协会承担了对相关理论人员及技术人员的培训工作。2005年8月,中国滑雪协会在上海银七星室内滑雪场举办全国首批高山滑雪指导员培训班,为我国培训了首批高级滑雪指导员。2007年,中国滑雪协会与日本滑雪协会合作,在崇礼万龙滑雪场举办全国滑雪职业技能教师培训班,选拔出全国第一批全国滑雪职业技能教师。

2. 中国大众滑雪培训体系现状

中国在竞技滑雪培训方面较为专业,拥有比较系统的培训体系。虽然很多大众滑雪指导员没有经过专业的培训,但学习的渠道广,接触的滑雪类型较多,水平也取得了很大的提升。综观中国的滑雪培训市场,中国滑雪协会出台了相应的大众滑雪指导员培训与认证体系由执鉴中心落实。同时滑雪场为了丰富培训课程,往往同国外滑雪场合作,引进国外的培训体系。但我国在培训方面,考官与培训师的数量不足。

我国在滑雪培训体系引进方面,进行了富有成效的探索。2016年1月28日,万龙滑雪场与卡德罗纳高山滑雪度假村及新西兰滑雪指导员联盟正式签约,万龙滑雪场将引进新西兰的滑雪指导员体系。

此次引进国外先进滑雪指导员体系，对于丰富中国的滑雪培训体系、推动建设中国特色的培训考核体系等将产生积极的影响。

2016年8月16日，河北省体育局召开大众冰雪等级标准研讨会，吸引了国内外优秀专家、滑雪协会负责人、滑雪场经理等人参会。研讨会制定了《大众冰雪等级标准》，这是我国首个面向大众的标准体系。《大众冰雪等级标准》按照单板与双板将大众冰雪总共分为6级，并对具体的技术能力、范围等做了界定，对于推动建立大众滑雪标准、推广大众滑雪具有十分重要的意义。另外，《大众冰雪等级标准》还涉及了指导员的标准，对于规范和提高我国指导员队伍的整体素质及整体的教学能力也有非常重要的实践意义。

魔法滑雪学院是国内唯一一家美国PSIA-AASI官方认证的滑雪学校，魔法滑雪学院的指导员证书全球认可。魔法滑雪学院于2014年11月引入美国滑雪协会（PSIA）的滑雪指导员培训体系，目前已举办8期，含单板、双板、儿童、自由式教练滑雪教学。2016年9月，魔法滑雪学院主办了美国PSIA-AASI单、双板各级滑雪指导员执照考试。

2017年1月23日，来自全国各地的24名高级滑雪指导员在北京延庆万科石京龙滑雪场参加了培训考试，其中7人获得了瑞士滑雪等级考试一级证书，有23人获得了儿童滑雪专业教练资格，成为首批获得两国认证的滑雪指导员。本次培训由瑞士滑雪指导员协会高级教练主讲，课程包含滑雪安全、教学方法、技能、动作要领等，对我国引进先进的培训体系，向冬奥会提供更多的人才储备，培养大众滑雪指导员进而推进大众滑雪运动起到了重要的作用。

二 中国滑雪指导员发展现状

本文的资料来源于卡宾爱特雪上线指导员管理系统，其中包含

16个省、40个中小型滑雪场、9个大型滑雪场,共计2310个滑雪指导员的统计数据。

(一)滑雪指导员基本信息

1. 滑雪指导员的性别

从滑雪指导员的性别比重来看,在2310人中,男性有1521人,占比为66%。女性有789人,占比为34%。在小型滑雪场中,这种比重稍为平衡,在大型滑雪场中,男女的比重差距较大。

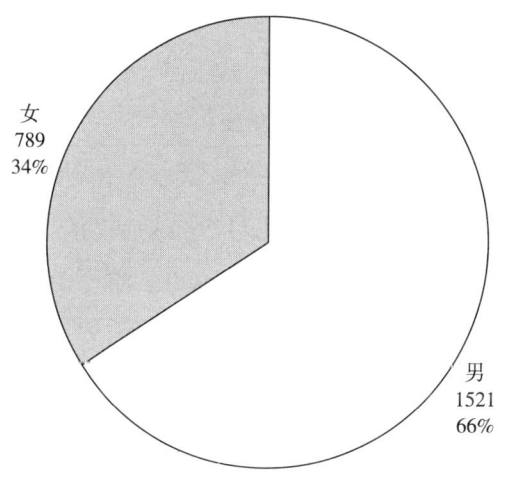

图1　滑雪指导员的性别

2. 滑雪指导员的数量分布情况

数据显示,我国滑雪指导员的数量是由滑雪场的规模、定位、游客的数量等综合因素决定的。大型滑雪场指导员的数量相对较多,一般在100~200人之间,平均值为160人。小型滑雪指导员的数量波动较大,数量为2~50人不等,平均为21人左右。

我国的滑雪场客群多以一次性体验者为主,滑雪指导员的工作同滑雪场经营一样是单季经营。指导员的数量与雪季息息相关,雪季初

表1 爱特雪部分滑雪指导员数量

单位：人

省份	滑雪场	爱特雪上线指导员数量
黑龙江省	亚布力省体委滑雪场	200
黑龙江省	亚布力阳光滑雪中心（原风车山庄）	210
北京市	南山滑雪场	180
北京市	延庆石京龙滑雪场	100
北京市	八达岭滑雪场	80
河北省	万龙滑雪场	180
吉林省	万科松花湖滑雪场	160
吉林省	万达长白山滑雪场	200
北京市	北京金辉健身滑雪场	134

与雪季结束时滑雪者人数较少，此时滑雪场对滑雪指导员的数量要求也相对较少，指导员处于供大于求的局面。而雪季中期，滑雪者的人数较多，滑雪场对指导员的数量要求猛增，指导员处于供不应求的局面。

周一至周五时，滑雪者较少，此时指导员对滑雪者的数量供给相对平衡。但在节假日，滑雪场中的人数猛增时，指导员的数量就远远满足不了滑雪者的需求。此时，部分滑雪场便对滑雪场的工作人员进行短期培训，让他们成为临时指导员，但是他们安全意识、教学水平、服务意识都相当淡薄，无法提供非常专业的指导。对于滑雪场来说，如何管理好滑雪场的指导员是一项十分重要的任务。同时，部分滑雪场的指导员属于临时工，甚至与滑雪场没有正式的用工合同，素质难以保证，不排除做出一些违反职业道德的事情。这一方面对滑雪场不利，另一方面也损害了普通滑雪者的利益，这种教学方式将不利于大众滑雪的普及。

3. 滑雪指导员人员构成及地域分布

据了解，我国的滑雪指导员构成相对复杂，其中既包含一些退役的教练员和运动员，也包括当地居民、农民工、城市产业人员、实习生以及高校滑雪相关专业学生等。

退役的教练员在担当滑雪指导员方面具有独特的优势，是滑雪指导员中最为宝贵的人才。有的人曾经在国家队、省队、市队担任过专业运动员的教练，其教学方法、理论水平、技术规范都达到专业级别。在滑雪指导员构成中，退役的教练员只占有很少一部分，他们一般不从事一线的教学工作。从退役滑雪指导员退役后的择业去向看，部分教练员在管理岗位上从事管理工作。

退役的滑雪运动员，在担任滑雪指导员时往往出现滑雪水平不一的现象。退役的滑雪运动员多为体校出身，自身的竞技能力较强，可以保持高水平的滑雪运动能力。但在实际的教学中，由于其单一的运动员经历缺乏相应的教学经历，导往往担任滑雪指导员时出现滑雪教学能力一般，经验不足、教学方法单一、沟通不灵巧的问题，对技术动作的讲解不够准确、全面，表达沟通能力有限，不能很好地适应指导员的工作。另外，由于滑雪分为不同的项目，在从事大众滑雪时，部分退役的滑雪运动员被安排到自己并不擅长的运动中，并不能发挥自身的优势。同时，大众滑雪者的培训课程需要因材施教以及循序渐进，需要指导员对滑雪爱好者的各个层面进行分析，这些都使退役的滑雪运动员在担任滑雪指导员时出现不适应的一面。

体育院校滑雪专业的学生，是大众滑雪的中坚力量。他们一般都受到了高等教育和道德方面的培养，具备良好的体育素质、滑雪的专业技能，在理论水平、教学水平、教学方法、语言表达能力等方面高于普通运动员。他们在教学方面更有优势，也有进一步提高的潜力。

据了解，东北三省是我国滑雪指导员的主要输出地，东北三省不

但为我国培养了大量的滑雪人才,还为我国培养了大量的滑雪指导员,其中黑龙江省的人数最多。

(二)滑雪指导员的年龄及从业年龄

从滑雪指导员的年龄分布来看,年龄在20岁及以下与20~29岁的分别有208人与1733人,占9%与75%。年龄在30~39岁的有277人,占总数的12%。年龄在40岁及以上的有92人,占总数的4%。可以看出,我国20~29岁的滑雪指导员占据了总人数的绝大多数,滑雪指导员的队伍趋于年轻化。当然,这也是队伍不够成熟且缺乏经验的体现。

表2 我国滑雪指导员的年龄分布情况

年龄	20岁及以下	20~29岁	30~39岁	40岁及以上	总计
数量(人)	208	1733	277	92	2310
比重(%)	9	75	12	4	100

从滑雪指导员的从业年限来看,执教5年以上的有1341人,占比为58.05%。执教年龄在5年以下的有969人,占比为41.95%。在这部分统计中,大型滑雪场执教5年以上的占到68.2%,执教5年以下的占到31.8%。由于主要以国内成熟的滑雪场像万达长白山度假区、万龙滑雪场、万科松花湖度假区为统计范围,这些滑雪场无数是在数量上还是质量上,指导员的配备要较普通滑雪场充分,职业滑雪指导员的配备要较普通滑雪场高。

表3 滑雪指导员从业年限

从业年限	执教5年以上	执教5年以下	总数
数量(人)	1341	969	2310
比重(%)	58.05	41.95	100

（三）滑雪指导员的综合素质情况

1.滑雪指导员的文化水平

滑雪教学不仅是纯技术动作的教学，还包括相应的理论课程以及针对不同滑雪者的因材施教，因此滑雪教学者需要具备较高的文化综合素养，能随时解决滑雪者的问题。学历是滑雪综合能力的一个重要考量指标。滑雪指导员综合能力的提升需要各个方面知识的积淀。滑雪指导员学历也是判断滑雪指导员综合素质水平的一部分。

从滑雪指导员的学历分布看，大专及以上学历的有347人，占比为15%。具有中专、高中学历的共有1155人，占到总数量的50%。初中及以下学历的有808人，占到总数量的35%。高中以下学历的占比为85%，滑雪指导员总体的学历水平不容乐观（见图2）。

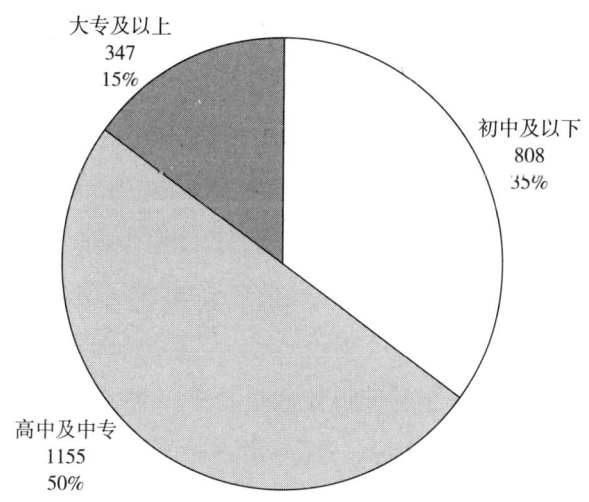

图2　滑雪指导员的学历分布情况

初中及以下学历的滑雪指导员多为滑雪场的职工，部分是临时培训的，包括滑雪场工作人员以及滑雪场周围的居民。对于滑雪场周围的居民来说，滑雪指导员相对于其他工作，收入相对可观。我国滑雪场员工中临时工占了相当大的一部分，滑雪场的滑雪指导员也采用临时聘任的制度。雪季开始时招聘，雪季结束后被招聘的人员即自动离职。我国滑雪者多为一次性体验者，散客量占多数，在一定程度上，散客的量决定着指导员的量，指导员会受到市场很大的影响，难以规划自己的生涯。雪季到来时滑雪指导员供不应求，这也是滑雪场的职工以及周围的居民也会参与滑雪教学行业中的原因。

2. 滑雪指导员的技术水平

在欧美以及亚洲的日本、韩国等国家，考取滑雪指导员证需要经过系统的培训与考核，培训的周期比较长，法国的培训时限最长可达6年，严格受训后的指导员水平较高。

从我国指导员的持证情况看，拥有高级证的指导员数量较少，拥有初中级证的较多，很多滑雪场还聘用大量的"野教练"。根据环球网滑雪频道的统计信息，我国现阶段约有 8000 名指导员，其中只有 37.5% 人持有资格证，初中级证书持有者比重较高，缺乏正规的培训，[1] 那些没有资格证的指导员多以经验来教授滑雪。从指导员的收入看，滑雪指导员的收入一般由"底薪+提成"构成，其中滑雪场付较少的底薪，收入与提成与指导员"出导"的时间直接挂钩。因其工资的高低与证书的关系不大，导致证书的认可度不高。

指导员学习滑雪技能的渠道比较广泛，一些滑雪场急于求成，对滑雪场员工进行短期的培训；一部分滑雪指导员自学滑雪，滑雪的技术并不规范，受过专业的培训少，这严重影响了滑雪场滑雪指导员的技术水平。从教学质量上看，一些滑雪场教练主要是采取"推、拉、扶"式教学，时间一到小费拿到手就走人，学员没有学到太多的滑

---

[1] 《滑雪人群爆发式增长 持证上岗教练却不足四成》，http://ski.huanqiu.com/news/2016-10/9559948.html，最后访问日期：2017 年 8 月 1 日。

雪技术。从滑雪者的角度来看，滑雪属于高消费的休闲运动，消费者没有花钱请指导员的习惯，即使请指导员，价格也占了很大的因素。在请滑雪指导员的人群中，初级滑雪者较多，对滑雪指导员也没有清晰的概念。

（四）2016年我国滑雪指导员发展大事记

2016年1月18日、19日，北京市体育局在军都山滑雪场主办了"2016年北京滑雪指导员职业技能挑战赛"[①]，比赛包括滑雪技能、滑雪历史知识、团体赛以及团体队形赛等四部分。此次比赛旨在加强我国滑雪指导员队伍体系的建设，提高滑雪指导员的技术水平、教学能力、团队协作等综合素质，进而提升滑雪服务的消费品质，更好地服务于大众滑雪消费市场。

2016年3月16日，黑龙江省体育局与黑龙江省亚布力滑雪旅游度假区管理委员会共同主办"2016黑龙江省滑雪指导员职业技能挑战赛"。本次比赛是黑龙江省首次针对滑雪指导员综合职业技能培训的比赛，对优秀的指导员进行表彰，此次活动目的是通过赛事提高指导员的技术和理论水平。

2016年5月18日，为进一步规范滑雪指导员行业规则，提升教练的整体水平，加强滑雪人才队伍建设，带动更多的青年人才投入到滑雪指导员中来，河北张家口市崇礼区举办首届"十大金牌滑雪指导员"评选活动，活动共分为技术考核、资格证书、从业时间、公众微信平台投票四个部分，考验教练的滑雪技术、教学水平、综合素质等能力。

2016年8月，河北省体育局与省教育厅共同举办第一次冰雪运

[①] 《2016北京滑雪指导员职业技能挑战赛揭幕》，http://sports.qq.com/a/20160119/000674.htm，最后访问日期：2017年8月1日。

动项目社会体育指导员培训班，培训滑雪理论知识、滑雪以及滑冰技巧等内容，培训班聘请了国内冰雪方面的专家，对考核合格的基层老师颁发"河北省一级社会体育指导员证书"。本次培训是河北省体教结合的又一典型事件，对于转变发展理念、整合优势资源、加快体育与教育的结合具有带动作用。

B.6
2016年中国滑雪赛事分析

摘　要： 本文从时间、地域、主办单位、参赛人员、比赛项目等方面对2016年中国滑雪赛事进行分析。2016年中国滑雪赛事呈现参赛人员多样化、比赛项目多类别、滑雪赛事与其他主题活动联合营销等特点。尽管中国滑雪赛事产业链还处于不成熟的阶段，但可通过积极培育多元化的滑雪赛事参与主体、创建完善及规范的滑雪赛事评估机制、培育均衡和成熟的滑雪赛事产业链等对策来促进中国滑雪赛事市场化的发展。

关键词： 2016中国滑雪赛事　受众分析　滑雪产业链

一　2016年中国滑雪赛事

（一）2016年中国滑雪赛事概况

近些年，我国滑雪赛事发展形势良好，具体表现在赛事数量逐年增加、参赛及观赛人员数量增加、参赛人员多元化、办赛规模扩大、赛事影响力增强、社会力量积极参与赛事的举办、滑雪赛事营销多样化等。我国滑雪赛事的整体上升趋势可从2016年国内举办的滑雪赛事中窥见。本文从时间、地域、主办单位、参赛人员、比赛项目等方面对2016年中国滑雪赛事进行分析。

1. 滑雪赛事举办省份

根据初步统计，2016年中国共举办112项滑雪赛事。举办滑雪赛事的省市主要有北京、甘肃、湖北等10个（见图1）。从赛事举办地方面看，吉林省2016年共举办27项滑雪比赛，占全国滑雪赛事的24.1%，吉林是举办滑雪赛事最多的省份；河北共举办23项滑雪赛事，其中91.3%的赛事是在张家口市崇礼区举办的；黑龙江、新疆均举办了16项滑雪赛事，各占全国滑雪赛事的比重是14.3%；北京共举办14项滑雪赛事，占全国滑雪赛事的12.5%。

吉林、河北、黑龙江三省共举办66项滑雪赛事，占2016年全国滑雪赛事的58.9%。吉林、河北、黑龙江之所以举办了较多滑雪赛事主要有以下两点：第一，吉林、河北、黑龙江的天然冰雪资源为其发展滑雪赛事产业提供了自然资源基础；第二，2016年，吉林、河北、黑龙江三地开展的"全民冰雪活动季""全民冰雪活动日"等活动，为开展大众滑雪赛事奠定了良好的群众基础。

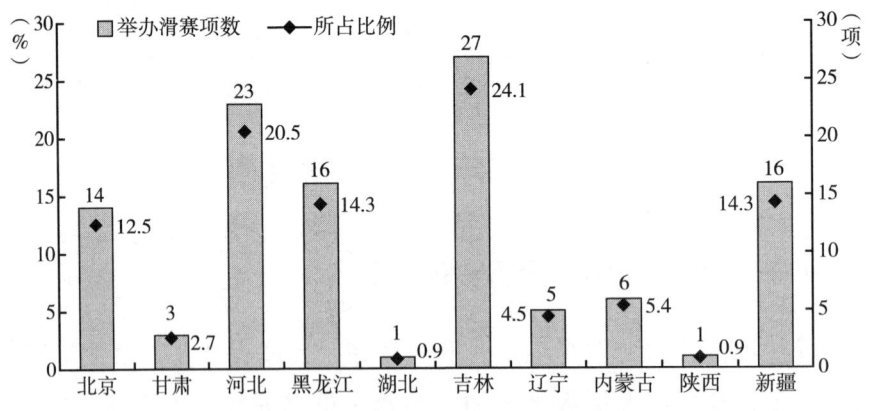

图1　2016年滑雪赛事举办地及其赛事数量所占比重

2. 滑雪赛事举办区域

从滑雪赛事举办区域方面看，2016年举办滑雪赛事最多的地区是东北地区。吉林、黑龙江、辽宁共举办48项滑雪赛事，占全国滑雪赛事的42.9%。在"3亿人参与冰雪运动"的背景下，吉、黑两省天然的冰雪资源，悠久的群众冬季运动历史，丰富的国家、国际滑雪赛事的承办经验等因素使东北地区成为中国举办滑雪赛事最多的区域。

2016年中国滑雪赛事主要集中在东北、华北、西北区域。从总体看，南方举办滑雪赛事的省份较少，但一些省份在2016年开始兴建滑雪场、举办滑雪赛事。2016年12月，湖北第一届滑雪比赛暨神农架林区首届冰雪运动会在神农架国际滑雪场拉开序幕。此项赛事是神农架地区第一次举办群众性冰雪运动会。2016年，新疆共举办16项赛事，其中包括第十三届全国冬季运动会的7项（场）滑雪赛事。第十三届全国冬季运动会首次将新疆作为赛事的主要承办地。

3. 滑雪赛事举办时间

从滑雪赛事的举办时间看，2016年，全国有34项（场）滑雪赛事的举办时间是1月，1月是举办滑雪赛事最多的月份。1月、2月、3月、12月是举办滑雪赛事最多的4个月份，也是全国滑雪赛事举办地处于冬季的季节。其中黑龙江、吉林、河北举办赛事集中的月份是12月和3月，新疆、内蒙古举办赛事的月份主要分布在1月和3月。8月、9月、11月是2016年全国滑雪赛事举办较少的月份。例如9月份举办的2项滑雪赛事的地点是北京，北京在9月处于夏末秋初的季节，缺乏天然雪地资源，因此集中在上述3个月份的滑雪比赛是室内滑雪、旱雪滑雪、VR滑雪比赛。

4. 滑雪赛事主办单位及赛事性质

从滑雪赛事的主办单位及赛事性质方面看，2016年，以公司作为主办单位的商业型滑雪赛事共计28项，约占滑雪赛事的25%；以政府机构为主办单位的政府型滑雪赛事共计84项，约占滑雪赛事的75%，其中25项滑雪赛事是国家体育总局及国家体育总局冬季运动管理中心主办的。可以看到，政府是全国滑雪赛事的推动主体，市场化的商业型滑雪赛事发展缓慢。

政府机构与公司机构联合举办滑雪赛事是2016年出现的一个新现象。例如第二届中国大众滑雪技术大奖赛是由大连市滑雪协会、张家口市滑雪协会、北京春秋永乐体育发展有限公司联合主办的滑雪赛事。2016年，国际协会组织在中国主办的滑雪赛事共计3项。主办滑雪赛事的国际协会组织有国际滑雪联合会、世界单板联盟、世界单板职业滑手联盟。

5. 滑雪赛事参赛人员及其性质

从滑雪赛事的参赛人员及其性质方面看，2016年，全国滑雪赛事的参赛人员是滑雪运动员、滑雪指导员、旱雪爱好者、VR滑雪爱好者。其中参加全国滑雪赛事的滑雪爱好者分少年组、青年组、中年组和老年组。参赛人员可分为大众型参赛人员和专业型参赛人员，大众型参赛人员包括滑雪爱好者、旱雪爱好者、VR滑雪爱好者；专业型参赛人员包括滑雪运动员、滑雪指导员、滑雪超级发烧友。滑雪爱好者参加的滑雪赛事占全国滑雪赛事的61.6%，全国滑雪赛事主要以大众滑雪赛事为主。

2016年，滑雪协会组织、政府机构举办的4项滑雪赛事参加者由专业运动员、大众滑雪爱好者共同组成。其中单板滑雪坡面障碍技巧及大跳台全国锦标赛暨2017~2018中国单板滑雪队选拔赛分站赛、2016~2017赛季中国高山滑雪国际雪联系列赛的参赛人员既有专业运动员，也有大众滑雪爱好者；2015~2016年中国高山滑雪巡回赛第四站、2016~2017年中国高山滑雪巡回赛第一站比赛分为专业组比赛和大众组比赛，此项赛事是结合竞技滑雪和群众休闲娱乐滑雪并由运动品牌赞助的滑雪赛事。

6. 滑雪赛事参赛人员国籍及来源地

从滑雪赛事参赛人员的国籍和来源地方面看，可以将滑雪赛事分为国际滑雪赛事、国内滑雪赛事和地区滑雪赛事。国际滑雪赛事包括国际协会组织主办的滑雪赛事（2016年世界单板滑雪锦标赛）、政府机构主办的滑雪赛事（2016年辽宁省弓长岭首届国际滑雪邀请赛）、公司主办的滑雪赛事（第十四届红牛单板公开赛）、国际协会组织与政府机构联合主办的滑雪赛事（2016年国际雪联越野滑雪中国巡回赛）。国内滑雪赛事指滑雪赛事的参赛人员来自中国各地，例如第十三届全国冬季运动会跳台滑雪比赛。地区滑雪赛事包括两部分。第一部分指滑雪赛事参赛人员主要来源于赛事举办地省份，例如2016年度吉林省大众高山滑雪挑战赛；第二部分指滑雪赛事参赛人员主要来源于赛事举办地及其相邻省市，例如京张第一届残疾人冰雪运动会暨张家口第二届残疾人冰雪运动会雪地滑行比赛。2016年，中国承办的国际滑雪赛事共计15项、国内主办的滑雪赛事共计58项、地区主办的滑雪赛事共计39项。国内主办的滑雪赛事占比为51.8%（见图2）。

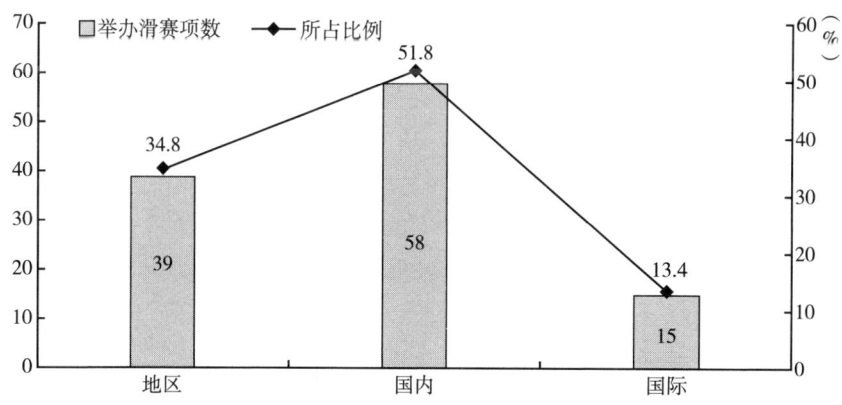

图2　2016年国内滑雪赛事比赛级别及其比重

7. 滑雪赛事比赛项目

冬季奥林匹克运动会雪上项目可分为高山滑雪、越野滑雪、跳台滑雪、现代冬季两项、北欧两项、自由式滑雪、单板滑雪七项。在2016年全国滑雪比赛雪上项目中，以高山滑雪为比赛项目的赛事有56项，约占全国滑雪赛事的47.5%，是所占比重最高的滑雪比赛项目；以现代冬季两项为比赛项目的赛事有3项，约占全国滑雪赛事的2.5%，是比赛项目中所占比重最低的滑雪比赛项目；以单板滑雪为比赛项目的赛事有40项，约占全国滑雪赛事的33.9%；以自由式滑雪为比赛项目的赛事有14项，约占全国滑雪赛事的11.9%；以跳台滑雪为比赛项目的赛事有5项，约占全国滑雪赛事的4.2%[①]。2016年，我国没有举办以北欧两项为比赛项目的雪上赛事。除上述外，2016年以VR滑雪、趣味滑雪、滑雪教学为比赛项目的赛事有7项。

2016年我国共举办越野滑雪赛事19项，约占全国滑雪赛事的17%。越野滑雪赛事举办地区集中在东北、西北。其中东北地区的举办地是黑龙江和吉林。黑、吉两省主要以国际组织、国家及地方政府机构主办越野滑雪赛事为主。此类越野滑雪表现为办赛规模大、竞技性强。

值得注意的是在"三亿人参与冰雪"、2022年冬奥会的背景下，2015年、2016年全国各省市开始成立冰雪协会、冰雪单项运动队。这些举措会加快我国冰雪单项项目的发展。2020年冬季奥运会测试赛将是国内首次举办的奥运冰雪赛事，届时会出现多种冰雪项目的竞技。

（二）2016年中国滑雪赛事特点

2016年中国滑雪赛事特点主要表现在以下三点。

---

① 2016年全国共举办112场赛事，每场赛事不一定只有一种比赛项目，因而以项目计为118项，项目总数高于112场。

1. 滑雪赛事呈现参赛人员多样化、比赛项目多类别的特点

2016年中国滑雪赛事呈现参赛人员多样化、比赛项目多类别的特点。各省、自治区、直辖市开展的"全民上冰雪"活动为公民参与滑雪赛事创造了良好的氛围。各地兴建滑雪场、社会资本进入冰雪产业领域加速推进了大众滑雪赛事的举办。从参赛人员年龄看，滑雪赛事参与人员从少年跨到老年，各个年龄层的公民均有参与；从参赛人员性质看，参与中国滑雪赛事的有运动员、爱好者两种性质；从参赛人员国籍看，参与中国滑雪赛事的有中国选手、国外选手；参赛人员的职业也呈现多样化的特点。在北京和张家口联合申办2022年冬季奥运会获得成功、旱雪毯与人工造雪技术、虚拟现实（Virtual Reality）技术取得发展的背景下，国内滑雪赛事呈现出多类别发展的局面，主要表现在既有室内滑雪比赛（人工造雪）、VR模拟滑雪比赛（VR＋设备），也有旱雪滑雪比赛（旱雪毯）、滑雪场滑雪比赛（天然雪或＋人工雪）。滑雪场地举办的滑雪赛事的比赛项目类型有高山滑雪、越野滑雪、跳台滑雪、现代冬季两项、自由式滑雪、单板滑雪、趣味滑雪等。

2. 滑雪赛事表现"首次"趋势

2016年，多个省市举办的滑雪赛事在举办时间、举办地点、主办单位、参赛人员、比赛模式上表现出"首次"的特点。2016年8月份举办的红牛·Goski·西部长青反季滑雪赛是河北省历史上首次举办的大规模反季室内滑雪比赛。湖北省首届滑雪比赛暨神农架林区首届冰雪运动会是神农架地区第一次举办大众冰雪运动会，约6000名观众通过扫描二维码观看直播赛事的方式关注了本次运动会。2016年甘肃首届高山滑雪锦标赛是甘肃省第一次由政府机构作为主办单位组织的大众高山滑雪赛事。2016年全国残疾人越野滑雪锦标赛是我国首次主办的残疾人越野滑雪锦标赛。2016年黑龙江滑雪指导员职业技能挑战赛是黑龙江省第一次以提高滑雪指导员综合职业技能为竞赛目标而举办的滑雪赛事。2016～2017超级雪滑雪大奖赛第一站是国内第一次尝试"训练营+比赛"模式的商业滑雪赛事。随着2022年冬季奥运会的临近，预计未来国内滑雪赛事会逐渐呈现出较多的"首次"趋势。

3. 滑雪赛事+其他主题活动联合进行营销的商业模式

2016年，滑雪赛事的一些主办方采用了滑雪赛事与其他主题活动结合进行营销的商业模式。滑雪赛事+其他主题活动的商业模式在增加滑雪赛事收入、丰富滑雪赛事形式、扩大滑雪赛事影响等方面具有推动作用。在针对滑雪赛事观众进行的调查中，25.8%的被访者表示若滑雪赛事有音乐节或狂欢节等附属活动，有可能会去现场观看滑雪赛事。2016年世界单板滑雪赛北京站运用"滑雪赛事+现场音乐会"的商业模式进行赛事营销。在第一届反季光猪节暨单双板大回转比赛中，参赛者可以穿戴喜爱的服装参加比赛。赛事主办方采用"滑雪赛事+服装秀"的营销模式进行赛事推广活动。首届"乐滑"巅峰滑雪大奖赛赛事主办方将比赛地点设在商场和演出场地，运用"VR+模拟滑雪"的比赛方式进行赛事推广。

二 滑雪赛事观众群体分析

滑雪赛事观众调查活动采用现场采集与线上问卷平台调研两种方式进行。调研活动共发放问卷630份，回收有效问卷621份。

（一）滑雪赛事观众的构成

调查活动中，男性、女性所占比重分别为36.9%、63.1%。26～35岁年龄段为调查的主体，约占调查总体样本的59.1%，其次是18～25岁年龄段，所占比重为20.0%。18～35岁年龄段也是观看滑雪赛事的主体，这部分人群的学历主要以本科、研究生学历为主，月均收入集中在7000元以上。以上人群观看滑雪赛事的主要原因有以下三点。

第一,个体兴趣爱好。此次调查访问结果显示,个人喜爱滑雪运动是以上人群观看滑雪赛事的主要原因。这部分人群中有61.6%经常性观看滑雪赛事。

第二,收入水平较高、有一定的时间观看滑雪赛事。调查访问结果显示,现场购买过滑雪赛事门票的观众群体收入水平较高。经常观看滑雪赛事的人群中有92.1%是参与滑雪运动的主体,说明滑雪赛事主要受众有意愿在观看滑雪赛事、参与滑雪运动方面投入一定的时间和经费。

第三,各省、自治区、直辖市开展"全民上冰雪"滑雪比赛活动。根据初步统计的数据,2016年,各地共举办112项滑雪赛事。在滑雪场地"偶然性观看"滑雪赛事的人群约占78.2%。

(二)滑雪赛事受众分析

1. 雪地资源、交通影响参与滑雪运动的时间

本次调查样本来源地是山东、北京、广东、河北等22个省份。其中河北是调查样本来源地最多的省,所占比重是30.1%;其次是山东省、北京市,所占比重均是14.8%。根据初步调研发现,滑雪赛事观众中有81.5%是滑雪运动爱好者,因此有必要对被访者是否参与滑雪运动、影响参与滑雪运动的因素等问题进行分析。

在参与过滑雪运动的人群中,参与滑雪运动两年以下的人所占比重是32.4%。调查访问结果显示,若滑雪场地距离居住地近、交通方便,31.1%的被访问者愿意参与滑雪运动。参与滑雪运动8年以上的人群所占比重是3.2%,人群主要来源地是黑龙江、吉林,黑龙江、吉林两省占8年以上滑雪运动的总人数的72.7%,说明雪地资源、交通是影响参与滑雪运动时间及滑雪赛事受众数量的重要因素(见图3)。

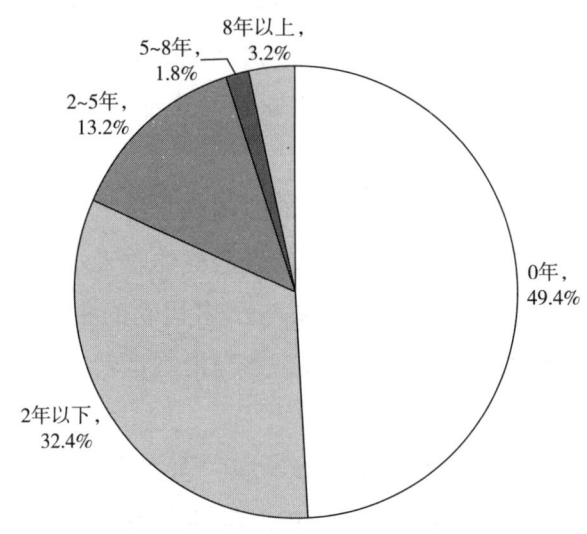

图3 参与滑雪运动时间的被访者比重

2.电视是人们观看滑雪赛事的主要媒介、亲临现场是观看滑雪赛事的首选

83.4%的被访问者不看或偶尔观看滑雪比赛。在观看滑雪比赛的人群中,平均半年观看一次的人约占观看滑雪比赛总人数的45.2%,平均一年观看一次的人约占观看滑雪比赛总人群的38.8%。26.7%的受访者通过网络观看过滑雪比赛,25.8%的受访者通过电视观看过滑雪比赛。69.2%的被访者没有在现场观看滑雪比赛的经历,但31.4%的受访者表示若有机会,更愿意亲临现场观看滑雪比赛。与网络观看、电视观看滑雪赛事相比,现场观看滑雪比赛是本次调查中受访者最喜爱的方式,说明人们观看滑雪比赛注重的是视觉、触觉的现场体验(见图4)。

3.门票价格、交通是制约观看滑雪赛事的主要因素

在本次"有哪些因素会有可能促使人群到现场观看滑雪比赛"的调查中,4.7%的被访者对现场观看滑雪比赛不感兴趣;49.1%的被访

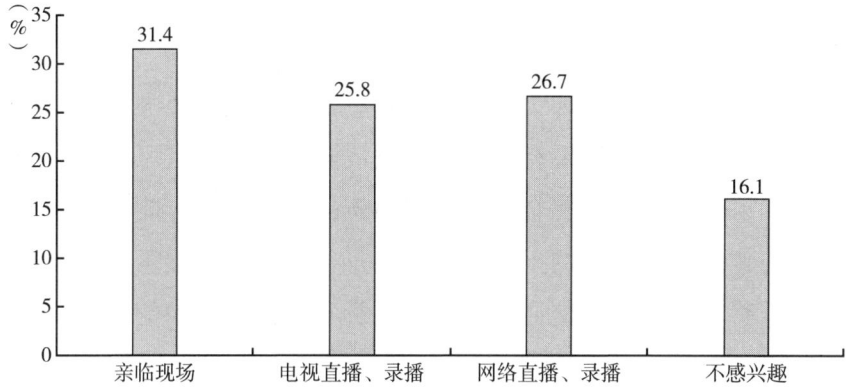

图 4　被访者喜爱观看滑雪赛事的方式

者表示如果门票价格有优惠可能会到现场观看滑雪赛事；41.4%的被访者表示如果门票是赠票或可以免费观看比赛有可能会选择到现场观看滑雪赛事。可见，门票价格是影响被访者观看滑雪赛事积极性的重要因素。交通是制约人群观看滑雪赛事的另一因素，48.5%的被访者认为若交通方便会有可能到现场观看滑雪赛事，36.7%的受访者表示如果有朋友、家人或同事陪同会有可能选择到现场观看滑雪赛事（见图5）。

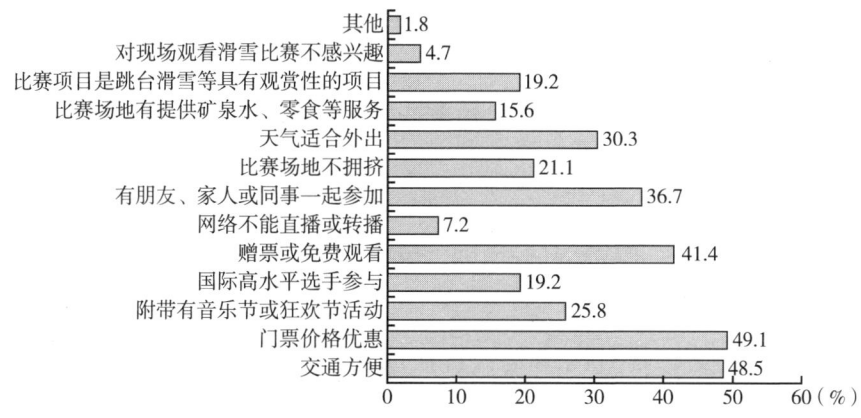

图 5　可能促使被访者到现场观看滑雪比赛的因素

说明：本题为多选题。

4. 报名费、奖品、奖金、交通、同伴是影响群体参与滑雪比赛的重要因素

44.0%的受访者表示如果报名费免费有可能会参加滑雪赛事；42.4%的受访者表示如果有朋友、家人或同事陪同会有可能参加滑雪赛事；如果奖品丰盛、奖金可观，40.3%的受访者有可能参加滑雪比赛；受访者表示因个人的兴趣爱好而参加滑雪赛事的比重是41.4%。报名费、奖品、奖金、交通、同伴等是影响群体是否参与滑雪比赛的重要因素（见图6）。

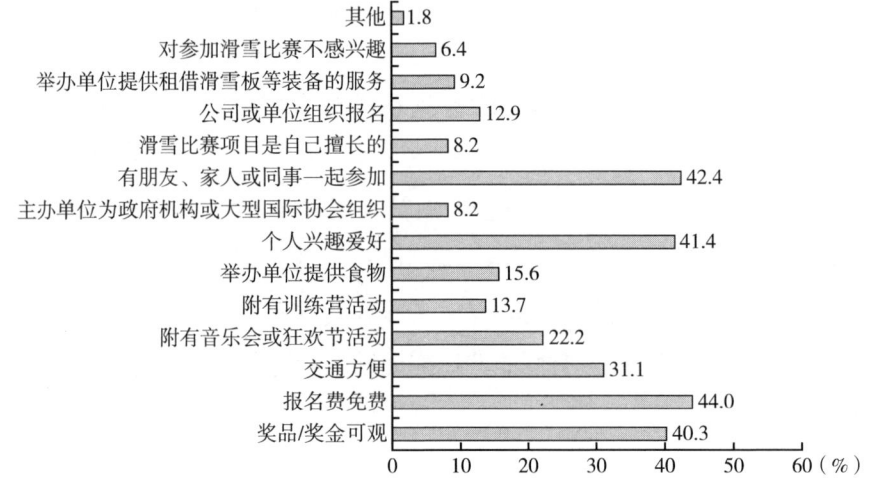

图6 可能促使被访者参与滑雪比赛的因素

说明：本题为多选题。

5. 画质清晰、提供奖品等激励、免费观看是影响网络直播或转播滑雪赛事的重要因素

6.3%的受访者对网络是否直播或转播滑雪赛事问题持不关心、不感兴趣的态度；68.0%的受访者认为直播或转播一场较为成功的网络滑雪赛事需做到画面清晰。画质清晰是受访者认为转播或直播一场成功的滑雪赛事众多要求中得票最高的选项。有奖品等激励措施也会吸引受访群体观看网络滑雪赛事，40.3%的受访者认为较为成功的网络滑雪赛事也需做到提供奖品等激励方式以吸引观赛人群；35.9%的受访者希望可以免费观看转播或直播的滑雪赛事（见图7）。

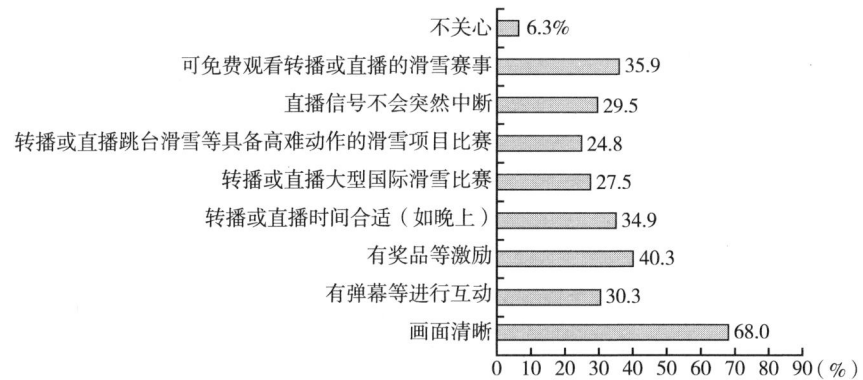

图7　被访者认为网络滑雪赛事转播或直播需要做的工作

说明：本题为多选题。

三　滑雪赛事产业

（一）滑雪赛事产业链

滑雪赛事是滑雪产业的组成部分，是一个融合体育竞赛和体育营销等环节的完整体系。滑雪赛事产业链指以滑雪赛事为中心，根据滑雪赛事产品、服务的需求方与供给方的不同而衍生的滑雪赛事产业及其关联产业链。

1. 上游产业，主要指以围绕滑雪赛事的运营产生的相关制造业。例如滑雪赛事场地的建设，滑雪赛事装备的研发及生产，滑雪赛事衍生品的生产等。

2. 中游产业，指直接为滑雪赛事提供产品、服务的产业。包括滑雪赛事场地租赁、赛事组织策划、赛事安全保障、赛事运营管理、赛事媒介传播与营销、赛事版权等。

3. 下游产业，指为滑雪赛事参与者、观众提供产品、服务的产业。主要涉及线上、线下相关的增值、衍生服务，包括滑雪教学、住宿餐饮、赛事门票、明星经纪等。

（二）滑雪赛事经费

滑雪赛事经费是促进国内滑雪赛事产业发展的重要资金。国内举办的滑雪赛事按赛事级别进行分类，可分为国际型滑雪赛事、国家型滑雪赛事、地方型滑雪赛事。以国际滑雪联合会为代表的世界协会组织在国内主办的国际型滑雪赛事以自筹经费为主。国家体育总局冬季运动管理中心主办的国家型滑雪赛事经费主要来源为国家财政拨款、自主创收、社会赞助三部分，其中国家财政拨款可分为全额拨款、差额拨款、自筹三层次，差额拨款依据滑雪项目不同拨款比重有所不同。大部分地方型滑雪赛事政府经费拨款来源渠道是地方财政预算、体育彩票公益金、产业发展专项基金三部分。部分地方政府规定以项目补贴、项目奖励、贷款贴息、绩效奖励等方式对体育赛事进行资助。商业型滑雪赛事主要以主办单位自筹资金为主。

（三）滑雪赛事场地

国内滑雪赛事的举办场地可分为滑雪场、公园、商场三类，其中滑雪场包括室内滑雪场、室外滑雪场。室外滑雪场是滑雪赛事的主要举办场地，一般举办大众滑雪赛事、竞技滑雪赛事；室内滑雪场一般会举办大众滑雪赛事；公园、度假区、旅游风景区是举办旱雪赛事的场地。目前，国内举办的旱雪滑雪赛事的主要比赛地点是公园。国内的VR模拟滑雪训练中心主要设立在商场，因此VR模拟滑雪训练器材提供商会在商场的 VR 模拟滑雪训练中心举办模拟滑雪比赛。例如，首届"乐滑"巅峰滑雪大奖赛是在王府井银泰 in88 商场、北京壹空间举办的 VR 模拟滑雪比赛。

（四）滑雪赛事报名费、门票等

在滑雪赛事市场开发方面，滑雪赛事收入以报名费、赞助收入为主，广告收入、版权收入、衍生产品等其他收入较少，整体赛事商业化运作机制不成熟。根据初步统计，政府主办的滑雪赛事以无报名费为主，其中一部分需交保证金（押金），保证金金额范围是 100～600 元。一些政府主办的赛事为参赛者购买了人身意外伤害保险。少数政府主办的滑雪赛事有报名费，报名费用在 50～200 元。公司主办的商业性质的滑雪赛事以有报名费为主，报名费用在 50～700 元，多数主办公司为参赛者购买人身意外伤害保险。商业性质的大众滑雪赛事主办方会将报名费与住宿、餐饮、赛事装备、交通、滑雪场季卡组合销售。

滑雪赛事举办地主要以露天滑雪场、室内滑雪馆为主，观众购买滑雪场门票、雪票即可观看。观众不需要购买门票、雪票的滑雪赛事数量较少，主要是政府主办的专业性赛事。

（五）滑雪赛事主办方

滑雪赛事主办单位是滑雪赛事的发起者、组织者，是滑雪赛事产业链的重要环节。国内滑雪赛事的主办单位以政府为主，近几年来，随着社会资本的涌入，滑雪装备公司、滑雪俱乐部赛事公司、赛事内容 APP 公司开始主办或承办滑雪赛事。截至 2017 年，在 SKI + 滑呗 APP 上注册的滑雪俱乐部有 481 家。

（六）滑雪赛事电视、网络转播

在滑雪赛事转播方面，中央电视台体育频道（CCTV－5）、中央电视台体育赛事频道（CCTV-5+体育赛事）以录播国际滑雪赛事为主，播出方式是实况录像。体育赛事频道在2015年、2016年冰雪季播出的滑雪赛事共计221小时。① 中央电视台官方网站、中国网络电视台会直播或转播中央电视台体育频道、体育赛事频道部分滑雪赛事。地方电视台较少转播或直播国际滑雪赛事。在滑雪赛事转播或直播方面，地方电视台主要以报道当地举办的滑雪赛事为主。例如贵州电视台于2017年1月18日对全国高山滑雪青少年邀请赛暨贵州省第一届滑雪节进行了直播。

在滑雪赛事转播方面，视频网站转播滑雪赛事的数量较少。乐视网体育频道针对自主IP滑雪赛事X-DRAGON驭雪挑战赛进行直播。爱奇艺、搜狐视频、腾讯视频、优酷、土豆等国内主流视频网站有滑雪赛事转播的视频，视频长度以10分钟以下为主。

（七）品牌赞助

根据初步统计，2016年在中国举办的滑雪赛事品牌商赞助范围涉及大众滑雪赛事、专业滑雪赛事。赞助商以冠名、提供奖品奖金、提供装备、助力赛事营销宣传等方式对滑雪赛事进行赞助。赞助商主要以运动饮料公司、汽车公司、滑雪装备公司、滑雪综合服务提供商、户外用品公司为主，滑雪赛事赞助商主要有喜玛尔图（中国）户外用品有限公司、东风英菲尼迪汽车有限公司、搜狐公司、卡宾滑雪集团、红牛饮料有限公司、斯巴鲁汽车（中国）有限公司等。

近年来，赞助国内滑雪选手的品牌开始增多。赞助公司主要以休闲运动用品公司、滑雪装备公司、滑雪装备代理商、滑雪装备销售商、运动饮料公司为主。赞助商以提供滑雪训练场地、提供滑雪装

---

① 张斌：《CCTV5+冬季运动传播的一种尝试》，国际冬季运动（北京）博览会开幕式暨主论坛：开启未来，国家会议中心，2016年10月，第70页。

备、协助选手参赛、提供训练资金等方式对滑雪选手进行赞助。滑雪选手赞助品牌有自由地带、奔流极限、亚玛芬（Amer）、欧克利（Oakley）、索尼、DCSHOECOUSA、Deeluxe、UNION等。

（八）2022冬季奥运会背景下，对中国滑雪赛事产业发展的建议

目前中国的滑雪赛事产业存在商业化程度不高、市场化开发力度不大等问题，滑雪赛事产业链还处于不成熟的阶段。国内滑雪赛事产业要实现可持续发展，离不开政府、社会的支持。

1. 构建滑雪赛事资助服务体系、积极培育多元化的滑雪赛事参与主体

与政府机构积极主办滑雪赛事不同，社会资本参与滑雪赛事存在动力不足的问题。滑雪赛事的天然公共产品属性及其运营成本压力决定了滑雪赛事须进行商业化运作。在大众滑雪赛事方面，政府机构应坚持"政府监管、民间主/承办、市场运作"的办赛机制，积极发挥市场在滑雪赛事资源配置中的基础性作用，吸引更多赛事公司、赛事中介机构、民营企业、行业协会参与到滑雪赛事主办单位、承办单位中来，从整体上提升滑雪赛事的商业化、市场化水平。

在专业滑雪赛事方面，政府机构可以加大滑雪赛事的宣传与推广力度，从而提高民众参与度。政府机构可创建滑雪赛事资助服务体系，培育多元化的滑雪赛事参与主体。针对不同的滑雪赛事项目，制定公正、开放的多层次企业审核规范和详细的赛事资助标准，改革和简化滑雪赛事审批手续，完善相应的赛事优惠政策。政府机构在滑雪赛事组织体系中扮演培育者、政策引导者、监督者、协调者的角色。

2. 创建完善、规范的滑雪赛事评估机制

目前大多数赛事主办机构仅从赛事运营成本、竞技水平角度评估滑雪比赛，完善的滑雪赛事评估应包括经济效益评估、社会效益评估、生态效益评估。经济效益评估主要指赛事门票、衍生品、税收等

收入；社会效益评估主要涉及赛事创造的就业岗位数量、观众人数、媒体传播数量、赛事安保、赛事服务、社会评价等定性、定量指标；生态效益评估即赛事环保评价，涉及赛事环保箱使用量、赛事垃圾处理方式等方面。滑雪赛事评估是经济效益评估、社会效益评估、生态效益评估三方面动态协调互动的过程，其目标是达到滑雪赛事的可持续发展。良性、科学的滑雪赛事评估应是多方监督评估并贯穿整个滑雪赛事过程的。政府机构、第三方专业检测机构作为滑雪赛事评估的执行者，应该建立公正、开放的滑雪赛事评估标准和完善、规范的滑雪赛事评估机制。

3. 培育均衡、成熟的滑雪赛事产业链体系

2016 年，中国滑雪赛事举办地以吉林省、黑龙江省、北京市、河北省张家口市崇礼区、新疆维吾尔自治区、内蒙古自治区等东北、华北、西北地区为主，南方地区举办滑雪赛事较少，也暂未发现南方省份举办旱雪、室内滑雪、VR 模拟滑雪赛事，从整体上看，中国滑雪赛事区域发展不平衡。

根据初步调研，在滑雪赛事市场开发方面，国内大部分滑雪赛事收入以报名费、赞助收入为主，广告收入、版权收入、衍生产品等其他收入较少，整体赛事商业化运作机制不成熟。国内滑雪赛事产业链处于初步阶段，发展并不完善。培育均衡、成熟的市场化滑雪赛事产业链是目前国内滑雪产业亟待解决的问题之一。政府机构在制定完善、规范的滑雪赛事补助政策与评估体系的同时，应积极引进群众接受度高的项目品牌赛事、引导自主赛事 IP 及滑雪赛事 + 模式创新发展。

在滑雪赛事融资方面，政府部门应拓宽大众滑雪赛事融资渠道，使更多社会资本参与滑雪赛事领域，促进国有资本、社会资本、外来资本多元化良性竞争，激活滑雪赛事消费。在地区滑雪产业链方面，应促进优势地区加速发展、引导地区均衡发展、鼓励不足地区积极发展，培育均衡、成熟的滑雪赛事产业链。

案 例 篇
Case Studies

B.7
富龙·四季小镇度假区

摘　要： 富龙·四季小镇度假区，是崇礼2016年新开业的滑雪度假区，作为新型的度假小镇，四季小镇融合了滑雪、度假、艺术等功能，成为充满独特韵味的小镇度假区。四季小镇以滑雪场为中心，定位为"度假+滑雪"，充分打造各类滑雪赛事及活动。同时，对相应的配套设施大力开发，实行专业的运营管理，给游客提供别样的度假体验。

关键词： 富龙集团　度假区　滑雪场　四季小镇

一　总体概况

富龙·四季小镇度假区（以下简称为四季小镇）位于张家口市

崇礼区中部，南、北两侧各有一个高速出入口，紧挨崇礼市区。四季小镇距万龙滑雪场7.4公里，距北京220公里，属于首都2小时经济圈范畴，临近崇礼区重点打造的旅游商贸新区，交通极为便利。四季小镇度假区将"运动、生态、艺术、欢乐、健康"五大线索串联成为"冰火王国、小镇印象街区、温泉共和村、活力社区、特色度假居所、山地养生自然村"等六大主题板块。四季小镇度假区包括富龙滑雪场、有机中心、梦幻天街、特色休闲所、六大酒店集群、天文观测点、面积40万平方米的奥林匹克花海、山顶品茶室、幼儿园、旅游学校、4.8万平方米温泉水世界等丰富的业态。针对不同的游客群体设计相应的服务模式，同时举办具有丰富特色的文化艺术活动，来打造休闲、娱乐的度假生活。四季小镇度假区位于冬奥会奥运村辐射的核心位置，可以承接冬奥会的部分职能。

四季小镇度假区由富龙集团投资建设，由HZS豪张思建筑设计咨询公司规划，其中北京峭美空间景观艺术设计公司参与了四季小镇的景观设计，中建八局为其施工单位，HBA赫斯贝德纳室内设计咨询公司负责富龙洲际假日度假酒店室内设计，中信地产城市运营部为项目提供了相应的技术支持和咨询，张家口市中雪众源山地旅游规划设计有限公司参加了滑雪场的设计工作，北京卡宾滑雪体育发展股份有限公司提供了富龙滑雪场的规划设计及相关的设备零售服务。

富龙集团主要业务包括煤炭、地产、酒店、旅游度假等，公司定位为新型城镇运营商、品牌服务商。

1998~2007年是富龙集团的初创期，集团创立初期主营煤炭业务，与多家电厂有合作；在涉足矿产采掘行业同时少量涉猎建筑行业；2006年煤炭产量60万吨，经济指标创造了历史新高。这一时期富龙主要以煤炭生产、煤炭物流等产业为支柱，积累原始资本为未来的腾飞奠定基础。

2007~2013年是富龙集团的转型期。2007年以后富龙集团进军房地产行业,并涉足化工、酒店、商业、传媒、教育等产业,成功完成颠覆性转型。2007年成立张家口市地鑫房地产开发有限公司;入股张家口市银行、海南美裕珍珠等公司,涉足众多产业;成立崇礼分公司,进军旅游地产及酒店行业,在河北省的总开发面积超过100万平方米,为地方发展做出卓越贡献。从2007年开始,开始开发旅游度假小镇。

2013年至今,是富龙集团的又一新的阶段。把握崇礼联合北京申办冬奥会的历史机遇,富龙集团从2013年开始进行转型,欲打造综合旅游文化新城镇,成立酒店运营管理公司,2013年汤INN酒店试营业,总营业面积达1万平方米。四季小镇项目就是富龙集团转型的代表项目,整个项目占地4.37平方公里,项目投资约50亿元。四季小镇多业态规划,欲打造集滑雪、酒店、商业、养老、医疗、休闲等一体的综合文化旅游新城镇。

图1 富龙滑雪场平面

崇礼拥有较长的雪期,冬季平均气温为 -12℃,每年的10月开始降雪,4月初雪季结束,平均每年的降雪厚度在1米左右,降雪早、积雪厚、存雪期长。崇礼地处燕山山脉与太行山山脉交会的大马群山中，境内80%为山地，地势条件好，山体的垂直落差较高，森林覆盖率达到52.38%，拥有超过20座海拔2000米以上的山峰，山体的坡度也多在6度~35度之间，具备建设滑雪场的优越条件，被誉为"华北地区最理想的天然滑雪区域"。

二 运营战略

四季小镇度假区立足于崇礼滑雪产业集群化发展这个大环境，定位为四季经营的大型度假区。度假区的一个亮点是与崇礼滑雪产业的结合，以冰雪娱乐为其重要特色，将休闲娱乐、度假、养老、运动养生等业态进行融合，形成世界级全息休闲娱乐目的地。

（一）小镇基础建设

冬奥会成功申办带来的是崇礼区旅游业和住宿需求的迅速增长，对相关酒店业的整体接待能力也提出了要求，这势必会将带动当地酒店业的发展。同时，随着知名度的不断提升，崇礼的会议设施也会不断地完善与提高。富龙集团充分发挥在旅游及地产领域的经验，大力开发度假区的资源。富龙度假区的地产既包括主题酒店、购物中心等商业地产，也包括别墅、山地大宅、智能养生宅等面向各种群体、多用途、多主题、多形式的住宅地产。

1. 酒店群

（1）崇礼区度假酒店发展概况

酒店群的建设是度假区配套服务设施中相当重要的一环，它承担提供满意的住行服务等功能。度假区酒店群的建设需要兼顾市场与资源两个要素，各个酒店的建设既要立足于度假区的区位细分客群，又要充分利用好当地的资源，同各个主题板块相结合，为游客提供多样化的服务。

本文抓取了大众点评网上崇礼所有酒店的信息，在对数据进行清洗后，得出了崇礼酒店的有效资料。经统计，崇礼共有427家酒店，其中10家酒店没有分类信息，剩余的417家酒店中共有豪华型酒店1家、高档型酒店12家、四星级酒店4家、三星级酒店3家、经济型酒店365家、其他的客栈旅舍3家、精品酒店3家、舒适型酒店17家、公寓式酒店9家。

崇礼的高端酒店多分布在崇礼新城区内，也有部分酒店分布在滑雪场附近。除富龙国际度假酒店外，崇礼已经建成的度假型酒店有蒙特芳丹国际假日酒店、汤INN温泉假日酒店、容辰国际假日酒店及云顶大酒店等，多数酒店于2012年左右开业。

表1　崇礼部分高端酒店情况

酒店名称	开业时间	客房数量（间）	标间面积（平方米）	娱乐设施	会议设施
蒙特芳丹国际假日酒店	2012	184	34	中餐、KTV、SPA水疗、茶艺居、咖啡厅、棋牌室	2800平方米宴会厅、中小型会议接待约8个
汤INN温泉假日酒店	2013	200	45	西餐厅、中餐厅、棋牌室、咖啡厅	中小型会议厅
容辰国际假日酒店	2009	172	30	西餐厅、中餐厅、恒温游泳馆、棋牌室、网球、桌球、健身房、SPA美体中心、桑拿按摩	宴会厅1个、中小型会议厅
云顶大酒店	2012	265	50	室内游戏池、射击、SPA按摩、室外高尔夫、足疗、休闲会所、网球等	大型会议室1个、中小型会议室共6个

从酒店提供的服务来看，娱乐及会议设施配套比较完善，都配备有中餐大厅、西餐厅和包房等基本设施，同时绝大部分酒店

均配有桑拿按摩、足浴等基本康乐设施,绝大部分酒店拥有高端项目 SPA,一般较少设置特色餐厅、大堂吧等。崇礼酒店的硬件档次、产品特色、功能产品、管理水平、服务水平等有很大的提升空间。

从季节来看,在旺季(12月~2月),崇礼高端酒店市场的整体入住率均达到100%,但是淡季的入住率较差。这也是崇礼所有酒店所面临的问题。

从客群来看,崇礼酒店的客群主要以旅游度假及滑雪客群为主,占到总人数的45%,其次为团体会议(15%)、商务休闲客群(20%)及散客(20%)。崇礼的酒店入住客群,停留时间为2天左右,主要集中在节假日及周末,客群主要来自京津冀等区域。

(2)富龙国际度假酒店

2016年卓根酒店管理公司结合富龙集团年初制定的总体战略目标,通过酒店管理公司管理团队的充分调研、严谨策划、科学组织,采用规范管理流程手段,接手对富龙假日度假酒店、滑雪大厅餐厅和山顶咖啡屋、商业街各主题酒店、温泉体验馆和温泉酒店工程建设的计划性管理和汤INN酒店的运营管理。

富龙国际度假酒店位于崇礼市区万龙路,集食宿、休闲娱乐、宴会会务为一体。其中,餐饮方面注重国际化,除有完整的中式食谱、咖啡厅外,顶级红酒吧与异国餐饮也一应俱全。酒店住宿由总统套房、跃层客房、标准客房以及特色温泉泡池包房组成。在商务会议场所方面,酒店提供多功能会议室、多功能宴会厅、分组会议室等场所。娱乐方面,酒店提供棋牌室、健身房、KTV等完备的康体娱乐设施。除了服务度假区的居住需求外,酒店也面向市区巨大的客流,度假区的区位优势使酒店的客群更加多元化。在管理方面,国际度假酒店聘请专业的管理团队——洲际酒店集团进行管理。

(3) 温泉酒店

崇礼温泉资源稀少，富龙温泉是崇礼唯一的温泉，未来崇礼区将规划更多度假型酒店，同质化竞争也许是不可避免的，但拥有唯一温泉将是四季小镇最大的竞争优势。富龙集团充分利用崇礼的自然资源，将温泉与崇礼区现有的滑雪文化资源、当地良好的气候生态环境结合作为项目开发的综合竞争力。

富龙温泉采自地下3600米，是依据国人体质定制的养生温泉，其总面积约为48000平方米，室内温泉面积约为24000平方米，室外泡池面积约为7000平方米。温泉区域包含17000平方米的酒店群，建成后将成为崇礼地区最大的水系休闲娱乐中心。水系休闲娱乐中心涉及儿童戏水乐园、温泉水世界、温泉酒店三个主题，提供冬季温泉等多种娱乐项目与娱乐体验，实现"冬季温泉+水上乐园"组合。温泉水世界不仅规划有主题酒店、多彩温泉中心、欢乐水世界等场所，更营造了万国温泉群、户外泡池、野奢SPA、森林会所、山景温泉、多主体室内外温泉泡池、室内欢乐水世界、冲浪池、水滑梯、儿童嬉水区等主题泡汤氛围。

为了让客户拥有更好的度假体验，富龙温泉借鉴日本"温泉+滑雪"组合经验，整合世界知名国家温泉文化，将纯粹的泡温泉上升到温泉健康文化，针对消费者的不同需求开发各种温泉产品，提供疗养、保健及娱乐等功能。富龙温泉距离富龙滑雪场仅300米左右，与富龙滑雪场形成了"冰与火"的组合，同时也是"运动+休闲"的组合。富龙温泉的雪域汤INN行宫，将豪华舒适的度假空间与自然之美结合。

西侧的温泉度假酒店，是四季小镇度假区中一个十分重要的亮点，充分彰显了度假区的"健康养生"文化。未来，富龙还规划建设涵盖半山酒店、山顶酒店、家庭型酒店、温泉型酒店、青年型酒店等多种主题酒店。

2. 商业街

（1）崇礼商业市场概况

崇礼新老城的分化较为明显，两者所面临的消费群体截然不同。崇礼老城区中的商业形态还处在初级阶段，居民的收入不高，消费水平有限。崇礼没有大型的超市、商业街以及购物中心，一些便利店多分布在街道周围，产品的档次较低，只能满足当地居民日常的生活需求，崇礼本地的高消费人群往往要到北京或张家口市购物。

崇礼新城区多为公寓配套底商，主要承接外来人口，其中来自京津冀的人口占了绝大多数。新城区外来旅游休闲度假人群的消费档次明显较高，除了日常消费，其他类型的消费也有一定的市场空间。不过，新城区商铺的空置率较高，淡旺季的区分较为明显，无集中式的大型商业街、购物中心出现，国内著名的商场也没有入驻崇礼。新城区居民消费以"体验式商业"模式为主，注重消费的参与、感受和体验，同时也对消费环境提出了更高的要求。新城区正在积极打造特色滑雪时尚文化和国际运动文化、由山地度假带动的健康和养生文化、由儿童带动的消费文化等。

（2）四季小镇商业街

商业街位于四季小镇的中心地带，商业街依中心湖而建，由20栋欧式建筑组成。四季小镇商业街配套设施完善，功能齐全，是小镇的娱乐与艺术休闲街区。其客群不仅仅是度假村的游客，也包括在崇礼旅游度假的消费者。富龙集团致力于将小镇的印象街区打造成富有崇礼特色的文化品牌，将商业街打造成崇礼的不夜城。

四季小镇的商业街区是客流最大的地方，为了充分吸引住客流，小镇不但考虑到各年龄层的需要，还考虑到夜间娱乐的需求，融合了"欢乐、艺术、民俗"等元素。为了满足游客最基础的商业需要，小镇建设了3000平方米的地下购物中心、生活超市、特色餐饮、精品酒店、特色酒吧、咖啡店、银行、药店等配套设施；在娱乐方面，配备了健身房、电影院、KTV等设施；在艺术与民俗方面，小镇开展艺术展览与民俗表演等多种活动；还有满足中老年人健康的养生中心，为老年人提供测血压等服务。

3. 住宅

（1）崇礼房地产业发展概况

2015~2016年，崇礼共计招拍挂土地54宗，共计公示土地总面积22.77万平方米；出让土地主要集中于四台嘴乡（27宗，20.96万平方米）和西湾子镇（21宗，1.12万平方米）；土地出让年限以40年土地为主，共40宗（22.09万平方米），70年土地13宗（0.69万平方米），50年土地1宗（1.14万平方米）。崇礼的房地产也面向不同的群体，分别满足自住与度假两种不同的需求。崇礼的老城区主要以当地居民自住为主，客群主要来自崇礼本地和周边县市，该区域房地发展较为落后，缺乏相应的配套设施，产品档次品质较低。

新城区度假型住宅分布在滑雪场及知名旅游景点附近，产品以公寓类为主，别墅较少。公寓以中小型、多层及小高层建筑为主，容积率跨度大，面积为45~65平方米及70~90平方米，皆为现房销售。崇礼新城区的主要房地产品牌包括梦特芳丹、山旮里旯、香雪VILLAGE、雪绒堡、云顶公寓、东方阿尔卑斯、华府时尚、汤INN等。购买别墅的消费者多来自北京，占70%~80%，主要购买目的为冬天滑雪、夏天避暑、投资兼自住。从实际销售情况来看，具有托管措施的小面积公寓销售较快，总面积在200平方米以下的独栋别墅销售量较好，普通住宅产品销售较慢。

从崇礼度假地产的卖点来看，高价格的地产都有各自特色的卖点支撑。例如梦特芳丹有区域内唯一5.4米层高的LOFT。山旮里旯、万龙公寓、云顶公寓都依托滑雪场资源，公寓的价格也较高。可以看出，滑雪场资源是本地区地产的核心优势资源。

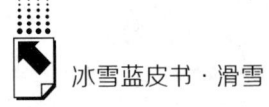

(2) 富龙集团房地产项目

富龙集团的房地产项目包含尚诚小区项目及汤山村别墅区项目。从2015年度与2016年度环比销售数据对比看，2016年度与2015年度销售数据均有一定提升，其中认购面积与认购套数、认购金额、签约面积、签约套数、签约金额、回款率都有不同程度的增长。

从项目的推广方式来看，主要分为线上推广和线下推广，覆盖京津冀地区及周边地区辐射人群百万人群。线上推广包含网络媒体（搜房、房天下、新浪房产、易安居等）、平面媒体（《京华时报》、《北京青年报》、《北京晚报》、《北京展报》等）、电视广播媒体（中央电视台、北京电视台、凤凰卫视、北京卫视、交通广播等）、自媒体（今日头条、微信朋友圈、搜狐公众平台等）。线上推广以网络媒体、视频媒体及新媒体（社交媒体与直播平台）为核心，迅速传播活动信息，扩大活动影响力，配置平面媒体以及电视视频媒体，提高品牌活动形象与报道深度。线下推广包含路面区域展示（项目围挡、户外路牌、公交车车身等）、线下品牌活动。通过多角度集合不同类型媒体，传递多元品牌信息，使公司形象更加立体。

富龙地产以品牌平台辅助项目发声，以项目热销夯实品牌基础，以业主权益及社群建设为依托，全力打造品牌传播运营体系，形成项目品牌形象输出与营销目标攀升的良性循环。富龙在加强营销推广时，增加品牌营销相关活动，提高市场知名度，树立项目大盘形象；增加销售淡季的各类型暖场活动，增加客户黏性，利于销售进行客户邀约；滑雪场相关活动加大项目宣传力度及项目元素植入，扩大受众群体；将客户拓展与客户维护活动相结合，扩展项目生活理念的宣导广度和深度。

(3) 汤山村别墅

富龙集团在崇礼的项目以汤山村别墅区最为典型。崇礼既拥有桦皮岭、翠云山、云顶、亚龙湾等4A/3A级风景区，又拥有万龙、富龙、密苑云顶、多乐美地、翠云山等滑雪场，气候适宜，无论冬夏都具备极好的旅游资源，夏季的平均气温19℃，是绝佳的避暑胜地，具备了四季度假的自然条件。汤山村位于市区附近，与上述各个景点的距离适中。除了丰富的冬季项目外，别墅群打造了狩猎场、露天泡池、开心农场、人工湖、薰衣草庄园、私家庭院等夏季项目，营造出独特的度假环境。在规划方面，汤山村别墅充分利用了山体、温泉、冰雪等资源，力求打造全球顶级休闲度假体系。

汤山村别墅位于富龙温泉度假区，单栋别墅面积为100～730平方米，顺应原有的山形地貌依山生长，整体错落有致。汤山村别墅属于依山而建的稀缺产品，包裹着度假区的各个主题板块，既减少出行距离，又增加度假区的住宿与娱乐的契合度，这是对山体一种独特的开发，也是对山区森林资源的一次再利用。在建筑风格上，汤山村别墅打破传统的建筑形式，拥有英伦、地中海、东南亚、现代四种假日风情装修风格。

汤山村别墅的另一个亮点就是对温泉的利用。温泉是崇礼地区极为稀缺的资源，汤山村别墅将这种稀缺的资源引入别墅区，支撑了其较高的售价。除了汤山村别墅区，富龙集团还将温泉资源充分应用到其地产项目中，以温泉为主题，建造温泉游泳馆、四季养生温泉SPA、五星级酒店、超大规模会所等相关配套设施，形成了富有特色的山地雪域温泉大宅。

对冰雪资源的利用是汤山村别墅最大的特点。汤山村别墅群临近富龙滑雪场，背靠森林，构成了独特的景观。滑雪者可以直接从临近别墅的雪道滑进滑出大厅，体验独特的滑雪文化。

（4）养老住宅及其他

四季小镇在设计时注重养老、养生主题，养老住宅由此产生，其客群主要为中老年人。针对养生主题，四季小镇在活力社区主题板块中推出智能养生住宅，充分利用山体及森林资源，借助冬季的滑雪娱乐资源，让老人体验时尚、年轻的感觉。利用滑雪场已有的配套设施、医疗资源，在为游客提供治疗的同时引入健康体检、运动修复、中式康疗、国际美容等高端项目，建设了一个养生社区。

富龙集团是中国老龄产业协会常务理事的会员，在服务老年人方面有很好的经验。此外，在养老领域，富龙集团先后同多家境外机构合作，例如四季小镇与瑞士国家旅游局达成合作意向；与瑞士达沃斯医院合作，借鉴欧洲先进的医疗技术，成立"中瑞医疗健康中心"；富龙集团与美亚航空达成合作意向，解决度假区的旅游、游客运输、安全紧急救援等问题，在养老养生领域具有一定的服务能力。养老地产需要配备完善的医疗资源，富龙既拥有温泉这一先天的理疗优势，又在老年人客群方面有良好的产业基础。富龙建立的国际养老社区是一处集养老休闲、文化娱乐、养老养生于一体的国际型社区，设有健康中心、老年大学、休闲娱乐中心等。老年大学开设了丰富的课程及多类文体活动，真正让老年朋友们享受丰富快乐的晚年生活。在养老社区东侧，未来将打造具有国内外影响力的会议论坛中心。

在其他合作方面，未来富龙小镇将同富龙房屋管家服务中心联手，并联合多家旅行社等知名物业托管平台，通过专业的管理体系、立体的营销渠道、专业的房屋养护等一站式服务，为业主提供资产托管业务。当业主房屋处于空闲状态时，房屋管家服务中心将接手业主地产，为其匹配有需求的客群，这样既不耽误业主的度假需求，又可以使房屋增值。

度假区引入了先进的视频联网报警指挥系统，包括中心平台管理系统、智能视频监控系统、周界联网报警系统、联式智能视频门禁系统等分系统，系统对各类信息资源进行整合，通过智能摄像网络、门禁系统、远程监控等高科技手段，在度假区外围形成一套安全的电子围栏，对度假区进行全方位监控和智能管理，同时，富龙集团充分利用现代智能化的成果，专注于小镇文化的打造与品质生活的倡导，配备网络信息系统以及家居智能化系统，让业主享受高品质的生活。

（二）富龙滑雪场

富龙滑雪场是四季小镇中的核心项目，2016年12月9日，富龙滑雪场正式对外营业。富龙滑雪场结合了滑雪与娱乐休闲等多种功能，是以冬季娱乐型滑雪、夏季开展户外活动为主的大型山地公园。

1. 滑雪场基本配置

富龙滑雪场配备了70万平方米的富龙滑雪公园，共规划建立37条雪道。初级、中级、中高级、高级道的数量分别为7条、11条、14条、5条。其中一期开放雪道25条，雪道面积40万平方米，同时配备4条索道、12条魔毯。二期开放雪道12条，雪道面积30万平方米。雪道最高海拔1730米，最大落差可达482米。富龙滑雪场是崇礼唯一支持夜滑的滑雪场。

富龙滑雪公园总长度达25公里，最长雪道有3公里。滑雪公园同时配有滑雪大厅、6条索道及9条魔毯。富龙滑雪场分为滑雪学习区域、嬉雪区域、儿童娱雪区、初级雪道滑行区、单双板娱乐区及高级滑雪区。

2. 滑雪场定位

（1）崇礼其他滑雪场的定位

崇礼几大滑雪场的定位各不相同，其中万龙滑雪场定位为高端滑雪人群，滑雪场以高级雪道为主，主要针对高水平滑雪者或滑雪发烧友，滑雪价格也较其他滑雪场更高。除了滑雪价格，万龙的食宿等价格也相对较高。

云顶滑雪场定位为国际级旅游度假目的地，配套建有五星级国际酒店和集会议、旅游、冰雪运动赛事、夏季避暑疗养于一体的度假村。云顶滑雪场更多地关注家庭娱乐度假滑雪市场，提供专业和娱乐相融的滑雪服务。未来云顶滑雪场会服务于冬奥会，具有明显的市场竞争优势。

多乐美地滑雪场的主要客户是以家庭为单位的滑雪爱好者。多乐美地将雪道设计得更富趣味性，儿童在滑雪时可以获得更多的乐趣，同时滑雪场配套酒店专门设立儿童房和亲子房。

长城岭滑雪场是2005年由国家体育总局和河北省体育局投资近1亿元建设的运动员高原训练基地。长城岭滑雪场主要面对的是小型旅行团和大众游客，价格相对较低。

可以说，崇礼的各个滑雪场竞争与合作同在，竞争张力增大，合作意愿加强；多业态发展定位日渐明晰；多季节经营由意向转向实践；相对开放经营，但无实质性突破。

（2）富龙滑雪场的定位

富龙滑雪场具备三个优势：崇礼滑雪、冬奥会、温泉。崇礼被誉为"中国雪都"，对于冰雪文化来说，崇礼本身就是一个巨大的宣传平台，四季小镇配备滑雪场这一业态，借助了崇礼滑雪产业的优势，富龙滑雪场的修建属于借势开发。冬奥会对崇礼冰雪产业产生极大影响，使其关注度飙升。富龙集团拥有崇礼地区唯一的温泉资源，构成了独特的"温泉+滑雪"组合，相对于其他滑雪场来说也是一个亮点。

富龙滑雪场定位为"度假+滑雪"，其客群主要为家庭、儿童、初学者、初中级雪友、中产家庭等，这部分人群较大，消费能力较强。滑雪场从票务预订环节开始一直到游客离场，提供一站式的服务。富龙滑雪场致力于让滑雪不再单调，创立"有文化、有活力、有品位"的世界级全息休闲度假目的地。

以富龙滑雪场著名的FUNPARK（趣味公园）为例，富龙的趣味公园占地700亩，由世界著名公园设计师规划设计，为了满足不同滑雪者的滑雪需求，趣味公园被划分黑、粉、蓝、橙等4个难度部分。

趣味公园不仅要建设高难度的滑雪场，关注滑雪技术的提升，也要建造"有趣"的公园，要将安全、快乐、有趣、健康时尚的滑雪运动理念带到大家的身边，让更多的人享受滑雪的乐趣。除此之外，趣味公园还为女性设立了专门的道具专区。

富龙滑雪场以家庭、儿童的滑雪娱乐为核心理念，为接待儿童做了很多设计，有专门的儿童滑雪服务中心，可以满足儿童的照看、娱乐、滑雪教学、赛事等多种需求。针对儿童的滑雪学习，设有专业的儿童滑雪训练基地，富龙滑雪场富龙聘请了专业的儿童滑雪指导员，开设了富有儿童特色的滑雪教学课程。

（3）差异化经营

为了结合定位进行差异化经营，富龙经营团队做了一些建设，注重让滑雪客人看到、听到、感受到不一样的东西。富龙在策划雪道时，把视听系统与娱乐系统放在里面，让雪道好看、好玩。比如对雪道的防护网做美化，加一些好看的标识；在山上做一些风格和主题每年都会有变化的雕塑，让整个山体呈现出一种艺术氛围。在视觉色彩上，富龙充分利用了多种颜色的灯光及音乐对滑雪场进行渲染，打造雪道上的灯光秀。富龙滑雪场用形象、艺术化的东西把游客的目光吸引回来。在夏季，面对丰富的山地资源，富龙滑雪场将山地变成了夏季游乐场，有城市的观光缆车、高尔夫球练习场、马会俱乐部、儿童拓展营地、高山滑车、小轮车机械、山地探险、场地公园、缆车观景、花海营地、越野车之旅、定点热气球、音乐广场、漂流极限、商业配套、水上表演项目、温泉体验馆、滑翔伞起跳点、山地车、高山滑车、ATV道、迷你18洞、信鸽基地、田园牧场、有机餐厅、山地花园等项目。

滑雪场四季经营不仅仅是项目开展的问题，也是人才尤其是滑雪指导员的问题。滑雪指导员教授课程往往是季节性的，冬季项目经营结束后，滑雪指导员各奔东西，不能以这个行业来规划自己的人生。

富龙集团希望打造队伍，让指导员、员工长常年在企业工作，从而实现职业规划。指导员冬天教客人滑雪，夏天可以转变成自行车教练、骑马教练、拓展教练，从而实现自己的职业规划。

富龙滑雪场对整个培训体系进行了规划，包括对滑雪者的培训、对滑雪指导员的培训、对冰雪进校园的推动等。对滑雪者的培训包括Mogul雪上技巧培训班等培训项目，教授滑雪运动相关的技巧，还引进国际尖端滑雪教程，为不同水平的滑雪者提供最详细的运动指导。在对滑雪指导员的培训方面，富龙滑雪场与国内著名高校合作设立国际旅游学院，一方面培养相关的滑雪人才，另一方面开设滑雪学校，提供相应的体育教学课程。在冰雪进校园方面，富龙滑雪场从两个方面进行推进，一是对学校老师进行滑雪培训，通过专业的教学培训和考核，为京津冀地区培养更多的师资力量。二是将滑雪带进校园，在高校开展各种滑雪课程，为冰雪运动培养更多的人才。最后，从滑雪指导员的软件配备来看，富龙滑雪场建立了教练管理系统，根据学员不同的滑雪技术水平以及教练的特点来进行电子匹配。同时，为了方便滑雪爱好者，富龙滑雪场建立了一站式的滑雪指导员聘请系统。

（4）属性符号+品牌效应+标准

品牌是企业与消费者建立的一种持久稳定的关系，是消费者对企业及企业产品、服务、文化等的体验。品牌打造是滑雪场经营中非常重要的一环，富龙滑雪场开业后第一步就是打造品牌，打造属性，树立符号，实现品牌效应。四季小镇现在注重资产打造，未来的产业主线是在文化上。在对外的营销宣传上，富龙注重打造自己的符号，比如建立7万平方米的滑雪公园，针对滑雪做一系列的关于文化符号的诠释，未来会形成相关文化的各种符号。富龙在儿童乐园做吉祥物，通过给吉祥物过生日等活动，将儿童乐园打造成一个儿童大聚会，一个盛大的节日，从而逐步形成新的文化符号。另外，富龙对各种滑雪场的卡通形象进行包装，拍摄相应的动漫影片等形式来满足儿童的娱乐需求。富龙经营团队致力于"做好滑雪道，但赚滑雪道以外的钱"，将滑雪看作是融合了审美、文化、娱乐等综合需求的生活方式，而不是纯竞技的运动形式。

与品牌打造相呼应的是滑雪场标准的建立。中国滑雪场目前的规范标准并不明确，可执行的东西特别少。富龙滑雪场试图在各个环节和各个岗位，建立标准。为了强化这种标准，富龙的团队到现场开现场会。富龙从将雪质、雪道的视觉识别，雪道的颜色识别等各个方面综合起来，建立了滑雪场地导航系统。

（三）产品打造

1. 雪地音乐节

音乐是四季小镇重要的组成元素，贯穿在小镇的度假生活中。富龙集团力争将小镇打造成为充满音乐主题的度假小镇，雪地音乐节是推动音乐小镇的一个重要活动和标志。度假区打造雪地音乐节的活动，与四季小镇的滑雪运动相呼应，形成了中国独特的"滑雪+音乐"组合，也成为小镇冬季著名的旅游品牌。

2017年3月10日~12日，四季小镇与国际著名的科罗娜品牌携手举办了中国首届雪地文化音乐节。科罗娜是墨西哥著名的啤酒品牌，科罗娜日落声起音乐节是著名的沙滩音乐节，从沙滩搬到雪地也是对音乐节的一个重大改造。科罗娜雪地音乐节形式多样，包含DJ、流行音乐等。音乐节通过冰雪音乐节、室内音乐会、露天音乐节、国际音乐交流、音乐创客工场等多种形式将冰雪、音乐、美食、啤酒等文化融合，是对国内冰雪文化的丰富和发展。科罗娜音乐节期间，国内共发出2010篇报道，覆盖全国9大省级门户网站，100多个城市，总阅读量超过650万次，在国内产生了很大影响。

2. 中国大众滑雪技术大奖赛等赛事

中国大众滑雪技术大奖赛是我国规模最大的大众滑雪赛事，目前已举办两届，四季小镇就是大奖赛的主办方之一。为了增加比赛的国际化色彩，富龙邀请了很多国际滑雪健将以及雪团。滑雪健将在展示一系列高难度动作的同时，也向滑雪爱好者教授滑雪技能。2017年3月5日，中国大众滑雪技术大奖赛的总决赛再次在崇礼举行，决出了分为单板男女组别大小回转赛、双板男女组别大小回转赛、猫跳赛以及团体队形表演赛的总冠军。

2017年2月28日~3月2日，单板滑雪大跳台和坡面障碍技巧全国冠军赛在富龙滑雪场举办，开展男子坡面障碍技巧、女子坡面障碍技巧、男子大跳台、女子大跳台等项目。本次赛事由国家体育总局冬季运动管理中心、中国滑雪协会主办，张家口市体育局、富龙滑雪场承办，泰瑞智杰体育、Goski、雪山之王协办。赛事的举办对度假区的营销宣传作用巨大，是提高滑雪场、度假区知名度的重要手段。在未来的几个雪季中，富龙将加大赛事承办与营销的力度，努力成为中国著名滑雪赛事中的承办者，为传播滑雪文化做贡献。

2017年1月21日，四季小镇举办2016~2017探路者超级雪滑雪大奖赛，开启夜滑比赛模式，举办了男/女双板大回转、男/女单板波浪道（荧光夜滑）、亲子娱雪赛等赛事。此外，2017年富龙承办了世界雪日暨国际儿童滑雪节等赛事。为了吸引家庭客群，亲子赛、儿童赛等小型滑雪赛事也是富龙积极承办的赛事，富龙集团希望通过举办或承办各种赛事，提升滑雪场的影响力。

3. 开展各种娱乐活动

（1）冰雪嘉年华

四季小镇每年举办各种形式的冰雪嘉年华，2017年1月11日，度假区给冰雪嘉年华带来了新的创新，开展了"法拉利GTC4 LUSSO冰雪试乘试驾"活动，40余辆法拉利齐聚富龙滑雪场，上演了别样的雪地超跑盛宴。为了提高冰雪嘉年华的吸引力和关注度，度假区还举办了全新法拉利GTC4 Lusso T超跑的首发亮相仪式。

(2) 雪地圣诞节

借助各种活动、节庆来对度假区进行宣传营销，也是富龙度假小镇经常采取的方式。为了让游客摆脱传统的匆忙购物、吃喝宴请的圣诞节模式，在雪地圣诞节中体验新的休闲度假方式，富龙滑雪场在富龙滑雪大厅四季厅举办了第一届雪地圣诞节，开展了包含与圣诞老人合影、圣诞寻宝、家庭欢乐嘉年华、圣诞自助晚宴、中外小朋友隔空交互、圣诞心愿大猜想、手绘百米画布、圣诞姜饼DIY等活动。在具体的票价策略上，提供单人票、家庭套票，并对12岁以下的儿童免费。其中的一些活动，例如寻找藏宝图活动，让游客在酒店、温泉、滑雪场之间穿梭，实际上也是让他们对小镇生活有一番游览和体验。

(3) 跨年生活节

2016年12月31日~2017年1月2日，四季小镇在3.8万平方米的富龙滑雪大厅举办"2017跨年生活节"活动。富龙"2017年跨年生活节"把国家当下极力倡导和扶持的文创产业引入崇礼，希望通过文创与冰雪产业的完美融合，开启崇礼冰雪度假的全新模式。

"2017跨年生活节"以邻里创意市集为主要形式，以跨年晚会为重要内容，是一场集购物、休闲、狂欢为一体的家庭度假盛会。在为期三天的节日中，四季小镇每天开展不同内容的主题日活动。"2017跨年生活节"为诸多艺术家提供一个交流、结识的平台，吸引了众多的创意卖家和游客加入。四季小镇还将引入诸多商家进驻市集，每一位业主朋友都可以变身摊主，将自己的DIY手工艺品、珍藏的CD、滑雪器材、美食料理或带到市集上展卖，或与邻里互换。这里还特别设有儿童摊位，小朋友们可以将自己的玩具、绘画作品拿到市集展示、互换。

除了创意市集，"2017跨年生活节"还举办了家庭主题日及世界主题日等活动。在家庭主题日活动方面，开展专为家庭与孩子设置的亲子互动游戏、小丑表演、幸运抽奖、泡泡秀等精彩互动游戏。在世界主题日方面，开展爵士乐、风情舞、萨克斯等具有世界文化风格的活动和杂技、国粹等中国特色文化活动。跨年盛会是最震撼人心的环节，包括了名师主厨的晚餐、花样调酒师的精彩表演、乐队精彩的演唱、200位滑雪指导员的表演等活动。

4. 冬令营

儿童是四季小镇的重要的定位客群，富龙在2016~2017年雪季开办了6期冬令营，通过举办主题活动，让孩子接触自然，认识新朋友，培养孩子的竞争意识及团队意识，锻炼身体的协调性，提高身体体质。

在举办儿童冬令营时，四季小镇可以提供独特的服务。儿童可以享受"滑雪+温泉"的组合套餐，可以参与夜场滑雪，可以在滑雪模拟器上训练。在冬令营期间，度假区为儿童的衣食住行都做了精心的准备，在安全、医护、师资等方面提供了保障。幼师具备多年儿童照管经验，对儿童实行全程监护；指导员都通过了国际、国内的认证；每6~10名学员配备一名生活老师，培养孩子的合作意识；医务人员具有专业儿童医疗背景，冬令营期间全程随队。

（四）品牌战略

品牌是一个企业的无形资产，是企业整体形象的展示。富龙集团积极树立集团品牌形象，搭建传播平台，构建运营体系，致力于成为专业的城镇运营商。

1. 品牌定位与战略

富龙集团将品牌目标设定为中国最有影响力的城镇运营商，建立起城镇运营品牌整合传播体系，体系整合了旗下6个区域10个精品小镇项目，并采用全新的企业LOGO，利用品牌传播工具进行大规模的宣传。

具体来看，集团采取从 LOGO 系统化以及项目名称系统化两个方面来推行其品牌战略。在企业 LOGO 系统化方面，富龙集团根据企业的国际化定位理念，梳理制定企业全套 VI 体系并全面运用到企业品牌的展示出口，实现企业品牌出口统一化和规范化，这是国际化企业的基础。在项目名称系统化方面，实现同一产品线项目案名统一化输出，给予市场更强的产品力认识，形成项目认知出口。

客户会关注富龙集团多元丰富的休闲度假产品和贴心的服务，合作伙伴会关注企业的信誉、管理水平、业务能力以及经营情况等，政府则比较关注富龙所承担的社会责任情况、就业情况、贡献税收情况、带动当地经济的发展等情况等。品牌的提升需要各个环节的共同努力，富龙集团针对客户、政府及合作伙伴的关注点打造品牌形象，实现品牌传播。

2. 品牌提升手段

品牌战略的实现离不开企业自身服务能力与运营能力的提升。富龙集团不断加强服务能力与运营能力，对服务运营的各个环节进行细化、优化。

（1）服务力提升

制定专业标准：全面梳理、制定服务标准、服务手册，提升物业基础服务能力；提高物业员工职业素养，从用工招聘入手，通过岗位培训、考核、绩效管理等办法，进一步提升服务水平；构建服务平台，开发完善的物管服务 APP，有效快捷地满足客户的需求，同时利用 APP，实现物业与业主间的高效互动，增强物业与客户的信任感和黏性。持续开发新的物业服务内容，实现更多增值服务收益。

（2）运营力提升

富龙集团通过社群基础、数据平台、整合运营以及外部整合等方面来提升自身的运营力。

社群建设——组建各种业主兴趣群，对群进行维护和管理；组织各种业主群活动，持续提升业主满意度及黏性。

数据平台——搭建大数据平台及系统，形成预定中心，对小镇内各业态资源进行整合；对运营数据进行收集汇总并分析。

整合运营——对小镇内及集团下各项目内部资源进行整合、调配，全面提高资源使用效率；制定并执行全年活动计划，保障小镇客流。

外部整合——针对性地进行高端对位品牌的合作洽谈，以滑雪场及自有资源进行资源互换，提升业主权益，使业主随时随地都能感受到富龙良好的服务。

3. 品牌推广渠道

富龙集团充分利用企业自有平台、媒体平台以及跨界融合来对本集团进行整体的宣传推广。

（1）企业自有平台

企业展示平台——企业官网/项目品牌区。选择优越位置打造雪主题或度假主题咖啡厅，作为室内开放式沟通空间；在室内屏幕实时传输滑雪场滑雪或海南度假风景，提升客户视觉舒适度；使用电子设备进行项目演示；建设举行小型发布会及社群活动的空间功能。

企业互动平台——企业APP或结合官微服务号。利用自有平台与客户沟通互动，如公布政策、进行问卷调研等。

企业发声平台——软文/订阅号。加大对外的多维软性内容传递和解读，通过跨界媒体平台进行多频释放，同时利用订阅号进行品牌故事与项目故事的对位圈层传播。

企业内部平台——企业管理系统/客户通讯。作为内部发行的资料，可以使员工及业主及时全面了解企业动态、理念，也可以作为市场推广时的重要材料。

（2）企业跨界合作沟通

国际范围内对位品牌合作平台。以品牌理念为核心，建立对位国际品牌合作出口，甄选优质品牌进行合作洽谈，利用现有滑雪场、度假等优质资源进行深度互动合作。

（3）新闻发声平台沟通

全国重要城市媒体关系平台。2017年的工作核心是全面渗透重要城市的重要平台媒体，维系企业全国范围内的良好口碑，提升品牌或项目的市场曝光度，为品牌传播带来最有利的支持。

4. 内外品牌培育

（1）品牌对内培育

岗位动作系统化标准—从客户接触点入手，对与客户体验最为密切的销售、客服、滑雪场服务、财务窗口等岗位制定全流程化、标准化的动作；对新员工进行系统化培训；全面实现企业专业化、标准化管理，逐步增加培训部门进行管理的领域。

岗位人员自我培养与输出—富龙集团在全国布局之后，认为团队培养和快速复制更为重要。2017年要打造完整的团队，筛选优质人才，提高准入门槛，落实精英人才培养升职平台计划，打造核心标杆团队，及时补充和迅速代培新团队，使企业又好又快发展。

全员培训—针对集团内各部门开展企业文化、项目规划、运营理念、品牌形象等系统培训，提高全员对企业和项目的了解，增加员工的忠诚度和荣誉感；使所有接触点给客户的品牌感受是一致、统一的。

富龙集团形成了跨区域项目管理的标准；形成文旅项目核心产品的标准；形成文旅项目运营服务的标准。

（2）品牌对外培育

富龙集团充分整合线上推广渠道，借助项目各节点实现全方位项目形象输出，吸引各界关注，并引发市场热议。主动参与世界级或各行业顶级峰会和展会，全面展示与呈现品牌力、项目力，为后期寻求高端合作打下基础。富龙先后参与了新城镇发展行业高峰论坛，冰雪行业论坛。

富龙集团对外树形象、立标杆，保持崇礼地区主流媒体评价前三甲的地位，业内评价与客户口碑在数据可量化范围内保持第一。富龙集团建立的品牌优势在带动地区经济与就业等方面效应显著，为区域扩张和获取土地奠定了基础。

B.8 南山滑雪场

摘　要： 南山滑雪场服务于北京市庞大的滑雪客群，多年来以切合自身市场定位的差异化战略为依托，可持续地发展、更新滑雪场的软硬件，经营多年赛事从而有效积累消费黏性，通过对消费信息整合以及反馈，做到经营战略的不断修订。本文通过剖析南山滑雪场的产品结构、成本结构，以战略眼光审视南山滑雪度假村的市场竞争力，目的是深入阐释南山滑雪场布局儿童、青少年滑雪市场的战略意义。

关键词： 差异化战略　滑雪社群　滑雪场管理　南山滑雪场

滑雪产业在国家各级部门号召以及从业者的积极推动下，已成为大众运动重要的一环。北京密云的南山滑雪度假村位于南山的北斜坡位置，风景秀丽、气候怡人、区位优势明显。与周边滑雪场相比，南山滑雪场雪道设施、其他设施更加齐备，拥有超过2500个停车位，满足同时接待6500人的游客容量，是大量城市居民可当日往返的近郊滑雪场。该滑雪场门票价格虽略高于周边，不过雪票价格几年来稳定在200～400元，对核心消费者有着较强的黏性。北京南山滑雪场历经15年的稳定经营和发展完善，已成为首都周边知名冬季娱乐度假地点之一。

图 1　南山滑雪场平面

一　南山滑雪场经营基本概述

（一）整体介绍

南山滑雪场客户消费群体定位为大众滑雪爱好者和一定比重的专业滑雪者，场地专业化程度较高，高级、中级、低级、雪道以及教学和娱乐雪道总共有 25 条，另有野雪公园和南山麦罗公园填补南山雪道设置的不足。逐年新建改建的雪道还包括国内滑雪界著名的猫跳滑雪道（Mogul Slope）以及波浪道，丰富的雪道资源吸引了大量挑剔的滑雪高级玩家；根据市场信息新增儿童滑雪教学道和专业魔毯，以满足家庭滑雪客群的需求，提升场地服务友好度；较高难度的极限雪沟，该雪道最大坡道 35 度，为追求技术提升的登山滑雪运动者、野雪玩家提供进阶场地，在高效率保障安全的场地环境下玩家可进行专业训练；在雪沟雪道的下半段建立针对青少年的训练场，配合相关专业配件相对独立运营。

在乐趣性较高的戏雪项目方面，滑雪场使用德国品牌的旱地雪橇，建设了9座高架桥以及1条百米隧道，全程1.4公里，从山顶蜿蜒至山脚以保证优质的雪上体验。其他类型老少皆宜的家庭娱乐雪地项目、雪地飞碟、爬犁等也都无需进入雪道即可以轻松游乐。南山滑雪场积极主动满足各层级滑雪爱好者的需求，每年定期在不同雪道上举行各种主题活动及专业赛事，从而树立了良好的市场品牌。

北京周边滑雪季仅有两个半月，个别年份有可能全年无降雪。南山滑雪场的运营战略目标是以较高质量的人工造雪（较蓬松且体感较厚）服务消费者。南山滑雪场初期就从奥地利原装进口雪炮和雪枪，于2015年增加瑞士雪炮4台、压雪车4台，其中一台用于专业整理麦罗公园地形。需要明确说明的是，当年全国仅有410台压雪车，可见南山滑雪场对雪道质量的严苛要求。为满足消费者的滑雪需求，3条滑雪缆车贯穿不同雪区，方便滑雪者以滑雪状态并根据身体体能自由更换滑雪线路，也避免滑雪者在滑雪场某些区域过分聚集。南山滑雪场有拖牵14条、魔毯7条，雪道运载能力已提升至每小时17000人次。

南山滑雪场相对远离市区，周边资源难以满足消费者需求。滑雪场服务大厅在装备出租的功能基础上逐步设立商业广场，集合了餐饮、商店等服务功能，并在设计感官上与滑雪场相融合。消费者高度聚集的滑雪服务大厅以石木结构的欧洲建筑风情直观体现出雪地浪漫特征，以7000平方米的面积容纳消费者，还有另外两个不同功能雪具大厅以分流客流。雪具大厅也是滑雪者聚集交流的区域。南山依据多年实践经验，在高峰期开设40个雪票售卖窗口，引入电子化管理体系，建立网络官方销售渠道，仅出租服务配套使用终端就有设备80台；雪鞋滑/雪服 - 存衣柜 - 雪板/雪杖三个关联管理的流程化服务贴合游客需求；近8000种进口雪具以及各款式号段的滑雪服、滑雪镜、头盔手套等，为各个年龄层、各技术阶段的滑雪者提供了优质装备租赁，做到物品安全保障、有序快捷。这些在滑雪热潮来临前的硬件配置，一般规模的滑雪场是做不到的。南山滑雪场装备硬件的整体配置升级来自消费者"一板难租"的困难；深层原因是其需要不断引领滑雪运动新浪潮，升级周边配置以满足消费者的需求。

（二）南山教学品牌的建立与影响

教学培训与推广相融合，无论是硬件设备实际采买还是滑雪场软件配套，南山滑雪场一直致力于滑雪运动的普及和推广，希望成为滑雪爱好者的培养地和滑雪产业消费者流量的入口端。南山滑雪场开设的专业滑雪学校契合了滑雪爱好者的普遍需求。滑雪学校起步阶段开设成人初级滑雪和儿童滑雪课程，经过16个雪季，滑雪学校越来越专业化、规范化，指导员团队整体素质较高，滑雪技能以及教学服务令人信服。学校教学成员约有160人，大量吸纳曾在国家大赛获得成绩的退役运动员和经验丰富的职业竞赛教练员，学校教育中坚成员都是在瑞士、新西兰等国通过国际滑雪联盟指导考核并取得等级认证的专业人才。除此以外，滑雪学校聘请专业学院培养的高水平高学历人员，北京体育大学、首都体育学院是其主要人才资源地。冰雪专业、运动专业以及英语专业的高校体育系毕业生的加入，极大地丰富了南山滑雪学校的人才构成，可以满足北京、全球滑雪玩家以及专项竞赛者技术提升的需求。

运营几年来，南山滑雪学校定期派教员去海外学习并经常邀请北美、欧洲的滑雪培训师前来讲学，目的是提升滑雪场指导员的整体水平。南山滑雪学校选择适当的时机，为核心滑雪玩家提供与海外培训师直接交流学习的滑雪体验活动。近些年滑雪指导员在单板新自由式以及儿童教育教程方面取得显著成效，越来越多的滑雪者选择南山品牌。滑雪学校在2015~2016年雪季配合国家体育总局完成对社会体育指导员的鉴定工作，并在北京市指导员职业技能挑战赛中夺得团体一等奖，证明了自己在北京周边20余家滑雪场中的教学实力。

滑雪学校教学价目表 △Ski/Snowboarding Lesson Price

滑雪学校双板教学价目表（散客） Ski Lesson Price For Individuals RMB元/人(P)

时间/人数	1人(P) 平日/周末假日 WeekDays/Weekend	2人(P) 平日/周末假日 WeekDays/Weekend	3人(P) 平日/周末假日 WeekDays/Weekend	4人(P) 平日/周末假日 WeekDays/Weekend
2 小时(H)	260/350	200/240	150/170	140/160
3 小时(H)	350/450	260/300	180/230	170/190
4 小时(H)	440/550	300/350	230/260	190/220
全 天(1D)	750/900	450/500	300/360	260/320

注：滑雪学校教学费另加收10%服务费。Plus a service charge of 10% for all ski lessons.
教学超出四小时按全天计费。Up to 4 hours is half day fee. Over 4 hours is whole day fee.

新自由式及单板教学价目表 Free Style & Snowboarding Lesson Price RMB元/人(P)

时间/人数	1人(P) 平日/周末假日 WeekDays/Weekend	2人(P) 平日/周末假日 WeekDays/Weekend	3人(P) 平日/周末假日 WeekDays/Weekend	4人(P) 平日/周末假日 WeekDays/Weekend
2 小时(H)	280/380	210/260	160/220	150/180
3 小时(H)	370/490	280/330	220/280	180/240
4 小时(H)	480/580	320/420	280/350	240/300
全 天(1D)	950/1100	520/700	470/590	360/470

注：滑雪学校教学费另加收10%服务费。Plus a service charge of 10% for all ski lessons.
教学超出四小时按全天计费。Up to 4 hours is half day fee. Over 4 hours is whole day fee.
单板教学只限于同时教四名学员。4 persons limit per 1 snowboarding instructor.
新自由式教学（猫跳、公园、坡道障碍技巧）只限同时教四名学员。4 persons limit per 1 mogul or free-style instructor.

滑雪学校双板教学价目表（团队） Group Ski Lesson Price RMB元/团(G)

时间/人数	5-10人(P)	11-15人(P)
2 小时(H)	800	1000
3 小时(H)	1000	1200
4 小时(H)	1300	1500
全 天(1D)	1800	2000

注：滑雪学校教学费另加收10%服务费。Plus a service charge of 10% for all ski lessons. 教学超出四小时按全天计费。Up to 4 hours is half day fee. Over 4 hours is whole day fee.

图2　南山滑雪学校教学价位

建立规范系统的滑雪教学体系是南山滑雪场重要的运营战略目标。南山滑雪学校的课程安排，引入了南山滑雪场的优势项目，设置了儿童滑雪、猫跳等项目。课程积极配合滑雪场多种竞赛项目，一定程度上做到了品牌积累与口碑营销。儿童滑雪市场容量是由家长带动的，特别值得一提的是南山滑雪场初期累积的核心滑雪玩家，他们的后代成为儿童滑雪者。滑雪满足了家长对儿童身体培养、挑战自我、提升自信心、健康成长的教育理念。南山滑雪学校针对儿童特点，采用寓教于乐的滑雪教学方式。与成人项目相似，南山滑雪学校在暑假举办儿童滑雪游学夏令营，组织滑雪青少年到新西兰滑雪和学习英语。夏令营青少年学员享受冰雪带来乐趣,深入体验新西兰风土人情,这种滑雪教学项目受到北京滑雪家庭的追捧。

(三)美食优势

南山美食营销战略成功地赢得了市场口碑。在滑雪消费市场中,美食已经成为重要的组成部分,南山滑雪场基建设施比较完善,不仅能满足会议食宿需求,在美食方面也别具匠心。在四人索道下站周边就有两大美食;南山大食堂的定位如其名称,供应各式中式餐点,提供点餐服务、快餐服务;苔露丝餐吧是欧洲风情的餐厅,提供西式自助美食。在快速消耗热能之后,相对实惠且较大分量的美食为大批量游客快速恢复体能提供了可能。科学合理的餐饮安排服务增加了滑雪者娱乐的时间。南山滑雪场还设有探路者(Toread)户外咖啡吧、大花堂东北菜馆以及露天小吃等。这些餐饮区分布在滑雪场休息区等人员密集区域。南山滑雪场逐渐成为全世界雪上文化交流的平台。

二 南山滑雪场市场战略

(一)差异化战略配套服务,近郊滑雪场服务理念

北京滑雪市场现阶段陷入增长停滞,2016年同比增长仅为1.2%,出现放缓的趋势。北京滑雪市场在中国大陆市场的增幅是最低的。伴随增长停滞而来的是低迷的市场情绪,通常直接导致理性投资避开北京近郊。随着滑雪场的发展,同质化竞争现象规律性出现势必引起价格战略调整,最终出现马太效应,小滑雪场的客源不断被主要竞争者吸引。

场地设施和服务的综合体以及非具象的人文景观对滑雪爱好者具有吸引力。拥有适合自身的市场战略是南山滑雪度假村16年来保持竞争力的根源。市场战略关注品牌的差异化发展，这也是经过市场选择以及市场考验的。南山在2016～2017年雪季接待的游客总人次为20多万，已连续3个雪季缓慢增长，若保持此态势，在北京冬奥会前很难稳定突破30万人次。随着冬奥会的临近，北京市内以及周边势必会不断出现不同规模的雪上经营项目，直接影响南山多年经营的非雪道雪上项目。同时，南山因临近北京，无法通过简单的扩容来缓解客流量压力。在Goski的全国统计中，南山滑雪场在用户选择中排在第五位，而北京市范围内的其他22家滑雪场，都没能进入前10。滑呗运动数据分析显示，南山滑雪场区域内使用滑呗软件的消费人数为1024位，记录的滑行总里程数为18128公里，人均里程数为18公里。与南山区位相同的渔阳、军都山滑雪场的记录人数仅在340左右，记录总里程不足6公里，通过对比说明其他滑雪场对北京市核心滑雪者的吸引力不足。一个建立在近郊的滑雪场从区域内脱颖而出，与张家口市崇礼区大型滑雪场有着相似的竞争力，单独依靠竞争力保证是很难做到的。

劳伦特·凡奈特在《2017全球滑雪市场报告》中认为，美国的一些滑雪场离市区相对较远，区位优势难以直接转换，自身特点不足，滑雪者逐渐流失。总结滑雪市场现状，不难发现滑雪度假一体的消费模式越发清晰，玩家群落逐渐形成一些固定行为模式。在国务院46号文件发布之后一系列政策利好的带动下，许多实际效果不好的雪上项目仓促上马，争抢挤占市场空间。这些项目往往没有市场调研分析以及后续配套服务战略，使用行业破坏性的低端硬件和服务，对行业产生负面影响。这些新建雪上项目并没有直接影响南山滑雪的品牌影响力，这也与南山寻找到契合自身的并坚持执行的运营战略密不可分。战略概念本身是差异化概念，通常占到全局重要性的一半①。企业要么让自己的品牌在顾客心中占据位置，做到与众不同，从而更好地创造价值，要么就面临因无法赢得顾客而逐渐消亡的惨淡结局。不难发现，成功都是通过结合自身，展开独一无二的战略的方式而赢得的。企业的目标是客户，对其进行营销和创新营销方法可直接产生盈利，营销是企业重点突出的职能。

（二）主题活动营销

针对核心滑雪玩家的随机调查发现，若想进行猫跳训练、滑雪技术提升，多数滑雪玩家会选择北京南山滑雪场，这一现象，具有全国普遍性。大多数具有5年以上运动经验的滑雪者对于南山滑雪场的赛事以及活动可以娓娓道来，其品牌营销深得核心玩家的喜爱。南山滑雪场每年固定举办6大主题活动，滑雪时尚发布会、春雪光环节、儿童滑雪赛、自由滑雪双板公开赛、业余猫跳赛、南山公开赛。最具影响力的非南山公开赛莫属，这一赛事是国内举办时间最久的单板滑雪国际赛事，从2003年几十位爱好者为一箱酒的聚集比拼逐渐壮大发展，至今已成为亚洲最高级别最知名的单板自由式滑雪比赛。这种随心生活态度、表达个性的传奇故事在不同滑雪玩家群落中口口相传。再加上每年南山公开赛赛程变化莫测，多元多样的新鲜看点多，旺盛的赛事生命力持续不断的吸引消费者关注。南山公开赛不断地地更新，依旧保持着单板滑雪文化特色。花式多样的滑雪动作彰显个人风格，使人体会到简单快乐的运动理念。

南山猫跳比赛早已成为双板爱好者普遍关注和参与的赛事，并吸引大量单板爱好者挑战双板技巧。猫跳滑雪细分为三个关键点，回转技术、空中动作以及速度，对在陡坡且是障碍雪包的技术要求

---

① 杰克·特劳特、史蒂夫·里夫金：《与众不同：极度竞争时代的生存之道》，顾均辉译，机械工业出版社，2016。

相当高。一套熟练的转弯技巧，选取路线，保持跃起空中姿态，这些对滑雪爱好者来说都是一个个进阶项目。在猫跳雪道 35 公里的时速下，每秒转弯至少两次，只有挑战成功才能真正"毕业"。南山对中国双板自由式滑雪的发展有着巨大作用，南山举办的赛事已成为国内规模最大的大众滑雪赛事之一。随着参赛人数逐年增加，水平逐年提高，商业合作不再局限于装备品牌、国外品牌。近些年，加拿大驻华使馆直接赞助猫跳赛事，以吸引高水平滑雪爱好者。

南山针对儿童、青少年的低幼年龄层滑雪项目，也是其差异化经营的重点。南山为其设置专业或大众赛事，年龄因素不再阻碍很多滑雪爱好者参与能力所及的竞赛。2016 年南山举办第二届南山儿童滑雪赛，虽名为比赛不如说更像全家共同体验滑雪乐趣。比赛针对儿童实际情况分为学龄前、小学低龄组、小学高龄组，并提出在当季雪季内有至少 10 天练习的硬性要求。在比赛前一天，南山邀请 SAL 滑雪认证的日籍教练小林仁为儿童选手们讲公开课，为小赛手们集中培训，针对旗门赛做细致耐心的讲解。

少年公开赛的赛事性质则与儿童赛不同，2017 年 1 月底由北京市体育局、北京市教育委员会主办 2016~2017 年北京青少年滑雪比赛开赛，此次赛事单板双板参赛人数超过 200 人。这一赛事正式采用国家体育总局冬季运动管理中心审定的最新版《国际雪联高山滑雪竞赛规则》，对于运动员资格以及成绩仲裁过程都做出了严格规定。在赛前一个周末，南山依旧邀请国外职业教练员为选手们做交流指导。

青少年赛事是推广滑雪运动重要接口，南山推出免费的赛前培训、比赛日部分免票的活动，是一个不错的经营战略决策，兼顾组织便利、展现滑雪场能力、灵活性以及成本效益，更重要的是这种选择符合企业经济的战略目标。换言之，以经济利益为根本目标可能不是最好的选择，组织赛事既满足项目目标又相对容易管理，可能是最好的市场推广。这有益于培养滑雪市场新生代，提升南山滑雪场在年轻社群内的影响力。

新西兰滑雪夏令营是近两年南山新增的青少年活动之一。滑雪对于8~14岁的孩子是相对高强度体育运动，同时出国体验又是对孩子各方面能力建设。2017年7~8月青少年暑假期间，新西兰的游学夏令营如期开展。新西兰CARDRONA滑雪场的滑雪培训教学体系非常完善，专业技术方面单双板分级教学，逐渐成为成为中高水平滑雪玩家的海外滑雪度假目的地。

南山积极举办各种不同类型的活动，尽力探索挖掘滑雪场服务的空白区域，以先发优势快速抢占市场空间，开发新的场景式服务。场景化服务可引导滑雪人群保持、遵循在旧有滑雪行为的运动生活、消费惯性，以较低的消费者转换壁垒。场景式的整体感受逐渐成为南山滑雪文化的重要组成部分。一个文化符号的场景映象直接唤起滑雪爱好者的体育运动消费习惯，逐渐形成南山滑雪群落文化增强个体消费者黏性的局面。营销战略重点打造有差异化关联性的场景式活动，其构架结构契合滑雪市场定位战略。战略总布局的投入符合Pareto法则（80/20法则），以可控可靠的依托战略和管理来推进活动项目向着成功有利的方向发展。专注而不分散的步步为营的营销战略，是南山滑雪度假村广受好评的关键之一。

（三）可持续经营理念——雪道配备

执行差异化战略的品牌更侧重于产品创新，倾向于以小规模提供高附加值的特色服务，拒绝同质化或趋同的低附加值的可替换服务。南山滑雪度假村立足于完善的基础运动服务，为广大滑雪爱好者提供一定规模内最好的服务。市场行为为消费者提供各个类型的雪道，经营目标为提供各年龄层的家庭客户的全家雪上运动的场地。丰富的雪道设置是一个整合滑雪类型的平台，不间断地硬件改造以及年度更新，新的机遇提高了滑雪者的黏性，可以保持消费者对滑雪场核心体验的较高关注度。

南山滑雪场在国内最早开始初级滑雪教学，并在几年运营中不断完善改造以及细分教育区域设置。初级教学区划分为单板和双板技术教学区域，针对不同技术，场地做了优化，从而最大限度地保障滑雪教学、技术练习的安全。双板的初教区在滑雪场的东侧，有两个相对宽阔平整的区域，坡度平均在8度，符合双板初阶技术练习。为让初学者有更好的滑雪体验以及保持学习时的体力，滑雪配置了2条拖牵、1条魔毯。针对单板爱好者人数偏多、场地拥挤的问题，南山设立两个区域，初教一区在雪具厅南面、二区位于麦罗公园北面，两者相互独立。两个区域的单板初学区雪道坡度均为8度左右，共配置4条拖牵、1条魔毯。综合多种原因，为儿童和少年滑雪进阶练习而建立两条独立雪道，配备了孩子们喜好的魔毯。重视滑雪初学者，成为形成南山滑雪场良好口碑品牌的影响因素之一。

初级滑雪道是真正将体验性滑雪转化为学习型滑雪者的地方，运动属性的系统性提升满足了滑雪爱好者的进阶需求。南山的初级滑雪道相对专业，拥有直道、小S道、大S道三种类型。直道配备2条大拖牵，两条S道各配置1条缆车，挑战性、乐趣性综合体现在初级雪道上，滑雪运动迷人的魅力由此展开。中级雪道总共有3条、坡度均为17度。老中级道见证了南山的发展历程，早期就已装备双人缆车，逐渐成为南山老玩家充满回忆的雪道。南山陆续扩建新中级道、西中级道，并提升了10%的难度。这些雪道以及之后新建的极高人气的猫跳道，都配备了大型缆车，成为当时北京市范围内唯一拥有3条架空缆车的多类型中级滑雪区域。自由式单板爱好者对于中级道评价极好。

猫跳道主要在中级道上端，对于勇于挑战小回转的滑雪者，猫跳道成为新型娱乐区域，配备的大拖牵免去缆车排队的麻烦。猫跳玩家像猫或兔子般在起伏的雪包中跳跃穿梭，炫技般地展示滑雪技术动作，吸引途经缆车的滑雪者，随之而来的爱好者络绎不绝。波浪练习道是5个连续的小跳台，设置在中级道下端以保障安全速度。滑行波浪道获得的感官刺激较之前有极大提升，滑雪者会有多种表达方式，张嘴大叫是习以为常的情感释放方式。高级猫跳道与老中级雪道的沧桑感不同，被广大滑雪爱好者戏称为Black Devil，冠以绰号无非是表达对这个雪道的热情。32度的坡道、布满雪包，对挑战者有着较严苛的技术考验。

挑战野雪的爱好者在南山也能得到满足，南山经营者因地制宜设置一些散落圆木，天然障碍物，小屋屋顶等。知名的南山麦罗公园里的大跳台、小跳台和人为的障碍物等经典游乐项目，依旧带给游客冒险、刺激、开心。"痛苦着、快乐着、飞翔着"是对南山非常规玩雪区域的最好评价。戏雪乐园的出现满足了雪上娱乐休闲兼顾体力恢复，设立了爱斯基摩雪堡、爱斯基摩迷宫捉迷藏、六角柱、月牙垫嬉闹等项目。

不难发现，长期执行差异化战略的南山滑雪度假村可控创新性更加明显，与其他滑雪场的差别满足了顾客对雪上新鲜事物的需求。运营管理方成功地获取新市场新受众的期望，通过有固定生命周期的更新换代，促使企业辨析项目、响应外部宏观环境的变化，最终得到信息反馈①。南山滑雪场对硬件附加值的提升得到市场良好的反馈。南山多年不间断地开发雪上产品，重点关注产品技术含量的提升，供给显著独特性的产品。鉴于儿童与成年人的差别及各个技术层级的差

---

① lMartin, J. and Fellenz, "Organizational behaviour and management", *Andover*: *Cengage Learning*, 2010.

异,南山通过精细化细分方式提供了不同属性的产品服务。对于滑雪场度假村出现的产品同质化,竞争力趋同的现象,这些战略倾向于提高技术含量。南山过传播广泛的雪上项目以及项目赛事,保持了滑雪爱好者衍生业务的适用性、衍生社区的话题热度,从而增强自身在产业价值链滑雪者引入入口端的影响力。经过多年市场积累,南山滑雪场已成为几大互联网热门社群Goski、滑雪族、滑呗讨论中的热门滑雪场。

（四）消费信息反馈,完善经营配套服务

优秀的配套服务通常会提升消费者的品牌忠诚度品牌黏性,直接反映在滑雪场的消费额,间接增强品牌影响力。滑雪人群切身感受到友善服务,需求得到满足,积极的消费满意度由此而产生,品牌传播的口碑营销随之扩大,最终增加初次到访消费者。这一周期循环不断累积才是南山滑雪品牌脱颖而出进入国内一线滑雪场行列的原因之一。南山滑雪度假村对于消费者直接的信息反馈相当重视,网站、线上票务系统、移动端客户平台都是南山滑雪场获得客户反馈的渠道。滑雪场的专业人员将客户消费体验和满意度等信息及时反馈给管理层,并及时回复消费者关切的各类问题。经营管理方依据消费者反馈,每年对软硬件进行适度的改造升级,使消费者切身感受到需求不断被满足。

战略层面直接展示南山滑雪场对滑雪爱好者的信息应用。南山单一的雪具租赁场地经过几次变动,如今分为三大区域。团队雪具出租厅位于夏莱广场内,主要承接大型客团。为应对大批次人流,团队雪具出租厅设置了1500平方米的接待空间,做到潮汐式的服务人员安排,避免瞬间增加的客流影响服务质量。散客雪具出租厅位于主通道左侧,与团体出租厅雪具厅不在同一区域,精细化的安排避免同一区域大量聚集消费者致使服务压力激增。VIP雪具出租厅在散客二层,满足消费者多样化的需求。

南山餐饮服务一直引人称赞，是许多滑雪爱好者聚会的不二选择，也深受家庭消费的喜爱。中英对应的菜单，西方特色美食直接吸引外国滑雪爱好者；大花堂东北菜馆提供地道的东北美食。在愉快的滑雪运动之后，坐在热乎的火炕上，品尝杀猪菜、铁锅炖鱼、铁锅柴鸡排骨；新营业的探路者咖啡吧直接引入欧美菜色，主推金枪鱼三明治、牛肉芝士汉堡、板烧鸡腿汉堡，兼顾美味与蛋白质的补充。南山小吃既保持多样化欧美特色，又保证人群对营养摄入量控制。南山大食堂的中式快餐，搭配露天小吃广场的各国风味，能保障6000多名滑雪者的就餐需求。

南山滑雪场在北京市区一日往返距离内，然而对于节假日休闲客群来说几小时的车程并不方便。南山滑雪场提供两种欧洲风格的住宿：阿尔卑斯风格的雪顿木屋，营造温馨浪漫的居住气氛；挪威别墅为团队或家庭提供带有公共空间的舒适居住场所。

三　南山滑雪场经营战略差异化总结

南山滑雪度假村差异化的发展战略源自合理高效的信息反馈。全流程的滑雪服务可以更好地提升滑雪人群的满意度。以灵活的运营方式满足消费者需求，这样的管理理念贯穿南山十余年的发展历程。南山及时捕捉核心滑雪人群的消费需求，从围绕这项需求着手，激发核心消费者的热情，并通过良好的体验完成口碑营销，以友好的服务氛围黏合大众滑雪爱好者与滑雪场。

品牌文化对消费者渗透转化有着非常重要的影响，南山多次改善滑雪场软硬件，并将更多精力放在打造滑雪品牌文化中。对不同群体、不同技术的滑雪人群，提供针对性硬件改善和教学服务，反映出南山品牌友好服务的特点；以友善的运营战略管理方式创建一个友好的商业运营环境，培养消费者的忠诚度。细化服务不只是南山品牌战略管理策略，也是企业社会责任。积极地沟通以及信息反馈的流程机制，有利于滑雪场本身的优化改善，实现运营效率最大化。让不同阶段消费者的需求得到满足就是南山的品牌战略目标。

四 南山滑雪场经营变化总结

随着国家多部门的推广，大众滑雪已经成为群众体育健身的一部分。南山作为北京单日可往返的近郊滑雪场，为提供更优质的服务，依据经营需要，依据消费者信息反馈有针对性地做如下改进。

（1）重新配置场地资源。为减少众多初级滑雪者枯燥的等待时间，南山将拖牵升级换代为更舒适的魔毯。南山为极限雪沟下半段的青少年旗门训练场地配置独立拖牵，以便安全地使用设备，同时有效增加滑雪时长。

（2）细化餐饮品类。户外品牌探路者投资建设并冠名南山咖啡吧，提供更舒适的休息环境，轻松安逸的环境可以舒缓雪上运动的疲惫。所有餐饮开通手机支付平台，与北京市消费方式保持一致。针对室外烧烤等空气污染进行硬件改造升级，体现绿色环保的冬奥会生态理念。

（3）细化儿童滑雪教学培训。将南山滑雪学校的分层级教学模式沿用至儿童。对学员进行系统划分，分为初级、中级、提高级3个等级。课程针对儿童的特点，设计了内容丰富、寓教于乐的教学项目，让儿童真正体会滑雪的快乐。

（4）批量更新滑雪装备。更新单板150块、单板鞋150双、双板200副、双板鞋800双、雪杖1000副、雪镜800副、滑雪服500套、雪裤400条、手套1100副。至此南山滑雪场可供出租的滑雪板雪靴总量增加至7697套，其中包括一定比例的儿童滑雪装备。

南山滑雪场大事记

2001年选址开发、设计建设，建成国内首家单板U型场地，建成雪地摩托道、娱乐道、旱地雪橇项目。

2002年建成2000平方米雪具服务中心，开办中奥单板滑雪学校。

2003年开始举办南山单板公开赛、大众高山滑雪比赛、泳装滑雪大赛暨光猪滑雪狂欢节。

2005年建立初级双板教学区，优化波浪道设置。

2007年红牛赞助的南山单板比赛并升级为TTR 3星赛事，建成雪道扩建配套索道。

2008年举办NEF业余猫跳比赛，后山新建波浪道。

2011年持续改造高级道，举办南山十周年庆典；红牛南山单板公开赛升级为TTR 5星赛事。

2013年针对环境保护中的水资源消耗，投资兴建2万吨级蓄水池以及大型配套设施。

2016年对各级别猫跳雪道、大跳台进行升级建设；业余猫跳比赛十周年；ISPO多国滑雪从业者代表团到访，展开交流合作。

B.9
滑雪场的销售提升与信息化流通的相互关系
——北京雪族科技有限公司*

摘　要： 中国现代滑雪运动发展的历史较晚，滑雪产业还处于发展初期，其中各类企业在信息化方面的发展程度较低。企业信息化管理系统通过数据整合与处理建立了数字化的管理平台，对产品、市场以及消费者画像等方面做出及时、准确的分析。北京雪族科技有限公司成立于2014年，在其发展过程中逐步拓展了滑雪族、ISNOW滑雪族企业云服务、HIGH SNOW 三人接力赛等三个品牌。其中 ISNOW 企业云服务业务为雪场提供了各类信息化业务，在节约企业管理成本的同时实现销售额的提升。本文主要对中国滑雪信息化的发展、企业信息化管理系统以及雪族科技的 ISNOW 企业云服务业务做了相关论述。

关键词： 雪族科技　信息化　企业云服务业

一　中国滑雪信息化发展现状

当前滑雪场的竞争优势主要体现在资源、渠道以及信息三个方

---

* 本文作者为大命，雪族科技创始人、CEO。

面，呈现出资源决胜、渠道为王、信息不对等的特点。互联网的信息不对等致使滑雪场的业务销售不能够有效提升，主要表现为以下两点。

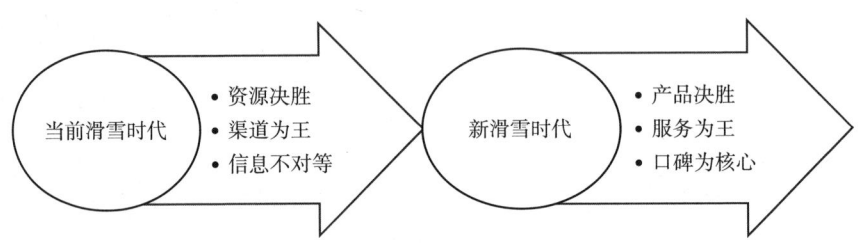

图1　不同时代滑雪产业的竞争优势

1. 产业信息化不对等、快速提升销售产品数据整合困难。在滑雪产业链的整个环节，滑雪场缺乏相应的数据；在面向滑雪者的过程中，滑雪场无法把握住滑雪者的消费画像；难以建立数字化的销售平台，无法对渠道以及产品进行系统的数据整合，从而随时进行调整。

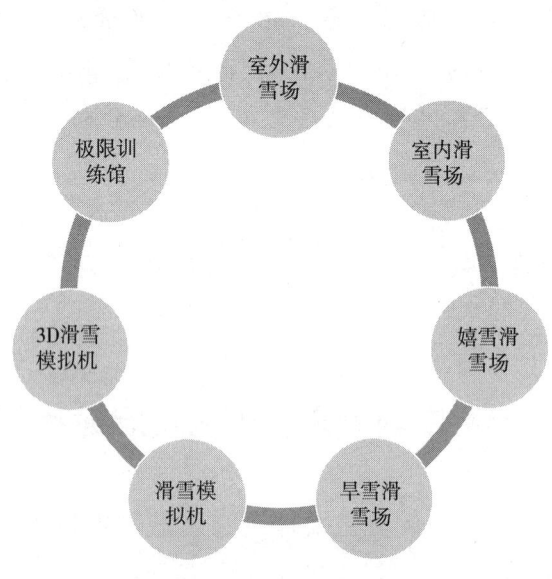

图2　滑雪场景变化

2. 信息化需求不清晰、重复采购增加管理成本。滑雪场的定位不清晰，对滑雪场规模、雪道的建设、雪具配备的数量等没有详细的考虑，导致滑雪场进行重复性的采购。

随着我国滑雪产业、互联网产业的发展，滑雪场的场景在不同程度上已经多元化发展。过去滑雪场的场景非常少，仅仅分为室内与室外滑雪场，将滑雪场以室内、室外、嬉雪、旱雪以及模拟机等多种场景来进行细分，可以方便对行业可挖掘的存量企业进行分析。

二　企业信息化管理系统

（一）ERP

ERP（Enterprise Resource Planning，企业管理系统）以计算机为核心，帮助企业通过信息化管理的方式，提升业务、财务、人力等供应链管理的水平。其优势包括：

- 便捷区域管理；
- 缩短作业时间；
- 提供准确报表；
- 内控管理严格。

ERP系统同样也存在一定劣势：

- 缺乏电子商务数据流通；
- 销售提升制约壁垒；
- 不全面了解数据扩展资源；
- 采购价格高，更新缓慢。

（二）SaaS

SaaS（Software－as－a－Service，互联网软件）是通过网络提供

的软件服务模式，可以方便企业通过互联网的管理行为来获取新型的企业管理服务。其优势包括：

- 无须购买；
- 无须维护；
- 更新迭代快速；
- 对用户跟踪便捷；
- 产品销售获取流量最大化；
- 降低企业信息化管理成本。

劣势包括：

- 用户资源第三方管理；
- 标准化解决方案。

（三）SaaS +

SAAS +是基于SAAS的服务模式升级，可以对企业产品数量进行整合，同步拓展流量的入口，帮助企业提升销售；还可以基于流量的标准化合作建立更完善的用户服务体系，让企业的销售流程更加便利。

（四）DATA TRAFFIC

DATA TRAFFIC（数据流量）可以帮助产品在互联网流通的模式下完成产品数据的流通组合，进而可以选择多渠道、多业态、多组合的模式进行这一流通组合，对可以放大的产品利益链条去做业务板块数据判断，从而调整经营策略。

（五）DATA MARKETING

DATA MARKETING（数据营销）积累的数据量将帮助企业做市场判断。不同市场的策略、对不同用户的策略以及对不同区域的策略，都是不同的数据组合完成闭环的业务业态。

（六）信息化功能分享

共享经济中，用户体验到的产品、服务、口碑是对我们过往产品的综合判断。通过对这些数据和用户行为轨迹的量化分析，可以即时调整自身的产品、服务，从而提升传播的力度。以产品和服务驱动企业发展，将是分享经济最直接的利益最大化的收益需求。

1. 滑雪学校的管理与应用

该应用只展示课程，不确定出导教练的具体人选，便于滑雪学校随机安排教练。该应用也可以由滑雪学校校长助理后台操作，使用前需要实际操作设置。

该界面中，教练有自己的技能介绍、资质介绍以及个人滑雪教学视频展示等信息。熟悉教练的用户可以在线上预约教练，教练也可以

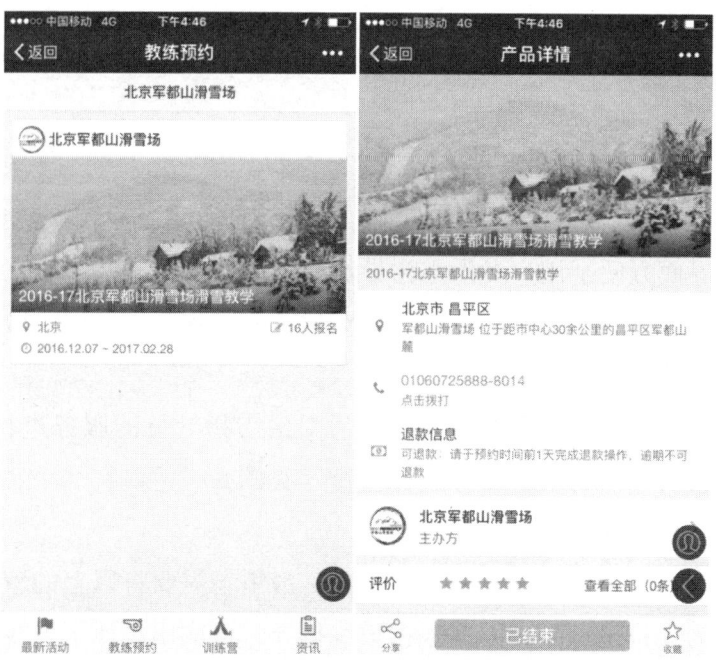

图3 课程介绍界面

通过电话安排订单,也可以即时了解自己被预约的订单以及用户对自己的评价(见图4)。

图4 教练个人管理界面

该界面方便了用户对滑雪指导员有深度的了解,并即时在线上完成预约。同时,通过展示以往用户对教练的服务评价,可以做到对教练服务的监督(见图5)。

该界面方便了用户在教学结束后对滑雪指导员的服务进行点评,同时对滑雪学校的教学服务进行监督(见图6)。

(1)线下教练管理

用户在滑雪学校柜台邀请教练前,滑雪场需要将以上的教练管理顺序作为大排班计划,因此根据教练排导,该应用设计了下线出导预订界面,方便滑雪场有效合理地安排教练出导。

滑雪场的销售提升与信息化流通的相互关系

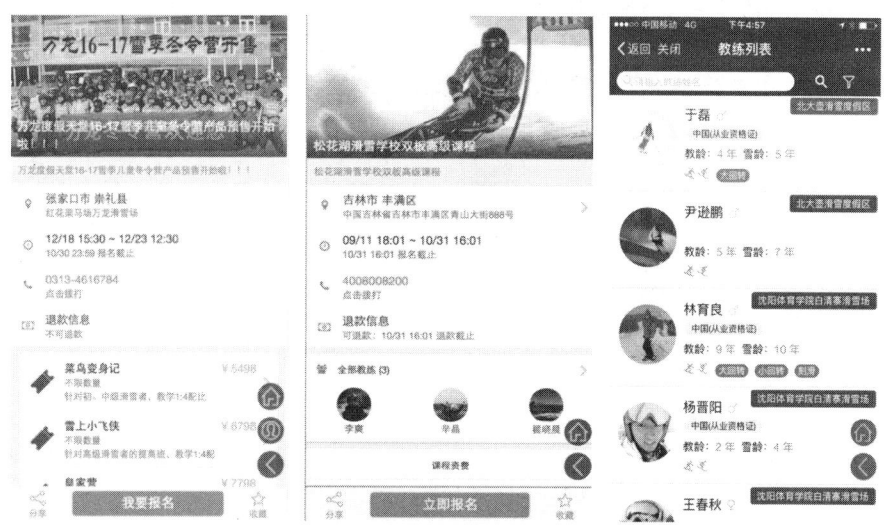

图 5　课程、教练选择界面

图 6　课程评价界面

①待出导与出导数据

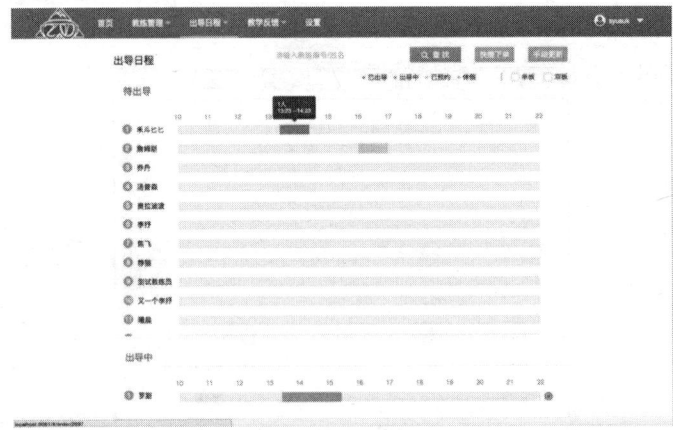

图7　教练出导管理系统界面

②滑雪学校队伍设计

图8　滑雪学校队伍设计界面

③滑雪学校当日完成数据统计以及历史数据统计

图9 滑雪学校管理界面

④滑雪指导员出导数据统计以及点评统计

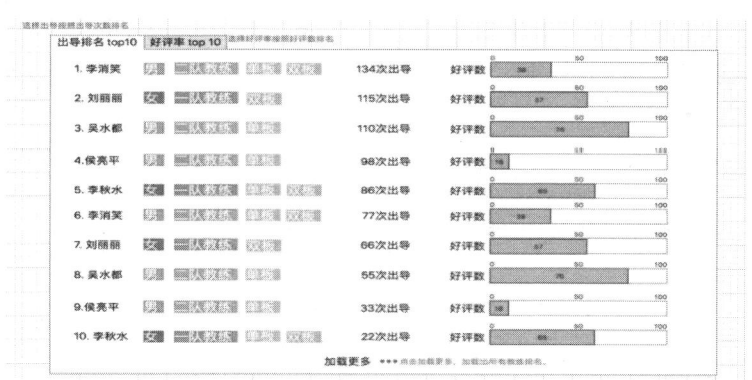

图10 滑雪指导员管理界面

⑤滑雪用户教学档案

建立监督机制，规范管理、规范流程、减少人员浪费。

（2）冬令营的管理与应用

便捷用户消费体验，提升管理效率，降低多元耗费。

图 11　滑雪用户教学档案界面

图 12　冬令营管理与应用界面

（3）数据的管理与应用

通过对历史数据的处理，能够看到滑雪企业的数据对比和产品对比，从而企业做业务调整的基础支持。

数据是滑雪企业坚持获取、分类、处理的结果，数据真正给予企业的支持是通过分析过去的服务，设计未来的产品。通过数据了解企业在市场的关注点，以及未来可开发的方向。数据使企业有了基础的

滑雪场的销售提升与信息化流通的相互关系

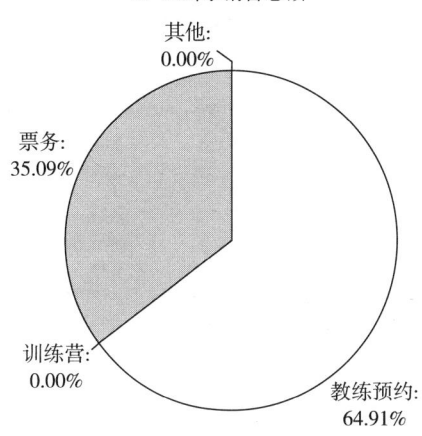

产品类型	产品数量	销售额	占比
教练预约	10	788654.01	64.91%
训练营	9	0.00	0.00%
票务	56	534421.12	35.09%
其他	4	3.13	0.00%

图 13 多种数据管理界面

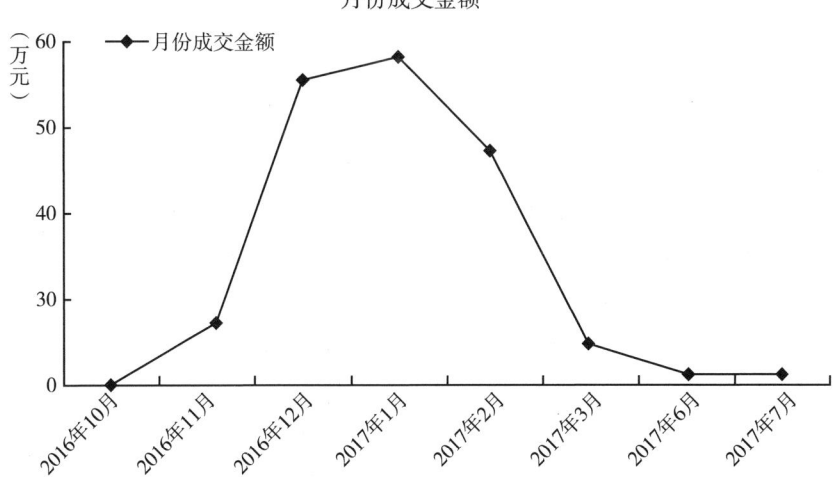

图 14 多种数据管理界面

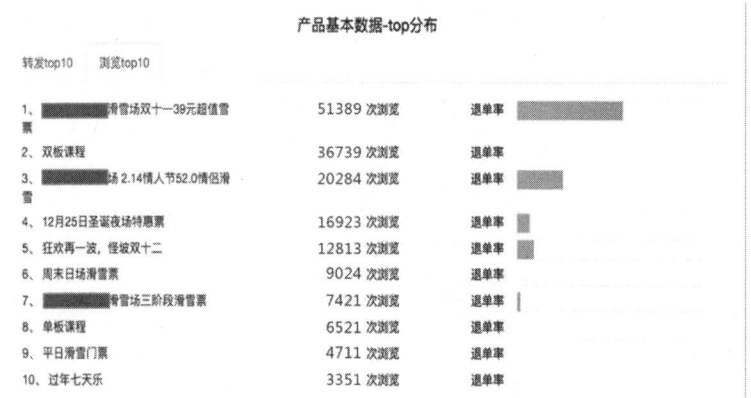

图 15　多种数据管理界面

信息支持。

（4）夏季项目的信息化场景与应用

一种应用，适合多种场景，完善滑雪企业四季的运营数据。

图 16　多种数据管理界面

一套应用，多种适用，让我们的技术支持可以完整地运营企业的四季业态。企业不仅能够得到冬季的产品数据、用户数据支持，还会有更多的未来重复开发的资源。

三　企业信息化管理带动业绩提升

通过滑雪族的云服务，企业可以提高营销效率节约管理成本、实现销售的提升。

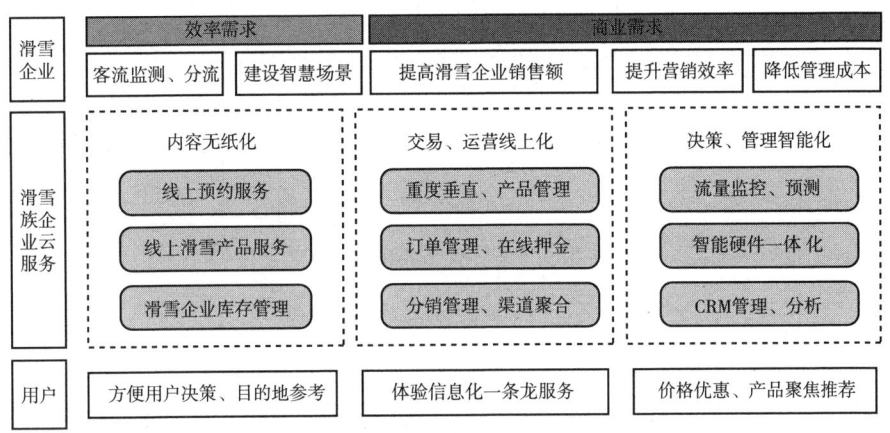

图 17

（一）节约管理成本

滑雪族企业云服务包括"内容无纸化"、"交易、运营线上化"、"决策、管理智能化"，包括了从"线上预约服务到代理"CRM 管理、分析"整个过程服务。通过搭建云服务的平台，向消费者提供一条龙的信息、推荐价格优惠的产品。同时，也为企业提供了消费者的数据信息，提高了营销的效率，减少了重复采购，降低了企业的管理成本。

（二）市场销售的多元化提升空间

1. 过去滑雪场的销售行为

过去滑雪场往往采取线下销售、旅行社代理以及一级票务代理的方式，其优势在于企业的销售稳定，还可以即时获取现金流。但这种模式也存在一定的劣势，如企业所获得的利润较少、用户数据匮乏、服务监督不到位、产品信息获取困难。

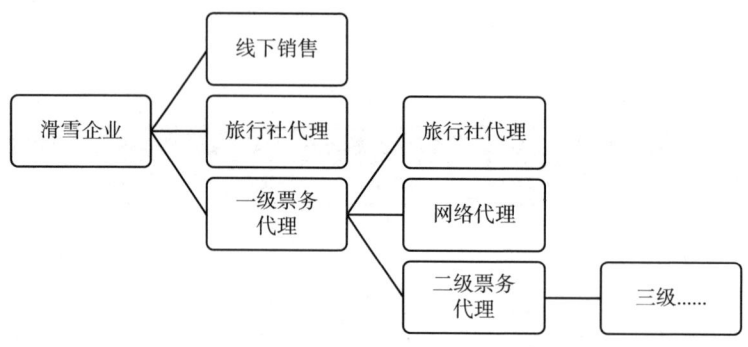

图18　过去滑雪场销售步骤

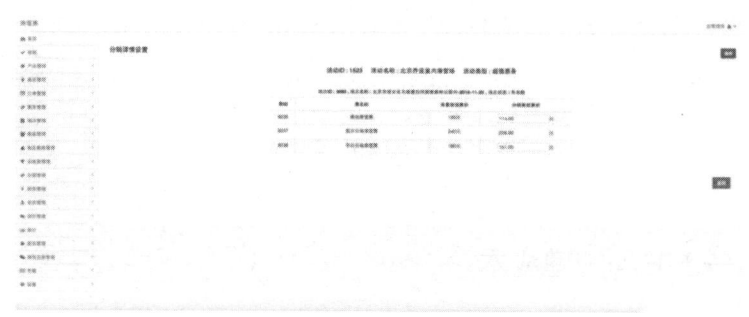

图19　新型滑雪场销售步骤

2. 新型滑雪场的销售行为

通过SAAS+的服务方式，将更多的流量（百度糯米、百度旅游、去哪儿、携程、美团、大众点评、阿里旅行等）资源便捷地导入滑雪场。直接管理的合作方式，便于滑雪场判断合作数据后在每一个平台做出不同的营销策略，还可以帮助企业对产品的制造、管理的监管以及流程化的服务做出深度的流程化提升。总体来说，企业可以获得下列优势：

- 滑雪企业利益最大化；
- 用户资源利益最大化；
- 产品流量便捷；
- 管理成本降低；
- 管理方式更新换代。

我国滑雪产业的信息化还处于早期的部署阶段，很多企业对此不了解，致使一些企业在信息化决策方面一筹莫展。中国的互联网高速发展，已是国际顶尖水平，一切的不可能都是可能的，雪族科技的目标是让正确的信息化理念给予企业正确的选择，让这个行业有新型信息化的帮助，让更多的用户了解滑雪运动、参与滑雪运动。

四　雪族科技介绍

雪族科技成立于2014年8月份，是国内首家垂直冰雪创业的科技互联网公司，旗下有三个子品牌，滑雪族、ISONW滑雪族企业云服务（滑雪场SaaS交易管理平台）以及HIGH SNOW活动IP（三人接力赛）。乘着2022年冬奥会的机遇和两年多的垂直行业发展，雪族科技已成为行业的标杆企业。雪族科技不仅推动了行业的文化传播、为行业管理制定了标准，方便滑雪场管理，还将赛事娱乐化，让全国7个省份上万名滑雪用户参与滑雪运动，将滑雪的快乐传递给了更多人。

伴随2022年冬奥会的成功申办，滑雪运动在中国飞速发展，雪族科技也必然成为助推行业发展的重要力量。雪族科技努力让不了解滑雪的用户随时、迅速、直接地了解这项运动；让滑雪企业更加高效地管理滑雪场；让参加不了比赛的普通大众能够享受滑雪运动带来的乐趣。现在是滑雪市场推广和普及的关键时刻，雪族科技尽力让更多的人去了解和熟悉这项充满魅力的雪上运动，为行业的发展努力。

ISONW滑雪族（以下简称为滑雪族）创立于2014年10月，是雪族科技以媒体为切入点，建立的第一个独立的滑雪运动媒体平台，其宗旨是让更多的中国人领略滑雪这项技巧和速度并存的项目。该平台上线一周，就获得了1000多位种子粉丝关注，他们中有很多都是在滑雪产业深耕多年的元老玩家和从业者，这些种子粉丝在之后的很长一段时间内，为滑雪族带来了行业的认可与口碑的传播，奠定了滑雪族在行业媒体中的领先地位。我们对所有关注、支持滑雪族的粉丝表示谢意，没有他们雪族科技也无法在使命道路上迅速前进。

图20　滑雪族媒体平台电脑界面、手机界面与LOGO

大众赛事IP：HIGH SNOW三人接力赛

冬奥经济推动了规模庞大的用户群养成，单一的专业竞技虽然有一定的观赏性，但是由于竞技门槛较高，大部分用户无法参与其中，体会民间赛事的乐趣。既然HIGH SNOW宗旨是让更多的用户参与大众竞技运动，那么HIGH SNOW就打造范运动的概念，让更多的用户参与到大众娱乐竞技中来。

滑雪场的销售提升与信息化流通的相互关系

HIGH SNOW 滑雪三人接力赛已经成功举办了三年，让大众娱乐竞技更加贴近滑雪用户，也让滑雪运动发展出了娱乐化商业模式，不仅跨界与百度、蒙牛等品牌合作，还获得了河北省体育局、辽宁省体育局的支持，让 HIGH SNOW 滑雪三人接力赛能够在全国推广。

ISNOW 滑雪族企业云服务是垂直滑雪场景的 SaaS（互联网的软件）应用，主要用来提供滑雪企业微信与 PC 服务应用的解决方案。

图 21　HIGH SNOW 三人接力赛过程解析

图 22　滑雪族企业多种功能

1. 滑雪族企业云服务功能介绍

滑雪族企业云服务可以提供雪票、教练、活动、CRM、酒店、冬令营等六大活动，为企业提供决策优化的服务（见图24）。

2. ISnow 企业云服务的意义

ISnow 企业云服务完善了滑雪企业的信息链，打通了用户与滑雪

图 23　滑雪族企业云服务后台界面

场、滑雪俱乐部等的产业关系链，在用户分析、销售提升等方面具有十分显著的功能，具体包括：

①滑雪企业信息链条线上信息化；

②滑雪企业产品交互化；

④方便植入第三方服务产品；

⑤数据收集统一便于市场分析；

⑥精准用户数据收集；

⑦线上利益最大化。

对于用户来说，ISNOW 企业云服务可以让滑雪用户线下体验一条龙服务：

①调取数据统一；

②门店交易提至线上交易；

③完成线上、线下体验服务；

④增加用户体验度。

国际借鉴篇

International Experience and Lessons

B.10
加拿大惠斯勒滑雪度假区

摘　要： 综观国外成熟滑雪产业的发展过程，度假区模式成为滑雪产业发展的重要趋势。除了提供基础滑雪服务之外，度假区还提供其他雪上活动、滑雪相关装备销售及其他特色活动等服务。加拿大滑雪产业历史悠久，滑雪度假及山地度假运营模式相对成熟，本报告通过对加拿大惠斯勒滑雪度假区的研究，分析其商业模式，探索我国滑雪度假区的发展战略及冬奥会滑雪场地赛后利用的方式，弥补我国滑雪产业起步晚、基础薄弱、模式单一的不足，促进我国滑雪产业整体发展。

关键词： 加拿大　惠斯勒　滑雪场　度假区

加拿大位于北美洲北部，纬度高、森林多、冬季漫长、雪量充足，自然地理环境十分适合发展滑雪运动。据不完全统计，加拿大境内共有大小滑雪场近千处，无论是经验丰富的专业滑雪选手，还是观光度假的普通游客，都能够在加拿大各滑雪度假区探寻到滑雪的乐趣。

加拿大境内坐落着许多世界级滑雪场，例如惠斯勒山＆黑梳山滑雪度假村（Whistler Mt. &Blackcomb Mt.）、太阳峰滑雪度假（Sun Peaks Resort）、大白山滑雪度假村（Big White Ski Resort）、银星滑雪度假（Silver Star Mountain Resort）、路易斯湖滑雪度假村（Lake Louise Ski Resort）、格劳斯山滑雪场（Grouse Mountain）、基金霍斯山度假村（Kicking Horse Mountain Resort）、阳光村滑雪度假村（Sunshine Village Ski Resort）、蓝山度假村（Blue Mountain Resort）、马蹄谷滑雪度假村（Horseshoe Valley Ski Resort）、乐玛喜山滑雪度假村（Le Massif Ski Resort）、圣安妮山度假村（Mont Sainte Anne）等，是闻名世界的滑雪胜地。多处滑雪场配套建有设施齐全的度假村，不仅能满足世界各地滑雪爱好者的滑雪需求，也能满足旅游、度假、购物、休闲等其他各种需求。度假村不仅促进了当地滑雪产业的发展，还带动了其他关联产业的发展，是滑雪产业发展相对成熟的模式。

一　惠斯勒滑雪场概况

（一）惠斯勒滑雪场简介

惠斯勒镇（Whistler）位于西经123°，北纬50°，坐落于海岸山脉中，属于加拿大不列颠哥伦比亚省，位于温哥华市以西123公里。惠斯勒滑雪场拥有两大雪山—惠斯勒山（Whistler，海拔2182米，垂直落差1530米）和黑梳山（Blackcomb，海拔2284米，垂直落差

1609米)。滑雪场拥有北美最大规模的滑雪面积,既是加拿大具有代表性的四季旅游目的地,也是世界顶级的滑雪度假村,享有"小瑞士"的美誉(见图1)。

图1 惠斯勒滑雪场

惠斯勒地处沿海,由于太平洋暖流的影响,滑雪场雨雪比较充沛,平均年积雪量为11.9米。空气温暖湿润,冬季白天气温可达3~7℃。惠斯勒和黑梳山海拔仅为1600米,但积雪厚度大。自然环境推动了滑雪运动的发展,使惠斯勒堪称天堂级滑雪圣地(见表1、表2)。

表1 惠斯勒平均气温

季节	月份	最高气温(摄氏度)	最低气温(摄氏度)
冬季	1月~3月	2	-14
春季	4月~6月	10	6
夏季	7月~9月	18	10
秋季	10月~12月	5	-10

表2 惠斯勒滑雪场各地年均降雪量

度假村/滑雪场名称	英文名	降雪量
阳光村	Sunshine Village	670 厘米
露易丝湖山区度假地	Lake Louise Mountain Resort	454 厘米
诺奎山滑雪场	SkiNorquay	243 厘米

惠斯勒山的滑雪场于1966年开始使用，共占地1462.8公顷，高差为1530米，滑雪区域为3307公顷，地形奇特，共有碗状滑雪场16个、冰川13座、地形公园5个。惠斯勒山滑雪场的雪道数量多达200条，位居加拿大滑雪场雪道数量排名第一位。其中，最长的雪道长达11公里。

雪道共分3种类型，分别是适合初学者练习用的初级雪道（绿道）、供中级滑雪者使用的中级雪道（蓝道）及专供专业滑雪选手使用的高级雪道（黑道），比重分别为18%、55%、27%。滑雪者可自由选择三种雪道。

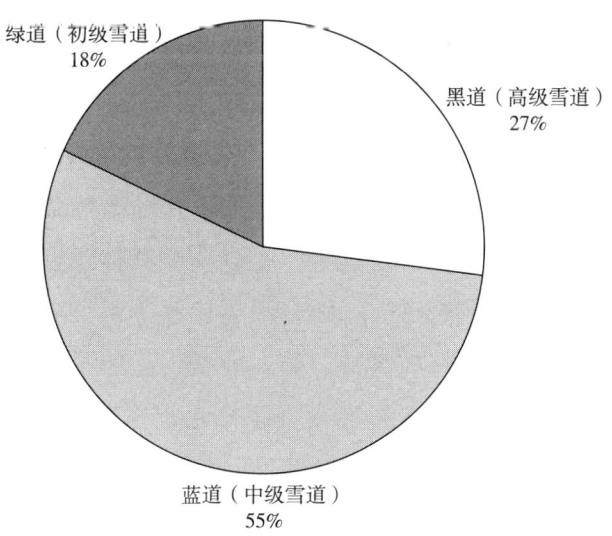

图2 惠斯勒滑雪场雪道类型及百分比

惠斯勒山滑雪场配备38部提升系统，缆车最高点约为2284米。由山脚至山顶有三种缆车可选，约30分钟到达，而由山顶至山脚的滑雪时间则为40分钟左右。滑雪场另外设置了多条盘山道，坡度起伏不大，增加了滑雪乐趣。

黑梳山的滑雪场启用于1980年，占地1353公顷，高差达1609米。与惠斯勒山滑雪场雪道相比，黑梳山滑雪场雪道更宽、坡度较大，比较适合中级和高级滑雪者。山顶上有霍斯特曼（Horst man）冰河及黑梳（Black comb）冰河，对于高级滑雪者来说，可进行冰河滑降运动。黑梳山滑雪场每段也均配有绿道（初级雪道）、蓝道（中级雪道）和黑道（高级雪道），比重为15%、55%、30%，不同的滑雪道方便了各个技术水准的滑雪者。与传统以颜色区分滑雪道类型不同，黑梳山滑雪场将3种不同的雪道标记分别设计为圆形、菱形与三角形，以方便色盲滑雪者辨认。黑梳山山顶终年积雪，一年四季均可享受滑雪的乐趣。

（二）惠斯勒滑雪场特色

1. 2010年冬奥会、残奥会遗产

2010年2月12日~28日，温哥华及附近的惠斯勒举办了第21届冬季奥林匹克运动会。惠斯勒滑雪度假区作为冬奥会赛场，在冬奥会举办期间举办了多项比赛。其中，在惠斯勒奥林匹克公园举办了北欧两项、冬季两项、越野滑雪、跳台滑雪比赛等4个项目的比赛；在惠斯勒滑雪中心举办了有舵雪橇、俯式冰橇、无舵雪橇比赛等3个项目的比赛；在惠斯勒河畔滑雪场举办了高山滑雪比赛。冬奥会期间，惠斯勒冬奥村共接待2800余名运动员、教练员及政府官员[①]。冬奥

[①] 温哥华冬奥会官网，https://www.olympic.org/vancouver-2010，最后访问日期：2017年8月1日。

会给惠斯勒旅游产业留下了丰富的奥运遗产。安全通畅的高速公路、惠斯勒奥林匹克广场、奥运村等奥运遗产设施为当地日后的发展注入了新的活力。

海天高速公路（Sea to Sky Highway）连通温哥华与惠斯勒，沿途景色优美，堪称世界上最美的高速公路之一。2010温哥华冬奥会筹备期间，惠斯勒对海天高速公路进行了全方位改造，在保证沿途美景不受破坏的前提下，增设多处超车线，同时搭配相应的岔道口，保证冬奥会期间的交通顺畅，也使现在的海天高速公路更加快速、宽阔、安全和便捷。

冬奥会举办场所的相应功能在赛后也得到了有效的利用。2010年温哥华冬奥会后，惠斯勒奥林匹克公园和惠斯勒滑雪中心延续原有功能，在继续承担当地大众滑雪体育运动娱乐场所的角色的同时，还承办了多项公众滑雪赛事、世界杯级别的高水平大赛及其他重大活动。惠斯勒奥林匹克广场则与惠斯勒滑雪场遥相呼应，成为当地居民与参加滑雪度假旅游的体验者进行各类活动的场所，例如经常有娱乐明星组织现场演出、露天演唱会，各地游客来这里春游踏青等。

奥运村位于惠斯勒地区南侧。冬奥会期间，奥运村与家庭住宿相互结合，为世界各地的游客与观众提供了大量住宿的场所，促进了当地经济的发展；温哥华冬奥会之后，冬奥会的运动员训练中心、运动员及观众配套住宅设施等均被改造成当地住宅区，为惠斯勒提供了几百处新住所。这也是冬奥会为惠斯勒地区带来的重大变化。另外，作为冬奥会举办地，惠斯勒滑雪场多次承办国际雪联组织的滑雪世界杯比赛、国际大赛等，这极大地提升了惠斯勒滑雪场的知名度，吸引了来自世界各地的滑雪爱好者。

2. 所获荣誉

根据冰雪行业、旅游杂志、在线出版物和旅游者等各方面的意见和打分，世界顶级旅游景点每年均会进行评价和排名。惠斯勒逐渐由

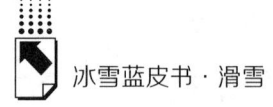

启用之初的滑雪场发展成为世界顶级的全年旅游胜地之一，所获的奖项众多，包括最佳滑雪胜地、世界顶级度假村和最佳高尔夫球胜地等①。奖项列举如下：

北美第一滑雪胜地、最佳度假胜地设计—滑雪杂志 Snow Country，1992~1995 连续四年；

北美地区最佳滑雪度假胜地—英国雪行网（OnTheSnow.com），2012 年；

北美地区最佳滑雪胜地（连续三年夺冠）—自由滑雪者杂志（FREESKIER）；

北美最佳综合度假村，最佳综合滑雪场—滑雪杂志（SKI Magazine），2012 年；

顶级度假胜地（第三名）—滑雪杂志（SKI Magazine）；

最佳全地形活动目的地—环球滑雪杂志（TransWorld SNOWboarding）；

全球最佳滑雪胜地及家庭游目的地—阿邦网（About.com）；

最佳冬季旅游及周末度假胜地—乔治亚海峡读者选择大奖；

最佳海外滑雪胜地—惠斯勒黑梳山—澳大利亚奢侈旅游杂志（Luxury Travel Australia）；

最值得体验的度假胜地—《up!》杂志；

世界顶级度假胜地—雪界、旅行界和网络出版界；

最佳综合度假村—BC Ski 和 Snowboard 杂志，2012 年；

全球最佳酒店、全球最适合家庭度假之酒店—Travel + Leisure 杂志，2012 年；

五钻度假酒店—惠斯勒四季酒店，加拿大唯一一家五钻度假酒店，AAA/CAA，2012 年；

---

① 惠斯勒官网，https://www.whistler.com/cn，最后访问日期：2017 年 8 月 1 日。

北美最佳滑雪度假—FREESKIER 杂志，2012 年；

读者评选大奖—加拿大最佳，Conde Nast Traveler，2012 年。

3. 自然条件优越

惠斯勒山海拔 2182 米，山顶终年积雪，滑雪场雪季长、雪质好，年均降雪量大，山区平均温度在零下 12 到零下 5 度，每年的滑雪季节从当年十一月至次年六月初，是世界上滑雪时间最长的地方。自然环境适合滑雪运动的开展。另外，夏天的惠斯勒也是避暑胜地，人流量不少于冬季，游客可以选择黑梳山的冰河滑降运动，也可以参加其他诸如音乐庆典、湖泊垂钓、爬山健行、单车骑行、高尔夫等运动。

惠斯勒滑雪场滑雪道数量众多、种类丰富、级别搭配科学，其中 75% 的雪道相对宽阔，坡度适宜，难度适中，非常适合初级、中级滑雪者体验。另外，黑梳山高级滑雪道为北美地区标高第一，可以满足世界各地高级滑雪体验者感受世界级高端滑雪场地、奥运级专业滑雪赛道的要求。

惠斯勒滑雪场气候比较适宜。由于濒临海洋，惠斯勒夏季气候适宜，冬季气候温和。同其他地区的滑雪场相比，惠斯勒滑雪场对滑雪爱好者的身体要求与环境适应要求较低，适合滑雪者进行各式各样的滑雪活动。

惠斯勒地形丰富，高山、峡谷、林中空地相互搭配，同其他滑雪场相比，滑雪体验更加丰富；高山地带拥有丰富的美景与垂直落差，适合高水平滑雪者体验；16 个雪谷遍布粉雪，坡度适当，适合中级水平的滑雪者；空地地带平缓开阔，更适合初级水平滑雪者。

4. 完善的服务

惠斯勒滑雪场建造方式独特，采取"滑进滑出"的方式对滑雪服务大厅与滑雪场进行规划，大厅门口直接与滑雪场连接，体验者踏上雪板便可直接滑向滑雪场，减少了服务大厅与滑雪场之间的过渡区域，节省滑雪时间，方便滑雪体验者进出，满足了滑雪体验者抓紧一

切时间滑雪的要求。

滑雪场配备的大量流动养护人员及安全人员，分布在滑雪场的各个地方。滑雪场一线有负责维护雪道中的秩序的安全工作人员、救护团队、医疗团队，保障了游客的安全。为保证滑雪场的雪质，滑雪场对雪况进行实时的监控。

距离惠斯勒滑雪场 10 分钟车程，有露天温泉和 Spa 场所——Scandinave Spa，吸引着众多外地游客及当地居民。温泉水池设置在树林旁边，周围群山环绕，十分适合日常减压。场所配套设有格子热水池、冷水池、桑拿室、干湿蒸汽房等，同时设置吊床按摩服务，不同的按摩手法满足了不同体验者的需求。

惠斯勒滑雪场是温哥华冬奥会指定滑雪比赛场地，建筑风格独树一帜。滑雪场大厅、滑雪学校以及周边顶级旗舰酒店，成为加拿大及整个北美地区著名的度假胜地。滑雪场搭配设置专业滑雪学校，为不同年龄儿童、青少年提供滑雪培训服务。另外以家庭为单位设计特色家庭区域，"大树堡垒""雪上飞碟公园"和"魔幻城堡"等各式各样的集体活动，满足体验者全家出游的需求。

5. 运营策略

惠斯勒滑雪场之所以全球闻名，不仅是因为其独特的自然环境、优良的滑雪配套设施、完善的周边服务，还因为其四季休闲度假区的独特定位。

惠斯勒滑雪度假区主张以人为本的服务理念，主张为本地或外地的旅游人口创造美好的度假体验。据此，惠斯勒滑雪度假区明确了度假区目标客户，制定了相应的发展战略，完善了对应的细分考核制度。这一成功运营案例为我国各大小滑雪度假区运营提供了宝贵借鉴，提示我们不同的滑雪度假区要注意制定合理策略、明确并挖掘目标客户、重视客户价值体现；完善已有的市场开发方案，重视商业生态系统的构建；细化考核激励制度，提高团队积极性。政府应当也为滑雪度假区发展构建良好的政策环境，加强对核心资源的开发，以实现向更高的经营管理战略迈进的目标。

惠斯勒滑雪度假村的运营收入中，滑雪场缆车收入占比最大，约占总运营收入的50%，其中冬季滑雪缆车的收入约占总缆车收入的8%；另外，滑雪季卡和次卡的销售收入约占滑雪缆车收入的39%。从2013年雪季开始，缆车收入所占总运营收入的比重开始出现下滑趋势。

业务成本方面，惠斯勒滑雪度假村的成本主要是滑雪场运营成本、度假村管理成本和设备装备折旧摊销成本，其中滑雪场运营成本约占总业务成本的65.79%。滑雪场、度假村服务管理人员费用占比最高，高达48%，其次为店铺销售及商品购置成本约占总成本的22%，滑雪场维护费用与所得税费用基本一致，占比均在14~15%之间。

利润方面，除2015年雪季营业利润出现下降之外，2013~2014年、2014~2015年两个雪季净利润和每股收益均实现了10%以上的增长，可见惠斯勒滑雪度假区总体经营效果良好，这也为其他滑雪度假区经营管理提供了经验与借鉴。

惠斯勒滑雪度假区分别与惠斯勒山管理委员会、黑梳山管理委员会及省政府签订了《惠斯勒开发协议》和《黑梳山开发协议》。通过这两个协议，加拿大不列颠哥伦比亚省政府2015财年共收到2520万加元的管理费，并且，每10年的管理费率有0.5%~1%提升（实际费率提高百分比已接近2%）。此外，哥伦比亚省政府对惠斯勒滑雪度假区在经营范围内的酒精销售许可、食品安全管控、缆车安全保障以及在规定区域内的房产建设施工都将进行有效的监管和许可。

（三）产品与服务

1. 丰富多样的滑雪活动

对于初级滑雪体验者来说，惠斯勒黑梳山是体验滑雪运动绝佳去处。沿着惠斯勒度假村中心的主要大道朝南直行，可直达坐落在惠斯勒山脚下的滑雪者广场。滑雪者广场四周山间多分布粉雪，堪称冬日梦幻雪上乐园，滑雪者由缆车上下运送。游客可以在缆车附近的窗口买到一天至八天的升降椅套票，或提早预订酒店及缆车优惠套餐。

从滑雪者广场坐缆车，几分钟后便到达奥林匹克站（Olympic Station）。这是整个惠斯勒滑雪场地区雪道最缓和的慢速滑雪初级雪道地带，是专门为滑雪初级体验者提供滑雪练习服务的，附近的简易索道将其他滑雪者运送至更高处。

除初级雪道之外，惠斯勒黑梳山也是众多滑雪高手的绝佳体验地。惠斯勒山与黑梳山两座山峰海拔均超过2000米，垂直落差超过1500米（惠斯勒山1530米，黑梳山1609米），两座山的滑雪道中，中级道和高级道的比重占比均超过80%。两座山峰有多条高级滑雪道，中级道遍布各个滑雪区域。两山之间设有贯通缆车，游览途中能遍览惠斯勒高山碗装地形和顶级高难度黑钻雪道等，符合高级滑雪者的体验要求。

除了传统滑雪项目，惠斯勒滑雪场还提供多种刺激性滑雪活动。例如"极致加拿大"野外项目，体验者可在私人教练的指导下进行高山探险，雪道由惠斯勒山或黑梳山山顶沿野外单双板滑雪地形而下，整个路线一气呵成，惊险刺激。

除传统单双板滑雪外，冬季惠斯勒滑雪场提供雪地摩托车、雪鞋健行、雪地越野、狗拉雪橇等休闲娱乐活动，为滑雪之余的滑雪爱好者及对滑雪不感兴趣的游客提供雪上体验需求。另外，作为冬奥会及冬残奥会的比赛场地，惠斯勒滑雪场提供冬奥会项目体验服务，如室外的北欧两项，滑行中心的有舵雪车等，使体验者感受奥运会级专业有舵雪车赛道的乐趣。

2. 滑雪学校

惠斯勒滑雪场提供"惠斯勒奥林匹克选手滑雪课程"，为顶级滑雪发烧友提供与专业奥林匹克滑雪运动选手过招的机会。惠斯勒地区有多家直升机公司，专门提供直升机滑雪项目。体验者可乘坐直升机到达山顶自然粉雪区域，进行处女粉雪滑行，体验普通雪道无法感受到的自由[①]。

惠斯勒滑雪度假村的滑雪学校，是世界上规模最大的滑雪学校，针对各年龄段学员及各水平等级，提供一至多日的单板、双板滑雪培训课程，均由世界级滑雪指导员亲自教授。学校共拥有员工1650名，其中约90%的指导员是已退役的单板、双板滑雪专业选手，教学质量有充分保障。每位学员在进行训练、试滑时，均配备GPS系统，保证较高的安全系数。学校设置滑雪网站，可以满足体验者提前了解滑雪培训课程的要求。惠斯勒滑雪学校新增MAX4滑雪教学项目，为保证学员的练习时间，滑雪场每位指导员最多同时教授4名学生，保证每位学员的教学质量。

惠斯勒滑雪场滑雪学校的指导员注重以肢体语言教授滑雪基本功，从初期滑雪板基础知识、滑雪板穿脱、前进保持平衡等基本知识，到中期单腿滑行、停刹等各种基本技术，再到最后实现雪上完美滑行等进行全面辅导，即使语言不通，也能体验初级课程。另外，惠斯勒滑雪场配有中文教练，预定课程时可特别要求。

二　惠斯勒滑雪度假村概况

（一）度假村简介

惠斯勒村（Whistler Village）坐落在惠斯勒山和黑梳山两座大山

---

① 粉雪常被称作powder，是指纯天然无修饰的雪，雪质松软，滑行体验好，是所有滑雪者的终极向往的滑雪体验。完美的粉雪可遇不可求，对滑雪技术要求比较高。

脚下,于1980年建成,海拔高度675米。惠斯勒滑雪度假村是一个四季运营的度假村。除了世界闻名的高山滑雪场地,惠斯勒滑雪度假村还拥有世界级的山地自行车场地、高尔夫球场地等,吸引着来自世界各地的专业运动选手及休闲度假游客。度假村内拥有常住居民约10000人,临时居民约12000人,季节性居民约3000人。

惠斯勒滑雪度假村面积为161.72平方公里,包含惠斯勒村(Whistler Village)和上村(Upper Village)两大主要部分,以及周边的高尔夫球场、湖泊、公园等,是一个方便快捷的国际化小镇。惠斯勒度假村娱乐项目丰富,如登山缆车、高空滑索、健行步道、越野脚踏车道等;配套环境设施完善,如消防局、警察局、诊所、餐饮商店、度假酒店、艺术画廊、咖啡馆等一应俱全。度假村风情街上,共有商铺200多家,经营着当地特有的工艺品、高档珠宝、时尚服饰、滑雪用具、野外专业设备等,每年度假旺季,游览者可达百万人。

依托原有村落,惠斯勒滑雪度假村的步行道由石头铺就而成,围绕度假村而建。北起于北村洛里默街,通向滑雪者广场,游客可沿步行道游览整个度假区。在惠斯勒滑雪场进行过滑雪、嬉雪运动,享受过世界顶级滑雪设施后,体验者可以沿着小道游览整个滑雪度假区,购买商品、品尝美食,体验当地风土人情,又可以欣赏音乐会、参加舞会等各种活动,还可远足登山,直达惠斯勒黑梳山的缆车,沉浸在独特的文化氛围里。

表3 惠斯勒滑雪度假区四大功能空间

区域	分类
户外活动区	专业类:滑雪场、高尔夫球场、山地自行车场 休闲类:其他山地项目
旅游住宿区	星级酒店、家庭旅馆、精品酒店
商业及公共服务区	广场、停车场、商业中心、游客中心、医疗中心
生活居住区	休闲活动、温泉养生、游览服务、文化节庆

惠斯勒滑雪度假村注重区域规划和基础设施，设有多处停车场所及公共交通设施，以满足游客自驾游的体验者游览度假村其他区域的需求。完善的配套设施，也是惠斯勒滑雪度假区跻身全球十大滑雪度假区的重要因素之一。

惠斯勒滑雪度假区坚持"四季运营"的理念，针对不同季节，推出各种各样的活动。冬季，惠斯勒滑雪场聚集着世界各地、各个级别的单双板滑雪爱好者；其他季节，各种各样的系列庆典活动，吸引着购物者和旅游体验者的目光。度假区拥有纯净的空气、宜人的景色，被视为大众疗养胜地。对于期待享受独特四季山地文化与冬季滑雪激烈氛围的游客来说，这里堪称一站式旅游度假区。

此外，度假区内聚集了多家滑雪个人装备及户外用品商店，提供完善的装备服务。最著名的是出售单板、双板等的运动用品店。惠斯勒度假村中的户外用品店铺提供"山上体验，山下购买"服务，专业导购与游客面对面交流，为滑雪新手及山地运动爱好者挑选适宜的滑雪装备，从御寒不充分的游人购买帽子手套，到专业人士购买专业级别滑雪镜，均能满足游客要求。另外，惠斯勒当地提供提前预订滑雪装备的租赁服务。惠斯勒度假村基地（Whistler Village base）、黑梳山基地（Blackcomb Base）、圆屋（Roundhouse）、冰河（Glacier Creek）以及山顶餐厅（Rendezvous mountain top restaurants）等场所均提供过夜寄存滑雪装备服务，为各类游客提供了全面方便的选择。

惠斯勒滑雪度假区专注于细节打造：为满足宠物爱好者的需求，专设宠物公园、宠物友好酒店和公寓及专门的遛狗服务等；在度假区内专门设置残疾人无障碍路线，保证残疾人游客在度假区内的无障碍度假需求。

（二）硬件配套

1. 缆车

1980年12月，惠斯勒滑雪度假区内通往滑雪场的相关设备正式启用。

1988年，惠斯勒滑雪场启用了10人座高速缆车，增加了游客运载数，减少了游客运载次数，提高了游客运载总量。

1994年，黑梳山滑雪场启用了8人座快带缆车，这是世界上最先进的高速升降机系统之一，帮助滑雪体验者滑雪场自由移动，享受更多的滑雪乐趣。

1996年，惠斯勒滑雪场另设6人座高速缆车路线。

在惠斯勒滑雪度假区内，游客可以利用Big Red Express、Emerald Express和Harmony Express三条快速缆车游遍大部分的滑道，到达惠斯勒的精华区。位于惠斯勒山的Harmony 6 Express升降缆车，规划将从Symphony Bowl附近直至Glacier Bowl，届时可多容纳50%的游客；Crystal Ridge Express升降缆车横跨黑梳山，能使游客更易进入Crystal Zone滑道，减少游客往返滑雪场的时间，提升了游客的乘坐体验。缆车有效调配三个等级雪道，方便各个级别滑雪者抵达所需雪道的要求。中级、高级玩家在Harmony的单黑钻石滑道体验后，可以选择乘坐The Peak快速缆车，到达向惠斯勒碗状地形。

2008年12月，惠斯勒相关部门耗资5200万加元，开放了新建成的惠斯勒横渡两山峰顶的三厢缆车（PEAK 2 PEAK Gondola），并成功打破了世界纪录。缆车由多贝玛亚公司制造，全程约4.4公里，连接惠斯勒山与黑梳山两座山峰。缆车全程11分钟，每小时运载量4100人次，无支撑架的部分长达3.024公里，堪称世界最长无支撑空中索道系统；高度达415米，是同类型索道中世界离地距离最高的索道。缆车有着绝佳的观景地理位置，两山之间壮阔的雪山美景，独特的高山地貌，浑然天成的高级雪道，均能从高空俯瞰，乘坐体验绝佳。

另外，缆车共有28个标志性红色车厢，其中两个银色车厢带有透明玻璃底板，可观览山脚下、山脉间的风景，适合不惧高又喜爱刺激的游客客。横渡峰顶缆车能将冬季、夏两季的游客从惠斯勒山运载至黑梳山，大大缩短了两山之间的距离，优化了游客的滑雪体验，为惠斯勒滑雪产业的发展提供了无限新可能。

2. 餐饮配套

惠斯勒山与黑梳山地理位置得天独厚，经过多年的发展，餐饮业规模日益壮大。餐饮业供应的是当地新鲜的风味美食。惠斯勒度假村拥有各类型度假饭店115家，餐厅约90家，其他酒店约200家[①]。各种类型的咖啡馆、酒店和酒吧遍布于惠斯勒滑雪度假区的各个区域，从北美特色风味到全球各地美食，满足不同时段、不同游客的需求。餐厅分布在惠斯勒山与黑梳山各处，为游客提供随时随地的服务。

惠斯勒城堡度假饭店（Chateau whistler Resort）堪称上村（Upper Village）最标志性的建筑。它坐洛于惠斯勒半山腰，背靠黑梳山，城堡造型复古典雅。惠斯勒城堡度假饭店与维多利亚女皇饭店、温哥华饭店同属于度假区内高级度假酒店，外部搭配高尔夫球场服务，内部配置高端豪华基础设施，适合滑雪之外的会议、洽谈等各种高端商务场合。

Christine's餐厅坐落在黑梳山大集会餐厅（Rendezvous Restaurant）太阳船快车（Solar Coaster Express）顶端，仅在夏季及冬季的午市开放。餐厅海拔高，可俯瞰整个惠斯勒滑雪度假村。位于惠斯勒山Roundhouse旅馆内的斯迪普斯烧烤酒吧（Steeps Grill & Wine Bar）每

---

① 温哥华旅游局官方网站，http://www.tourismvancouver.cn，最后访问日期：2017年8月1日。

日下午2∶30~3∶30开放,满足游客在运动后品尝当地快捷滑雪后小吃(Après Snack)。另外还包括被评为"惠斯勒最佳Fine Dining 餐厅"的Araxi 餐厅、日本餐厅Sushi Village Japanese Cuisine、餐食品种多样的连锁餐厅Earls Whistler。

3. 住宿配套

惠斯勒滑雪度假村每年均会吸引超过百万的游客。经过多年的发展,惠斯勒滑雪度假村住宿设施完善,豪华城堡有百年历史,品牌连锁酒店众多,家庭式旅馆遍布,山林木屋发展迅速,高端度假酒店、便捷实惠的公寓以及其他住宿设施均能提供,满足了不同预算的游客的需求。

惠斯勒有四大住宿区,分别分布在惠斯勒滑雪度假村中心、惠斯勒上村、惠斯勒北村及惠斯勒溪边区。而惠斯勒滑雪度假村内的多所酒店如尼特湖旅店、泛太平洋度假村等多次获得大奖。惠斯勒四季度假酒店位于惠斯勒的上村,曾入选加拿大25家顶级酒店。酒店在滑雪季节提供前往惠斯勒村和惠斯勒山的班车送达服务、健身房和温泉按摩服务,每日提供随住赠送的酒食招待会。美食餐厅吧台在晚餐时段为客人提供当地海鲜及美食,体验者可在就餐的同时欣赏惠斯勒山和黑梳山的夜景。

希尔顿惠斯勒度假村水疗室,位于惠斯勒村中心,是专业打造的高端旅游休闲场所,距离惠斯勒度假村各旅游景点距离较短,可步行到达餐厅、运动用品装备店等,也可步行探寻惠斯勒其他村庄。酒店的装修体现了山地区域独有的典雅风格,内部配套设施齐全,多间客房配有喷流浸水浴缸及小厨房。康达娜斯特旅人杂志推选希尔顿惠斯勒度假村水疗疗养地为加拿大第十大顶尖度假胜地①。

---

① 温哥华旅游局官方网站,http://www.tourismvancouver.cn,最后访问日期:2017年8月1日。

三　惠斯勒山地度假运营模式分析

（一）概述

山地度假旅游，是以山地自然旅游资源及人文旅游资源为吸引物，以山地旅游基础设施和休闲度假项目为载体，为旅游者提供休闲度假的现代旅游活动方式。它是山地观光旅游发展到较高阶段的产物，是后观光旅游时代新型、高端的旅游方式[①]。

惠斯勒不仅是世界闻名的滑雪度假村，也是世界级山地度假目的地，年接待游客总量达220万，冬夏季游客总量基本持平，夏季略多。惠斯勒冬季游客约占48%，主要集中在惠斯勒山及黑梳山滑雪场，多进行滑雪及嬉雪及其他雪上项目；夏季游客约占52%，分布比较分散，多进行山地及林间活动，例如高尔夫运动，山地自行车运动，乘越野车林间穿梭，观赏野生动物、冰川雨林等自然风光，在河流湖泊进行游泳、划船等活动。惠斯勒山地度假区夏季游客多以当地周边周末度假游客为主，停留时间较短；冬季游客多以国外滑雪度假游客居多，停留时间较长，一般在3天以上。

惠斯勒山地度假区夏季国外游客约占41%，国内游客约占59%；冬季国外游客约占51%，国内游客约占49%（见图3、图4）。虽然客流来源差异较大，但游客总量差别较小，实现了四季经营的目的，符合度假村"四季运营"的理念。

在客群分类方面，惠斯勒山地度假区结构完整，形成了以中产阶级家庭客群为主，以专业滑雪、跟团旅游、高端度假商务会议等其他

---

① 陈君奇：《山地度假旅游产品开发研究》，《无锡商业职业技术学院学报》，2013年第3期。

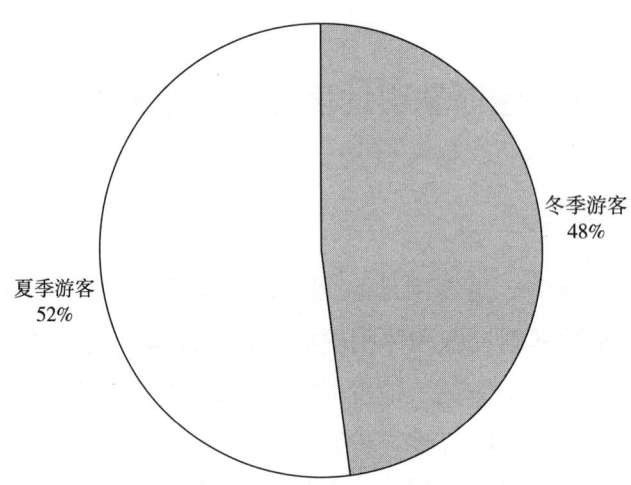

图 3 惠斯勒山地度假区冬夏季客群比重

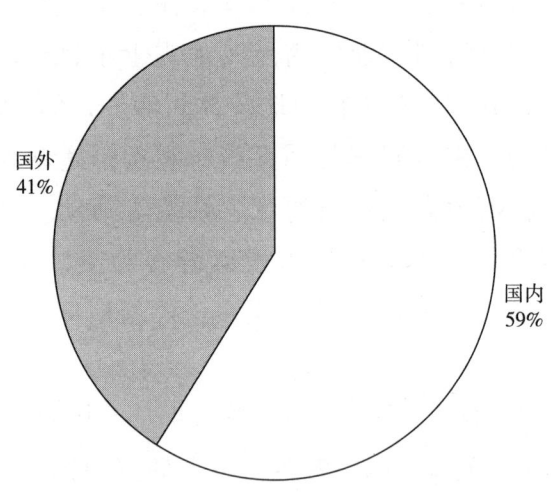

图 4 惠斯勒山地度假区夏季游客来源

客群为补充的客源结构。其中家庭游客占到总客群量的 58%，是名副其实的主力客群；其次是专业滑雪或跟团旅游人群，分别占 15% 与 12%；以高端度假、商务会议为目的的客群所占比重较低。

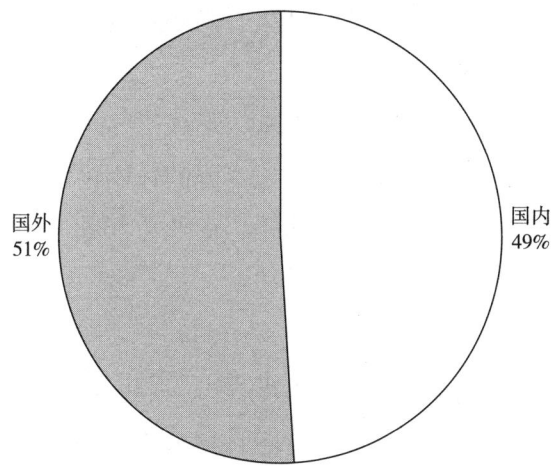

图 5　惠斯勒山地度假区冬季游客来源

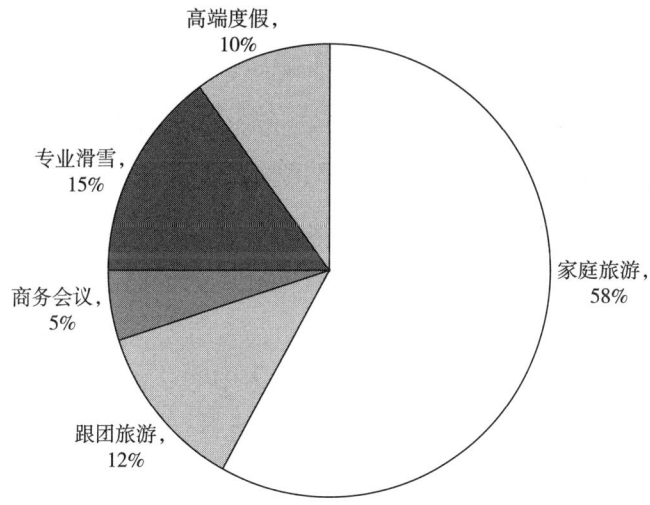

图 6　惠斯勒山地度假区客群分类

（二）六大功能体系

山地度假旅游产业中，除了以山地生态环境为基础外，还应提供饮食、住宿、出行、购物、娱乐等多方面的消费要素，不仅要满足游客的基本生活需求，还要满足高品质、高端化的深层次需求，实现游客精神上的愉悦与身体上的满足。

惠斯勒山地度假区面向游客需求，形成了六大功能体系：①面向专业爱好者的专业运动；②面向普通家庭的休闲活动；③面向高端度假群体的温泉养生；④面向游客的特色商业；⑤面向团队和家庭的游览服务；⑥面向游客的文化节庆活动。

1. 专业运动

专业的运动场地是惠斯勒闻名世界的关键因素。惠斯勒山地度假区拥有可举办国际级专业竞技比赛的各种赛场，其中四个高尔夫球场均可举办世界级别大赛，满足各等级高尔夫球赛的不同要求。山地自行车公园车道长达200公里，是世界公认的最佳自行车运动体验地。每年一次的Crankworx山地自行车节，世界级专业山地自行车手聚集在惠斯勒，尽情享受山地自行车的乐趣。

2. 休闲活动

家庭游客是惠斯勒山地度假村的核心客群，惠斯勒山地度假村针对这一客群，推出"家庭认证"系列活动，以"小投入，重运营"为主要发展理念，划分儿童特定活动区，推出特色产品和服务，打造系统性产品体系。

夏季家庭认证以山地户外休闲活动为中心，涵盖年龄范围为4～16岁，涉及不同强度、不同趣味性与挑战性的活动。在黑梳山户外基地探险区，认证家庭可以参加迷宫、蹦床、空中吊杆等各种各样的特色活动。

冬季家庭认证包括滑雪运动和传统节庆活动以及其他众多面向儿童的室内主题活动，激发儿童消费者的消费欲望。在惠斯勒儿童训练中心（Whistler Kids Training Center），孩子们可接受专业的滑雪技培训。另外，惠斯勒地区还开展专业烟火表演等惊险刺激性活动；室内活动中心，可进行攀岩活动。

3. 温泉养生

温泉作为一种传统的养生项目，越来越受到户外运动爱好者的青睐，成为家庭旅游活动的重要消费环节。惠斯勒山地度假区的养生项目多达10个，从传统的按摩技巧到先进的现代方法，应有尽有，形成独一无二的养生氛围。惠斯勒山地度假区在尊重当地自然发展规律的基础上，将山地户外运动与温泉养生项目融合，完善了度假区独特的消费链。

4. 特色商业

惠斯勒山地度假区商业具有特色化、娱乐化的特点。为实现服务于世界游客的目标，惠斯勒积极完善自身餐饮美食、旅游购物、娱乐休闲、家庭旅馆等多种要素，为各地不同需求游客提供多元选择以满足世界各地游览者的需求。在整个度假区消费汇总中，购物所占比重高达40%，其次分别是餐饮25%，住宿15%，休闲13%，夜间娱乐7%。

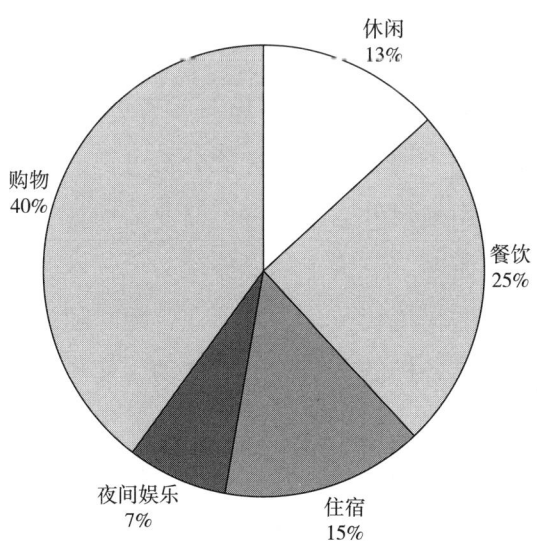

图7 惠斯勒山地度假区消费占比

5. 游览服务

惠斯勒山地度假区交通路线多样，公路铁路便捷、旅游列车众多、租车服务随处可见，便捷、特色极具体验感的游览服务与极具针对性的服务体系，方便了不同需求的游客。不同的交通方式连接着惠斯勒地区丰富的自然、人文旅游资源，极大地促进了游客体验的兴致。惠斯勒山地度假区针对内部游览，推出"非凡路线"旅游线路，实现了度假区观光与户外山地运动结合的内部交通服务路线网，带领各地游客游览两座山峰，整体了解整个山地度假区，实现山地旅游目的最大化。

惠斯勒山地度假区投入栈道、自行车道等低盈利甚至不盈利设施，旨在丰富景区内容，完善交通线路网，以实现区域价值最大化，吸引更多游客。同时，针对以家庭为单位的最大客群，开展齐全、贴心的特色游览服务，例如童车出租、儿童托管服务中心等，降低了大多数家庭对于携婴幼儿外出旅行的顾虑因素，扩大了体验人群面。

6. 节庆活动

惠斯勒山地度假区根据季节差异与客群差异，适时开展不同特色、主题的节庆活动。根据度假区客群分析可得，夏季节庆活动主要面向当地游客，以山地户外运动、特色商业活动为主；冬季节庆活动主要面向世界各国游客，节庆主题以传统文化艺术、当地特色节日为主。惠斯勒山地度假村传统文化无处不在，随时随地让游客感受到浓郁惠斯勒氛围。各式各样的季节性节庆活动，使惠斯勒山地度假区始终聚集着世界各地人气，保持着持续的社会关注度。

通过专业运动、休闲活动、温泉养生、特色商业、游览服务和文化节庆六大载体，惠斯勒山地度假村文化的表达变得生活化、娱乐化、形象化，形成了独树一帜的旅游氛围，打造出世界顶级山地度假村。

（三）惠斯勒山地度假区空间布局

惠斯勒山地度假区在空间布局、建筑类型、运营理念方面均体现了欧美度假区的共同特征。

在空间结构搭配上，在商业区内穿插主要交通线路，将停车区域设置于商业区、特色酒店后方，使商业区成为游客的必经之地，有效促使游客返回消费。

各大小商业区之间以直线贯穿，采用通透布局，实现一览无余的体验效果，同时各商业区宣传多采用吸睛元素，增强游客消费欲望。

入口处、广场处、道路路口均设置商业区引导标识，快速引导游客进入各消费区进行消费，同时避免道路拥堵，达成快速便捷的交通线路。

各商业区入口多设置在道路交叉口，既能吸引游客，又能有效分散道路人流；入口处商业以零售、餐饮为主，满足游客基本需求。

教堂、广场、停车场多节点设置，满足游客交流效应，使游客快速由一处到达另一处，满足游客需求、提升旅游效率。

特色建筑、度假区便捷的设置及塑造的独特当地风情，构建了度假区独有的画面感，提高度假区客流量。

交通空间、商业空间、绿化空间、街道空间等多个空间的搭配，满足不同游客不同时段的不同需求，完善了整个山地度假区的基础设施系统，形成完整的生活空间链。

作为典型度假区案例，从起初简单的提供住宿，到逐渐完善度假区基础设施，再到发展成为世界知名山地旅游度假区，惠斯勒实现了以质取胜的愿景目标。惠斯勒地区自然旅游资源丰富，开发过程中注意人文资源同自然资源合理搭配，注重对度假区环境及度假氛围的营造，合理优化度假区整体布局；生活基础设施配套随着度假区发展逐步完善，满足游客日常基本生活需要；度假村四季运营，针对每个季节设置不同的主题，四季活动丰富，娱乐设施先进；最重要的是实现了以人为本的顾客价值主张。以旅游社区的理念发展度假区，实现了多元化持续的发展，这也为我国各大小度假区的发展、提升、完善、创新提供了借鉴。

B.11
日本滑雪市场

摘　要： 日本滑雪市场历经百年，展现了兴起、停滞、复兴、衰退、再建的周期性发展。日本滑雪产业多年来积极探索发展方向，本土化的发展战略使之成为亚洲主要的滑雪市场之一。本文重点探讨两个部分，1945年后日本政府部门积极牵头带动日本滑雪复兴，随后各民间各商业团体积极进入；经济泡沫破裂后，日本滑雪市场曾一度坚挺，在长野冬奥会后热潮褪去，滑雪度假村经营依托一系列改革提升竞争力，逐渐恢复了日本滑雪市场的消费需求。本文分析新时代背景下滑雪场经营模式，了解公共投资与商业投资的市场选择，探寻营销战略带动的收入增长点。

关键词： 日本滑雪　休闲经济　体育运动

海洋气候环绕，自然雪雪量大、雪质高，有适宜滑雪场建设发展的丘陵山地地貌，这些极佳的自身天然资源优势成为日本滑雪产业发展优势。日本滑雪产业已有约120年的历史，20世纪初日本滑雪产业处在启蒙阶段，随后滑雪运动逐渐在上越地区流行。1939年日本诞生第一块滑雪板，然而因战争原因，整个滑雪产业发展在1936年陷入停滞状态，在二战后才进入实质发展阶段。1972年日本札幌冬奥会契机真正激发了日本大众的滑雪热情，大量资本涌入滑雪产业及其相关联产业,从上至下形成了以滑雪产业带动山区经济增长的突破口。即便是在泡沫经济崩溃之后,这一热潮依旧持续至1998年第18届日本长野冬奥会。

一 日本滑雪的发展历史

(一)日本1935年以前的滑雪黄金时代

从历史来看,1911~1912年澳大利亚军人Theodor von Lerch开启了日本的滑雪文化,不仅札幌与小樽等地区成为城市近郊居民的娱乐目的地,白马和志贺高原等降雪山区出于"外出务工对策",也开设了滑雪场。滑雪运动正规化后被民众接受,更多地体现在滑雪竞技运动组织化与规模化。1924年成立了国际滑雪联盟(FIS),1925年成立了全日本滑雪联盟(SAJ),1927年举办了学生锦标大会。日本在不同的地方举行比赛,这些都是是联盟监督的竞技比赛。

表1为1935年全日本滑雪联盟的成员明细。联盟成立后仅10年,该组织已经成长到拥有超过3万名滑雪会员,数字直观地展现出日本各地滑雪爱好者的组织动向。这些会员基本上为志贺高原和白马等雪资源充沛区域的农村年轻人和爱好高山、登山共鸣的城市大学生、大学教授。需要明确指出的是,当时的日本也要求战争占领控制区的人参加该联盟,比如中国抚顺市体育协会和朝鲜滑雪俱乐部(见表1)。

表1 1935年全日本滑雪联盟成员

团体名	加盟团体(家)	加入人数(人)	团队名	加盟团体(家)	加入人员(人)
岩手县滑雪联盟	15	800	秋田矿产专业学校校友会滑雪部	-	50
秋田县体育协会	-	2710	名古屋铁路局滑雪部	-	50
名古屋滑雪联盟	14	1000	岛根县滑雪联盟	17	800

续表

团体名	加盟团体（家）	加入人数（人）	团队名	加盟团体（家）	加入人员（人）
大阪滑雪俱乐部	-	300	骏台滑雪俱乐部	-	70
岐阜高等农林学校登山部	-	50	北大 OB 滑雪俱乐部	-	72
稻门滑雪俱乐部	-	150	新潟县滑雪联盟	26	3360
石川县体育协会	-	315	群马县滑雪联盟	8	216
青森县滑雪联盟	35	5000	京都滑雪联盟	11	1572
全日本学生滑雪联盟	13	862	桦太滑雪联盟	10	2730
福井县滑雪联盟	16	380	北海道滑雪联盟	16	3100
抚顺市体育协会	-	100	长野县滑雪联盟	17	1450
富山县体育协会	18	800	宫城县滑雪协会	11	500
元山滑雪俱乐部	-	100	冈山县滑雪联盟	9	560
福岛县体育协会部	8	500	广岛县滑雪联盟	20	933
朝鲜滑雪俱乐部	-	135	大阪府滑雪联盟	14	1660
栃木县体育会滑雪部	10	165			

（二）日本1945年后滑雪产业

1945年之后滑雪运动逐步复兴，成为日本社会经济复苏的一个着力点。滑雪旅游复兴与日本经济快速恢复保持高速增长密切相关，国民可支配收入稳步增加是其客观条件。日本内阁总理大臣官房宣传室在战后每年发布《スポーツに関する世論調査》，图3直观地展现了日本滑雪旅游的增长变化情况。这一时期也是日本学者吴羽正昭划分的滑雪旅游展开期，20世纪60～70年代滑雪人群开始增长，日本滑雪开发建设进入高峰期。

本文选取的滑雪人群年龄、性别等数据集中于20世纪70年代，具体的数字直观展现了当时日本滑雪者性别和年龄层的差异。男性滑雪者数量大于女性，这在数量以及年龄层分布中表现得相对明显。选

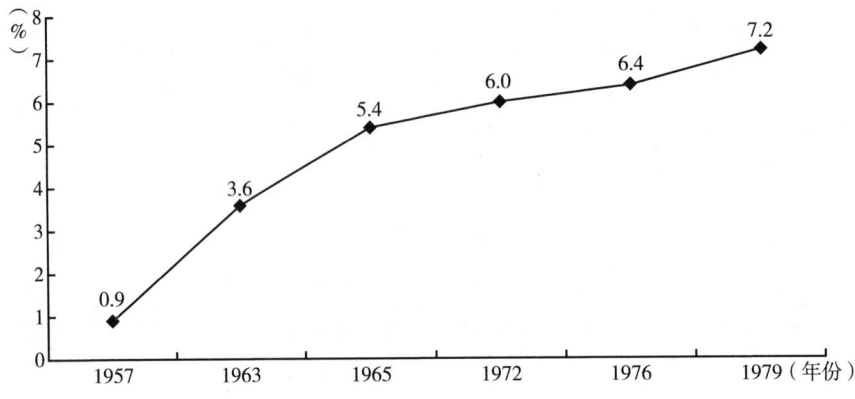

图1　1957~1979年滑雪旅游者占比

取的三年中，60岁以上爱好滑雪的男性所占比重仅为0.5%，几乎可忽略不计。20~39岁的男性比重高于同年的全年龄比率，而女性只在20~29岁阶段高于同年滑雪女性的全年龄比率，女性滑雪人群的平均年龄远低于男性。1980年，20~24岁的日本男性中有近30%参与滑雪运动，滑雪运动可以被认为是20世纪70年代日本社会的时代特征之一。

表2　日本滑雪旅游者比重分析

单位：%

	1972	1976	1979
男全年龄	8.2	10.2	10.5
20~24	23.1	29.6	29.2
24~29		26.8	36.6
30~39	8.6	12	11.7
40~49	4.3	5	5.6
50~59	2.6	1.8	2.6
60~	0.5	0.5	—

续表

	1972	1976	1979
女全年龄	6	6.4	7.2
20～24	11.2	14	21.4
24～29		8	8.7
30～39	4.5	2.3	6.6
40～49	2.4	1.3	0.7
50～59	-	-	0.4
60～	-	-	-

根据日本国立社会保障人口问题研究所发布的《休闲白皮书》，日本的滑雪体育人数与索道运营业绩数据基本一致（见图4）。1984～1993年，日本滑雪消费人群呈增长趋势。1984年滑雪者人数超过1500万人，而1993年，滑雪消费人数由超过2000万回落至1869万人，被认为是滑雪旅游发展结束期。1998年滑雪场索道营业额开始下降，滑雪人数总量同步出现回落。20世纪90年代，虽然日本经济进入萧条期，滑雪场人数却保持一段时间的平稳期，旅游比重

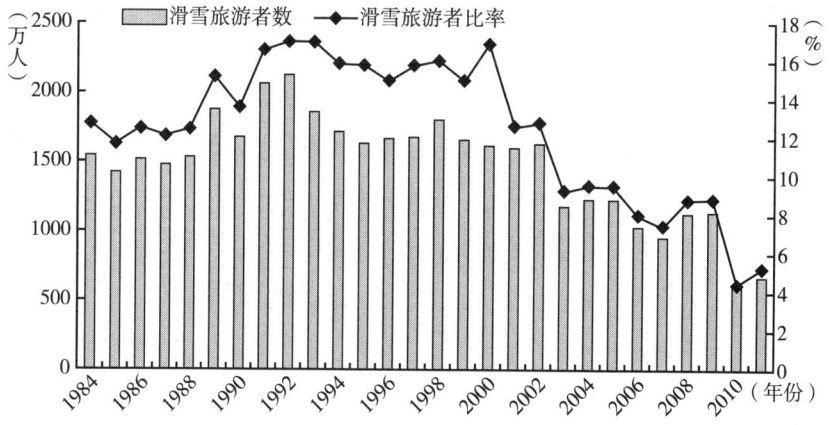

图2　1984～2010年日本滑雪消费人群变化

维持在15%以上。然而在跨入21世纪之后，日本大众的兴趣爱好明显发生了偏转，滑雪总人数跌破1500万人，并最终在全球金融危机的冲击下减少至不足800万人。据日本放送协会（NHK）[1]报道，2015~2016年滑雪季，大部分滑雪场门可罗雀，其中群马县有80年历史的大穴滑雪场仅运营2天。同时，劳伦特·凡奈特先生编著的《2017全球滑雪市场报告》明确指出，日本市场外国游客滑雪人次与外国游客总人数的比重达到40%，而日本本国滑雪人次与全国总人数的比重仅为20%，外国游客占据日本滑雪市场主导地位，日本滑雪场的商业模式再迎新挑战。

日本总务厅统计局发布的《社会生活基本调查》[2]显示，2001~2011年，日本滑雪旅游两性数量都成逐年递减的总趋势。男性滑雪人数依旧多于女性，其中20~29岁的消费人群占消费人数总量的将近一半。然而随着时间的推移，2006年之后，女性30~49岁的滑雪人数超过20~29岁的，男性统计数据也出现了这一现象。该现象意味着随着原有滑雪人群年龄的增长，新生代滑雪人数少于原有群体。日本滑雪产业在二战后开始的新周期中，从产业快速发展阶段就已经关注年轻消费群，即便年轻消费群的购买力并不强大，还是在日本滑雪产业衰落期，本土滑雪旅游人数总体下降的趋势中成为滑雪产业绝对主要的客群。

随着经济泡沫的破裂，大众滑雪产业的投资急速萎缩，日本滑雪产业的战略经营结构转为更快速提升短期收益的方式，严格控制各方面成本追求高效率，间接致使服务水平整体下滑。随着从业人员薪酬的负增长，以及逐年减少的滑雪客流，大量滑雪产业人才外流。然而

---

[1] 《日本滑雪人数急跌逾半有雪场今冬营业仅两天》，http://sports.qq.com/a/20160120/045900.htm，最后访问日期：2017年8月1日。
[2] 《平成23年社会生活基本调查の概要，結果等》，http://www.stat.go.jp/data/shakai/2011/index2.htm#kako，最后访问日期：2017年8月1日。

1998年的冬奥会筹备保持了大量滑雪消费热度，一定程度上掩盖了日本滑雪市场不断涌现的负面信号。冬奥会热潮过后，大众滑雪热度褪去，老旧的滑雪配套、不尽人意的服务、不友好的消费体验等问题集中爆发。供给方整体服务水平快速下滑，致使大量本地核心滑雪者选择去海外滑雪，日本滑雪经营最终出现价格恶性竞争。这一恶性市场循环最终导致日本滑雪产业出现平成大兼并。

（三）1945年以后滑雪度假村经营发展

日本国内的现代化滑雪场开发是从1950年代开始的，直到1980年代初期是缓慢地推进。泡沫经济崩溃后的1992年是日本的滑雪人口高峰。日本学者吴羽正昭[①]将第二次大战以后日本滑雪旅游的发展划分为4个时期：

滑雪观光复兴期（1946~1955年）；

滑雪旅游展开期（1955~1980年）；

滑雪旅游发展期（1980~1993年）；

滑雪旅游停滞期（1993年至今）。

回顾日本现代化滑雪场的历史，四个时期都有相对明确的特点，也带有时代特征。

（1）滑雪观光复兴期。受驻日外国军队的影响，当地资本大力推进滑雪场硬件升级，大量劳动岗位诞生。这些资本有针对性地在滑雪场地周边建设、运营大量民宿设施，从温泉旅游热门区域进一步延展至白马、菅平等地。

（2）滑雪旅游展开期。这是滑雪旅游的关键阶段，滑雪大众化，滑雪技术提高，消费者不断追求挑战性以及趣味性。单一个体旅店或农家投入不能满足市场需求，大都市铁路资本、房地产资本进入滑雪

---

① 『観光学を学ぶ』，2008年

旅游产业，由初期的填补空白领域逐渐转为主导投资市场，间接致使开发资本性质改变。

随着雄厚资本的进入，路网硬件的改善，滑雪场的竞争优势从温泉滑雪转为非居住地的山林地区，滑雪区位布局也随之发生了改变。滑雪场开发经营逐渐探索出了体育度假旅游的商业模式，创造了大量就业岗位，较大的服务业需求致使农业、煤炭、林业生产人员进入新的经营形态。

(3) 滑雪旅游发展期。滑雪成为热门户外运动，滑雪设备装备技术含量提升，流行文化吸引大量追赶潮流的年轻人加入，特别是年轻女性人群加入了滑雪运动。日本滑雪人群转而注重精神需求的满足，寻求冰雪运动中的文化价值。

各种类型的资本进入滑雪产业造成以下三点影响：第一，休闲滑雪度假村开发热潮，开发急剧增长；第二，国有森林区域为滑雪场提供场地；第三，大城市完成了与滑雪地域的高速交通网建设。

(4) 滑雪旅游停滞期。经济受到冲击，市场消极情绪蔓延，滑雪场地普遍出现经营恶化的现象。大量滑雪专业顾问团队，海外投资，NPO组织等纷纷退出日本滑雪产业。滑雪场的核心消费客群随着时代变化，更多地选择日内往返的游玩体验，对滑雪度假村的住宿需求锐减。

（四）日本滑雪产业投资热潮

1956年的冬季奥林匹克会成为日本滑雪产业重要节点，1956年也成了日本滑雪产业复兴期与展开期的变化之年。通过电视转播，日本民众直观地欣赏了冰雪运动的魅力。此后，日本影视产业进一步跟进，推出影视作品《黑色闪电》（1958年）、《白銀は招くよ》（1959年）等，这些影视作品受到了日本民众的广泛好评。20世纪50年代末60年代初，日本滑雪热潮兴起。

这次热潮所处的客观背景是经济不断增长，日本国土规划和大型资本在日本滑雪场开发中不断合作。从需求侧来看，余暇时间的娱乐选择带动更多的人体验滑雪活动，滑雪运动进一步提高消费者的生活质量；从供给侧来看，滑雪产业逐渐以购买力低的年轻人为市场目标，深度开发新客群。极具日本各地区特色的民宿生活，以相对低廉的价格体验地区文化，在冬季这类替代经营为季节性农休劳动力增加了工作收入。1960年代法国阿尔卑斯山周边区域，大规模滑雪场的开发建设，带动了农业村落商业模式的更迭，这类型的滑雪场运营模式被日本滑雪产业学习效仿。

　　2016年，日本东京民泊民宿协会理事长大坂登先生①曾指出，日本民宿可分为四种，第一大类就是以滑雪场为中心的山岳型民宿。2020年东京将举办奥运会，日本观光产业希望借此实现"观光利国"。日本政府为此进一步修改和完善了《旅游业法案》降低日本体育观光衍生民宿的行业壁垒，放宽申请条件，通过优化政策来吸引海外游客；分担酒店旅馆的客流需求压力，促进海外旅游者深度体验日本文化。滑雪产业的多家企业有针对性地逐步恢复泡沫经济时期建设的度假设施，以花费较低成本为目的再建个性化民宿、再生古民房等。

　　日本滑雪场在几十年前就已实践并发现了滑雪场的经营不能仅仅关注滑雪场、雪道等单一硬件。滑雪体验影响因素的延展点在于住宿、交通等衍生出的商业化配套服务和逐步开拓滑雪技能的商业教学模式，应该以商业化经营模式逐渐补充滑雪产业链各个空白。经过市场多年的选择，将滑雪核心人群逐渐确立为日本年轻滑雪人群。年轻人成为消费主体，他们通过学习以及体验消费，快速获得运动成就感从而满足内心需求，享受滑雪成为年轻人的关注要素。

---

① 大坂登：《宾至如归：源自日本的民宿》，《杭州（周刊）》2016年第18期，第15~16页。

投资热潮的产生，源自滑雪消费新的生力军——那些购买力相对较低的年轻人。日本滑雪产业经营发掘以下几个要点：一是以购买力较低阶层的利益需求为目标，广泛采用"薄利多销"的市场战略；二是以滑雪休闲文化引导年轻人聚集于滑雪场周边体验休息；三是为当时购买力较低的年轻人提供民宿，冬季民宿业蓬勃发展，可以补充农闲时间当地居民的经济收入；四是滑雪文化吸引了年轻人，大量青年女性成为滑雪爱好者。社会容忍度相对较高的男女陪伴式滑雪山岳旅行备受年轻人喜爱。

二 日本滑雪行业现状

（一）日本滑雪场积极探索自身经营定位

日本滑雪产业参考了欧美滑雪场的经营经验与该国的特点，以开放的态度了解世界各地区的滑雪场经营情况与战略。日本滑雪场面积远不如欧美的滑雪场，如果将欧美大型滑雪场的经营经验直接应用于日本滑雪场，就不能达到经营目的。日本滑雪产业经过认真探索和讨论，逐渐形成了自身特点，凭借与其他滑雪场文化服务的差异化经营，吸引大量国外滑雪人群。

日本在20世纪50~60年代，深入学习欧美滑雪场选址以及经营经验。美国在雪地资源丰沛的地区，开设了大型滑雪场增加当地整体附加值，大资本打造了旅游度假目的地并带动周边房地产市场，这并不符合尚处经济复苏时期日本的利益需求。欧洲滑雪场的经营理念更符合日本当时需求：注重自然资源的原貌留存，将滑雪场附近的村落以自然的样式保留，促进当地民众生产、生活整体水平的提升。然而，阿尔卑斯山气候相对稳定，即使在海拔2000~3000米的高山，风力也较弱，历史上也没出现严重的气象灾害，方便游客享受高山的阳光。日本与欧洲自然资源差异较大，在当时也无法做到民众生活区域与滑雪场经营区域完全切割。

日本社会的滑雪需求不断增加，滑雪产业依托当时已有资源，逐渐发展出山区日常生活与冬季滑雪运动依存的方式。温泉、滑雪、民宿的特色组合成为日本滑雪经典搭配，形成与欧美滑雪文化差异的自有滑雪文化。

（二）日本滑雪产业学术领域发展

日本滑雪产业理论研究领域与欧美有明显区别，独树一帜、自成体系。这与日本学术界对滑雪产业研究的深化和扩展密不可分。滑雪产业与山区经济发展积极地结合，各个大学相继展开滑雪产业专项研究。日本滑雪协会逐渐开设多个分会，满足不同类型的需求，例如国际滑雪安全协会、全日本滑雪联盟、产业生态学会等，这些秉持现代化滑雪产业观念的协会和组织都是中国滑雪产业亟须借鉴的。由此，日本滑雪产业逐渐拥有一大批优秀的专家级人才，填补了各个细分领域，经营方面有稻本隆宪、平野哲行；滑雪场建设改造有吴羽正昭和白阪藩；滑雪市场营销模式有新井博、小池宪治，这些著名学者的观点在中国也有广泛的关注度。日本各级政府以及滑雪产业界重视滑雪场安全以及生态，硬性要求滑雪场引入应急机制和产业准入机制，并责成滑雪产业学会负责滑雪场的安全测评。另一方面，随着大学学术领域的深入，依托高校成立了各样滑雪社群，吸引了大量高学历、高收入的年轻群体进入滑雪运动。在一段时间内，滑雪运动成为日本高素质年轻人社交的重要组成部分，奠定了良好的大众滑雪基础。

（三）日本因地制宜商业化发展滑雪场

日本滑雪产业经营管理是从商业视角来发展的，从设施管理扩展至区域管理框架工作再到区域管理，以旅游资源为导向的各类型的经济、文化资源的合并管理，日本滑雪产业思考可能性和创新性，以克服经营出现的困难。特别是入境海外滑雪人数恢复增长、老旧设施更新等新的环境的变化，滑雪场开始经营战略转型升级，这就需要重新评价现有的管理资源和重组，例如处理设施或滑雪场兼并。

日本滑雪场经营者深知自身的自然资源不如欧洲，同时因为日本受到全球变暖的影响日益严重，日本滑雪对海外客群的吸引力受到影响。日本滑雪产业将研究重点倾向于滑雪场管理与新趋势。滑雪场的经济不单指一个区域性有利可图的商业行为，也是对本地经济的影响，对地方政府和区域经济规模的探究。日本滑雪场研究建设开发着重关注的是滑雪场自然条件、滑雪场指数，具体包括自然条件下积雪量、雪质量以及分布情况，日本多以此作为滑雪场选址的自然资源标准。日本提出了滑雪场指数的概念，该指数是以0℃为标准，每月气温零下度数的平均值，该指数显示出日本一些著名滑雪场的指标，比如札幌滑雪场的指数为 -15.9℃、藏王温泉滑雪场雪指数为 -15.8℃、野泽温泉 -3.8℃、八方尾根 -6.1℃、志贺高原 -19.1℃。

滑雪场指数这一标准以科学合理的视角审视低温地区，其中饭山盆地（长野县饭山市）的指数为 -4.3℃，冬季滑雪场可以充分依托当地自然环境的优势。饭山盆地包括斑尾高原、木岛平、户狩温泉等滑雪场选址。同时，上越线沿线散布的滑雪场大多是低暖地（盐泽的滑雪场指数为 -1.2℃），雪的自然条件并不太高，但东京首都圈这样的大市场需求，便捷临近的交通条件成为周边滑雪场战略优势之一。

（四）日本社会人口老龄化对冬季产业的影响

日本社会少子化、高龄化的发展成为经济发展的客观限定条件。据日本厚生劳动省的数据，日本2015年的人口出生数为100万，2010~2014年的5年时间里，新生儿出生率为8.00‰，2015年，新生儿出生率提高至8.34‰。而2015年日本人平均寿命是83.7岁，全世界第一。日本经济财政咨询会议下属调查委员会认为，若保持当前状态，2031～2060年劳动力的减少会使潜在经济增长率下滑，会出现由零增长转为负增长。毫无疑问的是，由于人口老龄化，投身于滑雪运动服务的劳动力明显减少，尤其是以滑雪运动为经济增长点的地区，失去了经济增长的驱动力，影响了当地已有几十年历史的经济产业结构。这对当地家族世代经营的民宿业影响颇大。

2014年日本内阁办公室发布《长期人口趋势和未来预测》[①]，这一报告指出，日本社会如果以目前的趋势继续发展，至2060年人口总数将降低至8700万人；即使在2030年，日本全国生育率恢复到2.1左右，人口总数依旧下降，直到2090年代保持平稳。就目前而言，人口继续下跌是事实，这意味着劳动力减少，并使紧缺的高技术劳动力在组织或企业间流动。在社会人口减少、少子化社会的背景下，日本体育产业整体面临的共同课题是如何推广扩大个人运动的影响力。在少子化和老龄化社会中发展滑雪运动，这不仅是滑雪体育运动本身的事，对降雪山区地区经济的持续增长也有着较高的社会价值。

日本滑雪产业在发展过程中，直接遭遇到了被称为"失去的20年"的日本经济的低迷期。日本的滑雪产业需要经济发展作为支撑，曾经通过体育赛事活动（奥运会）和电影的介绍作为契机发展出现象级的流行趋势。狂热与繁荣在一定时间段的流行，而积雪山区经济的发展和可持续性，又是与流行相对立的现象。社会滑雪热潮的带动，已形成日本本土滑雪文化（包括体育和娱乐两个方面）。人口减少社会下的日本滑雪产业，正在积极探索不依托经济繁荣增长的管理理念和市场战略。

---

① 《人口動態につい》，http://www5.cao.go.jp/keizai-shimon/kaigi/special/future/0214/shiryou_04.pdf，最后访问日期：2017年8月1日。

三 日本铁道省支持滑雪市场发展

(一)以铁道省为代表的官方支持

1960年代,日本经济进入黄金发展期,日本对经济发展政策不断做出优化和修改。得益于这些战略措施,滑雪产业得到了优先发展,得到各方面资金倾斜支持。多类型多行业企业进入滑雪产业,开发荒山荒地,允许民间募集资本,鼓励地方组织、大财团进入滑雪产业,引导滑雪场开发建设。全国性著名观光会社、交通会社与地方性农协、林协等组织积极联合,提供资本建立滑雪产业综合开发区。日本铁道省与其他组织合作,在北海道、新潟等地区建立了17处设备完善的滑雪度假地区①。这一轮开发发展热潮同步出现对已有滑雪场进行改善升级上,并最终演变为以投资滑雪旅游替代滑雪场投资开发。

随着市场的发展,滑雪场分散的经营机制逐渐转为规模化,经营方式也逐渐转为一体化,开始依托市场选择提升滑雪场客流,增加滑雪爱好者转化率。滑雪产业出现区块集中发展的现象,长野地区聚集滑雪器材生产企业,奈良地区聚集了以滑雪服装鞋帽为代表的工业企业,逐渐形成了具有自身特色的产业发展模式。得益于政府的政策支持,日本的滑雪产业与欧美滑雪产业有着明显不同,并快速赶超欧美滑雪产业。

滑雪场开发需要一定的社会经济基础,主要包括大都市生活圈距离是否能得到有效的客流量,以及对滑雪场基础建设投资开发等方面。日本主要的滑雪消费者的生活区域并不在滑雪场辐射范围内,因

---

① 建元喜寿:《中村徹.スキー場における自然環境問題》,日本スキー学会誌,1999。

此滑雪场的客流量与交通路网的便利性呈正相关。现代人在法定节假日以及工作休假才能有较完整的休闲时间,有足够的精力进行完整时间的旅游娱乐生活。20世纪70年代之前,滑雪场与大都市的连接严重依托铁路运力,著名的滑雪铁路线上越线周边辐射的滑雪场,以通达性好的优势急速发展。在这个时期,值得关注、借鉴的是日本铁道省对滑雪场基础路网以及相关配套的建设。

1928~1929年雪季,日本铁道省开始执行滑雪折扣列车的市场战略。山崎紫峰在1936年发布的《日本滑雪发达史》中表述过一组数据变化,仅雾峰地区滑雪场乘坐火车的客人就快速增长,雾峰地区滑雪火车票在1931~1932雪季仅卖出416张,而第二年也就是1932~1933雪季暴增至9451张并逐年增加,135~1936年雪季已有12566张。这一客运数据成为日本滑雪高峰的最好体现。

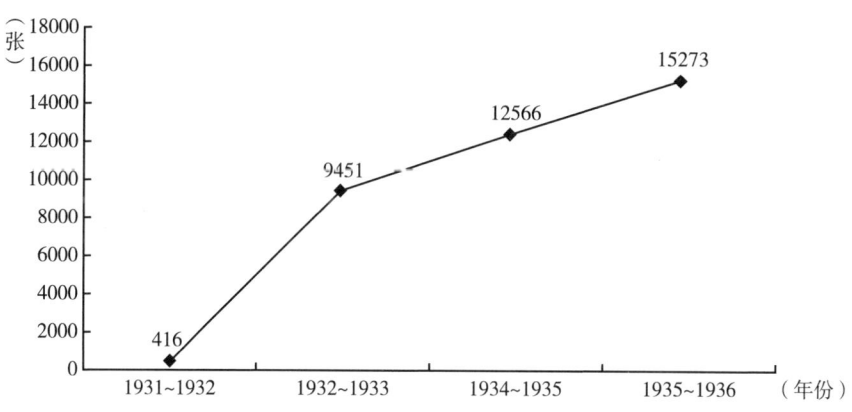

图3　1931~1936年雾峰地区滑雪车票卖出人次

在20世纪前半叶出现滑雪热潮的背景下,1935年日本铁道省设立国际观光路线,将妙高高原和菅平、志贺高原指定为国际滑雪场路线,以滑雪为突破口促进经济水平的发展。

1948年,日本交通公社与国铁列车、旅店、滑雪学校强强联合,开发推出JTB滑雪学校。这是二战后,日本雪上资源丰富且欠发达地区的"救世主",以温泉为特点的滑雪场经营方式激发并拯救了当地的滑雪产业,创造出大量就业岗位。滑雪最终成为日本休闲娱乐的集聚优势的市场品牌。

20世纪80年代,日本开始兴建高速公路及其配套的基础设施,汽车逐渐成为便宜的出行选择。日本国内航空公司增加了更多的国内航线,机场基础服务的不断完善,令滑雪客群有了更快捷的出行方式。日本东北地区的滑雪场依托机场和高速公路网的连接,将更多客流导向优质滑雪场,铁路需求以及影响力逐渐减弱。

在滑雪旺季时段,日本全国铁路客流逐渐减少,而滑雪场以及相关住宿地区的客流量开始增长。针对这一情况,土樽滑雪场和薮原滑雪场开设了专门滑雪场通行的"山之家"号列车。同时,在地方铁道路局辖区内的滑雪区域,有计划有针对地对大众滑雪出游进行开发和推销服务。

(二)日本铁路部门立法规范滑雪场索道

日本铁路事件工商执法条例明确规定,特殊索道是由已经释放到外部的座椅组成式椅子的运输索道,椅子型索道即缆车,简单说就是现在滑雪场普遍使用的索道。1987～2013年的特殊索道运营业绩趋势图,直观地表现出日本滑雪场经营动向。日本滑雪场索道运营业绩从1997年开始逐渐下滑,同年5月日本铁路事业法实施细则进行了修改,将特殊索道划分为三种。明确规定甲种座椅式特殊索道不是滑雪吊椅专用,乙种特殊索道是滑雪吊椅专用,丙种特殊索道是滑行式的索道。这一规定明确划分索道的不同种类和类型,对亚洲滑雪场安全的规范发展起到关键作用。

特殊索道运输业绩间接展现出了日本滑雪场经营趋势。1997年的数据大幅下滑应该与当年5月的细则修改有直接关联。在此之后,许多已建成的滑雪场必须改进滑雪场硬件设备。在大规模改建工程和

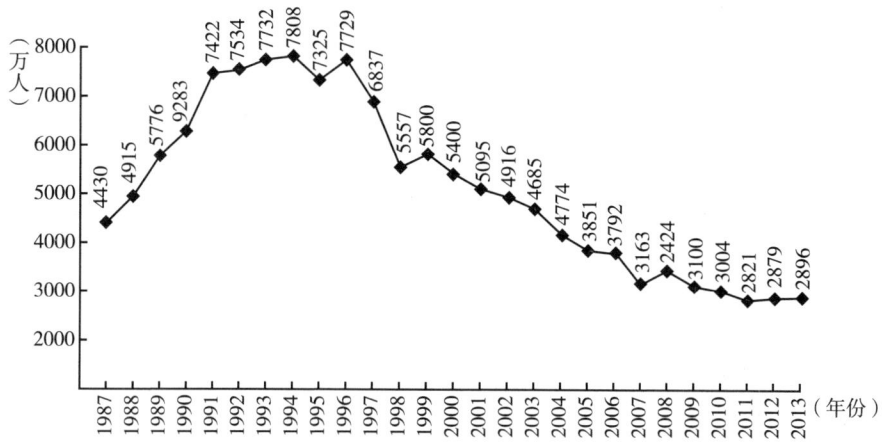

图4 1987~2013年的特殊索道运营业绩趋势

1997年经济危机等多种因素的共同作用下,日本特殊索道运营业绩势必降低。2012~2013年,特殊索道运营业绩维持在2879万人次,仅是1990年代经济泡沫时期的37%。

在滑雪场经营数据收集统计方面,日本更多地沿用了百年来的经营经验,各个滑雪场非通用标准的人性化服务满足滑雪者需求。"A day skier"滑雪场管理概念以及管理标准在欧美广泛运用,日本滑雪产业并没有广泛借鉴使用这一统计管理标准。根据各个滑雪场实际情况,滑雪场运营方各自设置了独立的标准,拥有较高自主经营空间,从源头上就为差异化经营夯实基础。

四 1989~2019年日本滑雪场经营特色

经济增长停滞后的日本滑雪曾一度保持较高的客流,进入21世纪之后大众的热情锐减。日本滑雪产业管理中出现了几个新的主要趋势,其中最重要的是地方自治团体的重组再编,这一行为在日本学术界被统称为"平成大兼并"。地方或地区自治团体的再编制再变化,为何会影响日本滑雪场的经营，通过对比其他海外滑雪场可以更加直观地展现这一过程。

全球自然环境变化并未大幅改变日本滑雪场的自然资源优势，自然雪量大、设施优良、雪道种类丰富等行业标签代表了日本滑雪市场的整体形象。与世界其他主要滑雪目的地相类似的是，日本滑雪场在不同海拔地区积极应用单板、双板、雪上摩托等多类型雪上运动装备；也积极学习和效仿欧美地区在滑雪场重要的客流集中区设置一定规模的餐饮休闲购物区域；住宿服务也极为丰富，可供选择的类型相当多，极具当地特色的日式民宿承接了大量客流，在滑雪场周边建立的欧美式大型高档酒店同样吸引部分客流，也因地制宜地建立各类型快捷客流通道。

（一）经典的温泉滑雪

温泉早已成为日本文化的一部分，温泉与滑雪的市场组合，多是依据海外滑雪场经验结合日本自身特点而产生的。温泉与滑雪有机结合逐渐成为日本滑雪旅游的一大乐趣。当然，温泉加滑雪的组合模式早在百年前就已经出现，经典的温泉旅行不仅局限在亚洲，而是全球滑雪产业结合自身继续发展深化的组合模式。日本关于温泉的文化具有一定的历史传承，通常来说温泉滑雪旅行为2~3日的短途出行，既满足冬日城市居民的休闲需求，又延续日本传统意义的文化旅行，对于日本各阶层都有着强大的吸引力。温泉加滑雪的搭配逐渐由解除疲劳、抵御严寒发展成传统文化的巡游体验，又由于其必备三要素为汽车、温泉地、冬季，在年轻群体中形成一种日本特有的公路旅行文化。

（二）城市滑雪场日内往返

因日本经济发展水平较高，基础建设较完善，滑雪产业逐渐形成具有自身特点的日内、周末滑雪休闲模式。翻阅日本不同地区的旅游宣传册不难发现，北海道地区滑雪场的优势在于交通便捷，而本州岛的滑雪场的优势在于可以使用自驾或铁路观光旅行的模式。这一差别具体在于滑雪场本身的位置，三大都市圈范围内的滑雪场随市场演变逐渐出现日内或周末滑雪经营方式。

日本首都圈地区交通配套完备，又因为自驾游的随意性相当高，许多消费者选择在工作结束后，出发前往白马、信越等地的滑雪场。相当多的滑雪爱好者习惯在较早时间到达滑雪场，因此滑雪场需要提前服务或开设早间滑雪时段。日本劳动力成本相对较高致使滑雪场周边配套服务的成本相对提升，这也导致周末出游的费用比平时略高。

另一方面，大都市周边的滑雪场为降低成本，推出了滑雪旅游大巴服务。经过多年市场化经营，大巴服务不再是单一从城市往返于某一滑雪场，而是转为开往滑雪场聚集地或路网交会处，从而进一步提升大巴运力。大巴以售卖固定座位的运营模式，带动了滑雪场集中区民宿的收益，对路网沿途经济产生了积极影响。据统计，日本首都圈出发的滑雪旅游大巴目的地有白马、北志贺、藏王、志贺高原、野泽、福岛、妙高高原、斑尾高原、上越、安比高原。

（三）航空企业进入滑雪产业

日本滑雪场分布比较分散，例如北海道地区以充沛的雪地资源来应对首都圈附近滑雪场的大肆掠夺客源。北海道各航空公司积极承担滑雪流量引导，参与北海道滑雪场针对日本国内的产品策划以及配套宣传。"飞行与北国风光"套餐式滑雪旅游产品，就是联合航空服务优势与北海道自然资源推出的旅游产品。该旅游产品最大的优势在于将温泉滑雪这一经典组合向短时度假消费者推销，即便是传统的滑雪爱好者也能得到称心如意的服务体验；以强大的滑雪体验为竞争力来源，配合舒适的飞行旅行，直接吸引滑雪爱好者。

北海道滑雪场以机场为中心向四周扩散,并以机场的地理分布出现市场网格式格局。其中最重要的新千岁机场为周边近10家大型滑雪场提供了客流基础服务。以著名的北海道札幌TEINE国际滑雪场为例,从东京国际机场出发,到达新千岁机场转而使用电车服务到达滑雪场只需要约150分钟,距离新千岁机场最远的滑雪场也只有2小时路程。值得一提的是新千岁机场的运营战略,利用其作为重要交通枢纽客流较大的优势,适度配置周边城镇特产和文化产品推广,以日本传统商业街的整体氛围为游客提供各式服务,已成为中国游客在北海道的旅游景点之一。

用可提前预订或以折扣价购买航空公司对外售卖的滑雪套票,从而一次购买完整服务的非组团式游玩体验,包含往返机票、各档次住宿、当地交通、滑雪各类服务等。这类套餐服务在消费总量上实现规模化,减少不确定性,最大限度地降低服务总成本。航空公司还在机场商店以及飞机服务上推广滑雪装备品牌,例如ANA主要宣传滑雪场的优秀雪质,JAL、JAS为滑雪板做市场推广。

五 新时代日本滑雪产业主要经营模式

(一)野泽温泉民营化模式—"上下分离"蓝本

野泽温泉滑雪场坐落于长野县,该地区滑雪风气鼎盛,是日本著名的滑雪度假聚集区,一年四季雪的质量高。野泽温泉滑雪场临近东京首都圈,附近不仅有白马、志贺高原等日本国内知名滑雪场,其他大小滑雪场及独立雪道也随处可见。野泽温泉滑雪场占地297公顷,风景优美。滑雪场周边有13处露天温泉,出水量充足。滑雪场毛无山山地标高1650米,游客接待中心位于海拔565米处,使其中3条长雪道落差超过1000米,别具一格,著名的YAMABIKO由5条1000

米的中级雪道组成。野泽温泉滑雪场总共有 24 条雪道，最大坡道不超过 39 度，最长滑行距离为 10000 米，起伏滑道面积约占 20%，人工压雪覆盖 70%，10% 为自然雪道。

1998 年冬季奥运会在长野举办，野泽温泉滑雪场曾经为此提供相关场地设施装备，而整个地区积极募集资金并承担债务。然而随着冬奥会结束，日本大众滑雪的热情退去。滑雪场的营业额从 1991 年的 50 亿日元到逐渐减少至 2004 年的 14 亿日元，消费客流也从 139 万人减少至 73 万人。在营收减少过半的同时，设备更新以及折旧费用持续增加，积累的赤字达到惊人的 46 亿日元。为了真正改善这一被动的经营业绩，野泽温泉滑雪场经营研究委员会于 2005 年正式成立，同年 3 月提出《野泽温泉滑雪场民营化基本构思报告书》[1]，依据 SWOT 分析当时滑雪场的各种情况，直接指出五个主要原因：

①政府行政预算束缚，战略投资不能顺利达成；

②行政方面的制约，没有能力适时改善滑雪场经营服务、应对市场环境的营销能力；

③不能更具弹性地应对各种外部和内部环境的变化；

④作为依托服务产生竞争力的情况下，无法激发滑雪场经营管理者以及员工的积极性；

⑤成本的缩减是为了利润而不是以提升竞争力为目的。

经过一系列商业行为，野泽滑雪场所在城镇出资 2000 万日元，正式成立滑雪场运营公司——野泽温泉株式会社。成立后当地自治组织注资 3500 万日元，该地区内的酒店、民宿等涉及滑雪旅游产业的相关组合和个人共同注资 7000 万日元。野泽滑雪场的主要设备、索道

---

[1] 《野泽温泉滑雪场民营化基本构思报告书》，http://www.nozawaski.com/winter/general/keii.php，最后访问日期：2017 年 8 月 1 日。

拖牵等资产被划归为城镇所有权。产权与经营有区分的民营化模式诞生，日本学界称之为"上下分离"民营化合作。

野泽温泉滑雪场将的合作经营模式，如星火燎原一般影响整个日本滑雪产业。产业内将已成为不良资产的滑雪场以多种形式转为民营企业，这也是许多滑雪场民事再生（重建）重要参考案例之一，附表为具有代表性的案例。

（二）开田高原—多方主体一体化过程

木曾地区为了振兴和发展开田高原滑雪场，在1991年制定"木曾地区振兴构想"，该构想针对自然资源优势，以修养度假为定位，进行必要的开发，对木曾町的滑雪场度假设施进行维修，当地县级和村一级都参与了此项目。开田高原整体开发的总投资额达到4.8亿日元，投资方持有的比重分别为：长野县15.0%、清水建设25.0%、开田村5.0%、北野建设10.0%、木曾高原开发8.0%、上田第三2.0%、林野弘济会14.5%、昭和建物13.0%、JTB4.5%、木曾农业协同组合3.0%。应当指出的是长野县企业局从1969年成立以来已开发健康休闲区块。由此可见该区块经营并没有一方占绝对多数，获得项目控制权。

可以说该区块的权属过多，利益重叠过大。滑雪场于1996年成为开田高原重要的营业场所，经营6年后也就是2002年联合体公司将滑雪场的设施无偿转让给当地村镇，并由第三方成立新的运营主体。清水建设追加投资5.1亿日元，取得其他公司股份。开田村、木曾町、日义村、三岳村几个村对于滑雪场开发取得一致，滑雪场开始"上下分离"式运营。在2012年，三家利益相关公司合并为新公司，以运营主体的真正统一做到观光资源有效统一，协同原属各方的旅游资源以达到最佳效果。历时多年，有效联系并一体化协同的管理模式呈现于开田高原的旅游开发。

（三）大山滑雪场复兴—金融资本引导民营化

大山滑雪场坐落在大山隐岐国立公园内，是西日本地区首屈一指的大规模滑雪场。大山滑雪场也是该地区冬季旅游观光的市场竞争力来源，对于附近农业地区四季经营有着至关重要的作用，为农闲时期提供珍贵的工作岗位。从地区经济角度来看，1995年大山滑雪场接待了超过40万滑雪人群，即便在金融危机冲击下滑雪热度锐减，大山滑雪场2009年仍招待了11万滑雪人群，2013年接待游客量越升至21万人，在日本滑雪产业界独树一帜，这与大山滑雪民营化密不可分。

当地的地区银行－山阴合同银行为振兴区域核心休闲产业进行了大量工作，并分析出几个客户减少的原因：①四个不同实体相对独立运作；②过度竞争引导过剩资本投入滑雪场配套设备，设备运营竞争影响利益分配；③日本滑雪热潮终结，受自然条件影响降雪量减少；④为维持利润减少各方面成本、降低劳动力成本致使企业服务水平下降。山阴合同银行最终指出，滑雪场自身危机是地区核心基础产业的危机，滑雪场复苏的努力实质是克服阻力，实行统一运营的战略，以此来促进地区经济复苏，维持就业，确保地区整体平稳发展。

大山滑雪场的民营化实质是依托当地金融机构主导的民营化。大山滑雪场的复兴是一个非常好的案例。在一座滑雪场有四家事业主体共同运营的情况下，通过一系列所有权经营权的再分配，实现引入新主体进入。首先，运营方通过分割权属实现实质统一运营；其次，新主体与原属运营主体进行资本合并或控股，通过业务转移实现深度私有化。整个过程中，山阴合同银行全程参与，操作相关公司的增资收购以及经营人员派遣，提供DDS财务支持（debt debtswap 债务互换）。债务互换与债务减免不同，债务方返还的是债权方的最大利益需求，银行也最终获利。债务方持有金融资本化的债务，拥有可控偿还期的可交易债务，以市场债券化的实质分摊并减少实际债务。大山滑雪场的所有权以及相关责任得以明确，建立了现代化经营主体并获得有针对性且明晰的经济援助。

（四）安比高原滑雪场

安比高原滑雪场位于岩手县八幡平市附近，岩手县面积仅次于北海道，也临近北海道地区，该县内滑雪场、观光景点颇多，雪季（12月至次年5月）积雪量丰沛；滑雪度假村有优秀的天然雪质，可以长时间享受顶级滑雪乐趣；温泉资源种类丰富，滑雪集中区域普遍坐拥高质量温泉设施。安比高原滑雪场是日本境内极具竞争力的超大型滑雪度假村之一，总共设有21条雪道，依托山地自然形态以圆锥形态优势建立长距离雪道，雪道总长度超过45000米并铺满阿司匹林粉雪。安比高原虽临近北海道地区，然而地域定位完全不同，北海道滑雪场严重依赖新千岁机场以及航空服务。安比高原距离首都也较远，为600公里，通过新干线需要2小时，与北海道相似的是也有各国内外主要城市直航航线，日本境内主要城市到达该滑雪场的时间均不超过4小时，可供选择的出游路线、方式多样化。

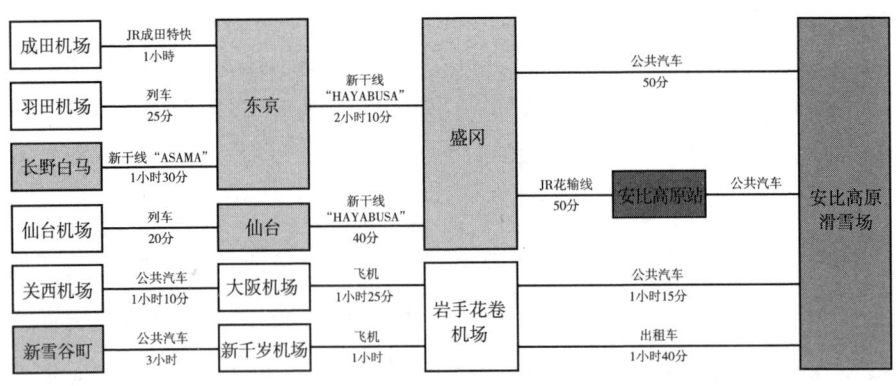

图5　安比高原滑雪场主要路径

1981年开始营业的安比高原滑雪场总面积超过182公顷，山顶标高1304米，游客中心在海拔500米处山腰，初级道、高级道各占30%、中级道占40%。滑雪场具有强大的硬件优势，曾主办过日本国家级冬季运动会以及各类型雪上运动锦标赛。

安比高原滑雪不仅仅关注冬季项目，还由单板双板滑雪运动拓展出更多类型的雪上项目；引入建立以家庭为单位的雪上游乐区域和滑雪学校，有相对简单的培养兴趣的徒步训练项目；对于已被联合国教科文组织认证的世界自然遗产，组织冬季雪上徒步观光游；以景区风光不断吸引游客加入徒步游等其他类型的户外运动项目。户外野雪因大量自然粉雪成为安比滑雪场的一大乐趣，不过这对于滑雪者有相对严苛的要求，而且需至少提前3天预约特定时段，并在随身物品中装备必要的食品以及无线电。

安比高原滑雪场多年来苦心经营建设餐饮休闲区域和住宿区域。三家大型酒店陆续建成。酒店定位豪华舒适，容纳量相对较高，有超过1800个客房，包含日式风格装潢。滑雪场餐饮包罗万象，雪季提供高热量的日式料理和其他东方美食。受到"A day skier"思潮的影响，滑雪场扩大了服务的范围夜晚提供往来八幡平乡间街道的接驳车，满足游客享受当地地道美食以及周边市镇观光的需求。游客无论是在酒店还是在民宿，都可轻易购买到八幡平市、盛冈市的乘车券以及总值超过车票的，大量广告性质优惠券、晚餐券。还有免费车将大量客流引导至松川温泉。坐落于八幡国立公园溪谷内的温泉，以怀旧的装潢设计带来独特的气氛，游客可以在此享受日式传统露天温泉。

因为处在日本经济飞速增长期间，又刚刚成功举办冬季奥运会，日本政府通过多方面的引导激发了大家对冬季运动的热情以及资本投入，地方政府对于辖区内冬季度假地有了一系列的建设构想，安比高原取得了整块政府用地，对当地环境进行了一定改造。当时日本滑雪场投资建设相对完善，很多成熟理论陆续产生，安比高原滑雪场的设计构想就不再是仅仅关注冬季滑雪运动本身，还将目光落在了家庭冬季游玩体验上。然而，1981年的本州并没有足够专业的工程技术人员和雪上专业的从业人员，只有临近的市县有相应的雪道，安比高原滑雪场只能通过自身努力积极学习、了解行业知识。

现在的成熟模式多是由当时小心探索出的。比如，对于安比滑雪场使用的大型森林林地做出严格的保护要求，具体至对特定区域内的每一颗树木都做了详细的标记以及留存。在1984~1985年的雪季的初期开放阶段，该滑雪场根据当时客流系统性实施了新建改建，并开放了更大的停车场。在1988~1989年的雪季，整个滑雪场面积大幅增加，吸引了超过100万人次的游客。安比高原滑雪场在之后几年的游客量保持在100万人次以上，1991~1992年雪季跃升至150万人次。日本滑雪热情在1998年冬奥会后逐渐退却，日本雪道大幅减少，从600多条减少到300多条。松下宏之先生认为，2015~2016年雪季，日本约8%的滑雪人次是由安比高原贡献的。[①]

安比高原滑雪场主要吸引日本本土的游客，并没有过多国外来的滑雪游客，所以安比滑雪场受到本土滑雪氛围改变的影响。在日本滑雪热情终结多年之后，2016年安比高原的滑雪人数才有所下降，只占到往年雪季的3/4，这一信号值得管理方高度关注。度假村运营管理方针为未来五年制定了一套开发和发展计划，对这个已经建成50年的滑雪场做出一些新的改变，以新的理念开发新区域和对已建成区做相应更新。随着滑雪消费观念升级，日本大众不再只满足滑雪场的基础服务。安比高原滑雪场考虑目标客户需求，针对单板滑雪热潮进行雪道升级改造，探索挖掘其他雪上娱乐需求，比如森林雪地探索，雪上娱乐项目以及设施。SALOMON雪上公园是在原有基础上，聘请专业团队重新打造的日本顶级雪地游乐公园之一。初学者和儿童能在

---

① ISPO日本安比高原滑雪度假村董事会成员松下宏之先生

初学区安全游玩享受雪上时光，相对独立的中级区满足一系列滑雪爱好者的游玩体验。园区对安全有着严格的管理，禁止一切由下至上的步行活动，配置多条魔毯供游客使用。亲子乐园是滑雪儿童开始学习双板与单板最好的选择，宽敞的滑道与戏雪区域完全隔绝，兼顾了安全性与舒适度。

松下宏之先生透露的新规划包括大型购物区、户外区以及酒店住宅区，而新的观景区域依托本地区特色，通过日式传统建筑、餐厅美食文化、日本特色温泉打造海外竞争力品牌，以国际化的视角审视战略方向，不再局限于日本本土滑雪爱好者的需求。安比高原滑雪场四季经营的战略也已实质推行两年，已多次举办亚洲大型高尔夫锦标赛，未来还会有更多的夏季活动。已经成型的安比牧场以家庭为目标人群，免费对家庭消费者开放，可随时亲近常见的温顺动物，游客还可以使用当地自产牛奶与家人一起制作美味糕点。人气较高的户外钓鱼，森林捕捉独角仙夜晚的萤火虫森林，节假日的烟火，都已经成为安比高原滑雪场四季经营的项目。

六　中国与日本滑雪产业对比

（一）滑雪场地

1. 滑雪场安全

中国在2013将高山滑雪、自由式滑雪、单板滑雪列为第一批高危险性体育项目。现行滑雪场规范标准仅有《体育场所开放条件与技术要求》第6部分："滑雪场所"，该文件是国家体育总局下属的冬季运动管理中心、体育科学研究所联合起草的，文件就滑雪场缆车经营安全、消防领域规定了明确具体的安全细则，然而对于滑雪道验收检验、安全网设置等缺乏具体可操作性细则。2016年，七部委联合发布《全国冰滑雪场地设施建设规划（2016~2022年）》，中国滑雪产业的运营机制、组织领导、安全监管等方面将更加完善。

日本政府部门、滑雪协会、索道协会都出台了不同的滑雪标准以及规范。日本铁路管理方即便在经营改革期间，依旧对日本滑雪场索道安全规范进行了修订。

2. 滑雪场数量以及发展时间

中国滑雪产业从20世纪90年代开始发展，已有646家滑雪场，75%的滑雪场为旅游体验型，而同欧美比肩的滑雪场仅占3%。

日本滑雪旅游从1911年开始兴起，期间曾因战争原因中断。拥有5条及以上提升设备的滑雪场有547家。

3. 土地资源

在中国建成滑雪场，需经国土资源、林业、发改委、环保、住建、工商等多部门批复，同时因为运动属性需申办危险场所许可证。

日本约90%的滑雪场在民间私有土地上建立运营。若要在国有土地建设滑雪场，则需要繁杂严格的层层审查，还需妥善解决民意和周边安置等问题。

（二）滑雪场服务

1. 滑雪人数

中国2016年滑雪总人次为1510万，不足总人口数的1%；日本的滑雪爱好者占总人口的10%。

2. 指导员培养

中国滑雪场指导员需持证上岗，然而培训体系、机构以及证书标准不一。高中学历的指导员约占50%，教学经验低于五年的约占44%。

日本滑雪联盟直接负责对指导员教学的指导培训，受到滑雪联盟管理的滑雪学校才能进驻滑雪场。

3. 消费者滑雪训练

中国以个人负担为主，2016年平均每小时教学价格超过200元人民币。同时冰雪进校园活动在全国各地陆续展开。

日本对海外滑雪游客收取1000日元的指导员培训费。因为滑雪联盟收到各类型赞助，所以日本滑雪游客仅需缴纳注册费，加入滑雪联盟可享受免费教学指导。

七　日本滑雪产业对中国的借鉴意义

本文透过分析日本滑雪产业的一些现象，为中国滑雪产业经营管理拓宽思路，规避发展盲点。

（一）领导力发展同质化、公式化

日本在1970年代逐步注重管理层领导力的培养和发展，当时的日本滑雪产业意识到不同领导风格具有不同的组织优势。日本滑雪产业培养的管理人才梯队在日本经济高速发展时期大放异彩。领导力培养方面，其原本效仿学习而建构的适合日本社会文化的培养模式，历经几十年的风雨发展，已经流于同质化。部分现行的滑雪产业商业和学术性领导力多样化培养，实质是将成功管理者或最佳管理案例的公式化模型拆解、分析、整合。一些组织在培养和实践传授时，教导理念呈现口号化，对培养对象知之甚少，忽视了日本泡沫经济时代的成功管理者或案例并不具有当前适用性，又认真遵循了公式化模型，将所谓"怪异"的领导力性格剔除。这也间接解释了为何许多日本老牌滑雪场将经营权或转移或托管的行业现象。

（二）快速多变的商业环境冲击发展规划

日本滑雪产业经历过战争停滞、地震影响、经济崩溃等大环境变化，如何建立可持续的竞争优势是许多日本企业的核心战略，仍然有日本滑雪公司创造并保持长期竞争优势。不可否认的是随着宏观环境的改变，消费者和竞争对手变得不可捉摸，一些新兴的商业模式逐渐出现，跨领域经营、数字革命、全球化等使滑雪产业的进入门槛大幅降低。

（三）累加瞬时动态优势获得竞争优势

在快消品、电子消费等快节奏商业模式的影响下，成功的战略通常在短时间内遇到竞争对手或潜在竞争者、学习模仿者，最终减弱甚至是完全失去刚刚累积下的竞争优势，企业不得不制定或部署新的战略。冰雪体育产业在制定长期战略时，不再提出稳定的业务常态，而是鼓励连续性变革、规避僵化产生的风险，以建立并利用多个瞬时优势，以多个优势组合保证公司在长周期内持续保持优势。

（四）大企业资源无序退出

在经济泡沫破碎之后，许多投资滑雪场的公司被迫退出滑雪场经营，然而，大型资本似乎没有考虑可持续发展的退出战略。在退出周期内快速地抽出资源再部署，是对管理团队能力的严苛考验。从文献资料中不难发现，很多优秀的企业或组织退出滑雪产业时，一般是先从人才抽调开始的，而退出战略通常是由其他临时管理人员快速完成的。资源大面积大规模无序退出，对于冰雪产业的冲击影响深远。

（五）经济泡沫时期滑雪场投资充斥着"资本效率"论

资本一直是稀缺且昂贵的，这一现象在日本经济泡沫时期发生了较大改变，出现了"资本过剩"的情况。资本效率在当时的日本滑雪产业中大行其道，服务产出、市场容量、滑雪产业金融资产总和、杠杆率、需求等被轻视；净资产回报率（RONA）、投资资本回报率（ROIC）和内部收益率（IRR）等财务指标占据较为重要的位置。金融领域对成功标准的设定影响了当时的日本商业氛围，投资人越来越重视净资产回报等财务指标，致使企业每年都尽可能地削减一切成本。遵循这个规则的企业几乎不用经历漫长且艰辛的资本积累期，就可廉价地获得充足甚至是过量的资本。与快速到位的资本相比较，管理人才以及发展战略相对滞后。随着商业宏观环境的改变，昂贵、稀有的资源由优质滑雪场、资金转变为专业化人才，进一步推升了滑雪场的人力资源成本，滑雪产业的资本效率一定程度上出现了下降。

附表：滑雪场管理的法律处置—形式

斑尾高原滑雪场	斑尾高原开发50亿日元的负债申请民事重建	达芬奇Adobaisari运营基金出资基金进行操作，滑雪场、饭店的资产和营业权转让费约为8亿日元。2012年7月，由MAC购入
福岛县磐梯滑雪场	万代度假区开发经营恶化，星野度假村减资后的新的资本金的出资2/3，集团公司化。	2002年民事再生法(重建)申请。负债总额是950亿日元
サホロ滑雪场	在2001年清算西洋环境开发	营业转让费为10亿日元，加森林旅游拥有
夏油高原滑雪场	第三大股东兴业国际退出	无偿转让资产。加森林旅游团体资产运营(2002年)贷出。2013年委托项目小组运营
トマム滑雪场	阿尔法公司运营不善破产(1998年)，关兵精小麦申请民事再生(2003年)	资产收益中4成归自治团体。关东兵精麦拥有6成。产权方委托加森林旅游经营
温竹笋滑雪场	经营(王滝村)滑雪场负债19亿日元实质破产(2005年)	委托加森观光设施租赁运营，然而加森撤出(2011)村营公司委托运营
藏王白石滑雪场	日东工业株式会社的母公司破产(1997年)。	把资产捐赠给地方政府。NPO法人自治体支援管理运营。
神威高尔夫滑雪场	日本高尔夫振兴经营失败(2003年)	资产无偿转让给地方政府。旭川市确立了"旭川滑雪条例"(2012年)，每5年进行运营公司审查

续表

Mt. Racey 滑雪	夕张市的财政危机,公开指定的指定管理者(2007年)	加森观光委托运营
八幡平滑雪度假村	JR东日本与日本有线转让充足(2001年),滑雪场运营公司4.5亿日元的债务	日本有线的相关公司"nc度假村"运营
野泽温泉滑雪场	50亿日元的销售额减少到14亿日元(1991~2003年),折旧费用未计算(村营),长野奥运会上起债了村债务负担而经营困难	"上下分离"方式民营化

Abstract

Annual Report on Development of Ski Industry in China (2017) is a research report on Chinese ski industry, which is also another annual ski report after *Annual Report on Development of Ski Industry in China* (2016) published by Carving Group. The report focuses on current situation, hot issues and classic cases of domestic ski industry.

This report adopts qualitative and quantitative research methods, such as online and offline survey, ski expert interview, ski resort field investigation, literature review and case study. The report analyzes basic situation in ski industry's development based on large amount of data and information, which may provide references for skiing enterprises and institutions in decision-making.

The report comprises four parts: the general report, hot reports, case studies, international experience and lessons. The general report describes the development of domestic ski industry by key factors of skiing resorts, skiing equipment, ski facilities, and skiers. Hot reports cover hot topics such as ski safety, national skiing equipment, ski events. Hot reports explore countermeasures in the promotion of healthy development of Chinese ski industry after skiing hot spots of domestic public concern are analyzed. Domestic cases introduceNanshan Ski Resort, Fulong Snow Park, Snow Zoo. Fulong Snow Park is a new ski resort representative and Nanshan Ski Resort is an old ski resort representative. Snow Zoo is an influential Internet technology company in the field of vertical snow and ice industry. The report looks forward to the development prospects of Chinese skiing enterprises by 3 ski companies and their operating modes.

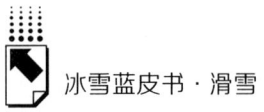

Foreign cases are selected from canadian Whistler Ski Resort and Japanese ski industry as case representatives of a foreign ski area and a skiing country. We hope to bring some valuable thinking and references by the introduction of Whistler Ski Resort and Japanese ski industry.

Contents

Ⅰ General Report

B. 1 Overview on Development of Ski Industry in China / 001
    1. Domestic Ski ResortsSituation / 002
    2. Domestic Ski Facilities Market Situation / 009
    3. Domestic Ski Equipment Market Situation / 016
    4. Domestic Skier Situation / 025

Abstract: Ski industry centered on management of ski resort, including facilities, equipment's research and development, production and sales. at the same time, with the continuous expansion of China's ski industry, competitions and training industry and other industries of scale is also growing.

In 2016, the ski industry in China has a solid growth, the effect of guiding and standardizing of the policy is obvious, personnel training and other industries also has the new breakthrough in the field of part. In this chapter we discuss ski resorts, facilities, equipment, skiers. Another: the basis data of the book are derived from" 2016 China Ski Industry White Book" edited by WuBin and Mr Wei Qinghua.

Keywords: Ski Resorts; Ski Facilities; Ski Equipment; Skiers

Ⅱ Hot Reports

B. 2 The Present Situation and Countermeasures and
       Suggestions of Indoor Ski Resorts in China   / 049

Abstract: Indoor ski resorts have the characteristics of no restrictions of natural conditions, four seasons operations, high utilization rate and convenient transportation. This chapter mainly introduces four domestic indoor ski areas. The rise of the past few years, Dry snow skiing, Ski simulation and other four ski resorts are also outlined. On the basis of above materials, The paper puts forward some suggestions to promote the development of indoor skiing in China: (1) Formulate capital entry policy and preferential measures to attract capital injection and promote the development of indoor ski industry; (2) Hire professional staff to plan indoor ski resort and strengthen management training; ③Develop multi-mode products and enhance the quality of ski services; ④Cultivate the indoor ski market by integrated marketing

Keywords: Indoor Skiing Resorts; Dry Snow Skiing; Skiing Simulation

B. 3 China's Ski Equipment Brand Development Strategy   / 065

Abstract: Since the Third Plenary Session of the Eighth Plenary Session, the national sports level policy support has continuously put the strategy of sports power into the important strategic thinking of the country, put forward a series of sports power and improve the quality of life of the people, healthy level of the strategic. Truly the people's desire for a better life as the goal. Skiing is one of China's large-scale outdoor sports in recent years, the rapid growth of China's ski industry for all to see. Ski equipment industry is the protection of the masses on the snow and ice, is the national co-ordination of mass sports and ice industry to promote the development of key strategic components. This chapter will start from the brand strategy of the ski equipment industry, analyze the current development status, characteristics and future development trend of the domestic ski equipment industry, and provide the impetus for the development of China's ski industry.

Keywords: Ski; Equipment; Brand Strategy; Sport Industry

B. 4 Analysis of Safety Problem of Ski Resorts / 083

Abstract: In recent years, the population of skiers presents the explosive growth in China, but China's ski crowd is given priority to with one-time performer, Skiers' technical level, safety protection consciousness is poorer, leading to amount of safety problems. Skiing injury phenomenon is becoming more and more popular, the number of people skiing injury also showed a trend of rising. Safety is the most basic questions in any industry, several skiing accident of 2016/17 snow season is a wake-up call to the ski industry.

Ski security concerns to the attention of all the relevant personnel. the safety of skiing result for safety violations, and the indirect consequences influence is the long-term, sustained and healthy development of the ski industry. studying and finding all kinds of factors affecting the safety of skiing, using various measures to make skiing safer, are the problems to be

solved.

Keywords: Ski; Ski Security; Outdoor Sport; Countermeasure; Athletic Sports

B.5 Analysis of the Current Situation of China's Skiing
　　　Training Market　　　　　　　　　　　　　　　/ 105

Abstract: The arrival of the Olympic Games has injected new vitality to China's ski industry, and arouses the enthusiasm for the public to participate in skiing. However, China's ski industry develops relatively late, the ski training market's development is not yet mature, the number of ski instructor is small, the ski training course system is imperfect, the training system geared to the needs of different customers and step by step segment is of great importance to establish and perfect.

Deepening the reform of ski training system, establishing the perfect ski training and certification and evaluation system, improving the comprehensive quality of the ski instructor in China, in order to better serve the public skiing consumer market.

Keywords: Skiing Teaching system; Ski Instructor; Ski School

B.6　Analysis of Chinese Ice Sports Events in 2016　　　　/ 121

Abstract: This paper analyzes 2016 domestic ice events from aspects of regions, time, sponsors, event nature and competition items. Domestic ice events in 2016 show diversification of contestants, multi-category competition, organizers and so on. In recent years, The state government and local governments have introduced a series of policies to promote the development of ice on the relevant policy documents. Social capital has also accelerated the investment in ice events. But the current domestic ice events haves a single investment subject of competition. It is also lack of professional staff on the ice and high market development. For the above issues, The ice industry development strategy and recommendations is raised.

Keywords: 2016 Ice Event; Audience Analysis; Ice Race Industry Chain

Ⅲ Case Studies

B. 7 FuLong Four-season Town Resort / 139

Abstract: FuLong four-season town resort, which is newly opened in 2016. As a new resort town, the four-season town resort is a blend of skiing, on holiday, art culture, and is full of unique flavor. It centered as the ski resort, which oriented as a "resort + ski", fully build all kinds of skiing events and activities. At the same time, it develop supporting facilities vigorously, take a professional operation management, providing another holiday experience.

Keywords: FuLong Group; Ski Resort; Four-season Town

B. 8 NanShan Ski Resort / 163

Abstract: Nanshan Ski Resort in Beijing's large skiing customers, over the years to meet their own market positioning based on the differentiation strategy, sustainable development of the snow and software

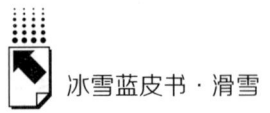

updates. Operating specific events for many years to effectively accumulate consumption sticky, through the consumer information as a whole and feedback, so that the business strategy of continuous revision. Analyzes the product structure and the cost structure of Nanshan Ski Resort, and looks at the market competition driving force of Nanshan Ski Resort from the strategic perspective. Depth interpretation of Nanshan ski area layout of children, youth ski marketing strategic significance.

Keywords: Differentiation Strategy; Skiing Community; Ski Resort Management; Nanshan Ski Resort

B. 9 Analysis of the Relationship Between the Promotion of
Ski Resort and the Circulation of Information   / 179

Abstract: Most of the time, people are more understanding of the "Huaxue Zoo" rather than the subject of the company-BeijingXueZoo Technology Co. Ltd. (hereinafter referred to as the "snow and technology") This also caused the unfamiliar of it's three sub brand family: Huaxue Zoo, Ski enterprise cloud services, HIGH SNOW three relay.

However, the three sub brand is just a reflection of development process ofXuezoo Technology come into ski market. The success of Beijing Winter Olympics bid make the company transform from the role of the media and organization activities into technology oriented start-ups. Today, the entrepreneurship of Xuezoo Technology is about three years, it is very fortunate to have the opportunity to be invited by the blue book group to tell Xuezoo Technology's entrepreneurial story, and the thinking about the ski industry especially the industry informatization to everyone, hoping to play a positive role in prompting the development of the ski industry.

Keywords: XueZoo Technology; Informatization; Sales Promotion

Ⅳ International Experience and Lessons

B. 10 Canada Whistler Ski Resort / 198

Abstract: Throughout the development process of foreign mature ski industry, resort model has become an important trend. In addition to providing basic skiing services, the resort also includes other activities such as snow-related activities, ski-related equipment sales and other special events. Canada has a long history of ski industry, ski resort model is mature. This case will analyze the business model of the snow resort in Canada and explore the development strategy of China's ski resort and the road for stadium use after the winter Olympic, to make up for the late start, weak foundation, single model of our ski industry, promoting the overall development of China's ski industry.

Keywords: Canada; Whistler; Ski Resort

B. 11 Japanese Ski Market / 223

Abstract: Japan's century-old skiing, by the rise, stagnation, revival, and recession and re-built the cyclical development. Japan's ski industry has been actively exploring the development direction for many years, and the localization strategy for many years has become one of the major ski markets in Asia. Focus on the two parts, in 1945 by the Japanese government departments to actively promote the Japanese ski revival led, with the

private commercial organizations to actively enter; economic bubble burst, Japan's ski market once strong, after the Winter Olympics in Nagano ski resort business boom faded, relying on a series of reforms to enhance competitiveness, gradually restore japan skiing market consumer demand. Analysis of ski resort in the context of the new era, to understand the public investment and business investment in the market choice, marketing strategy led to the impact of revenue growth.

Keywords: Japanese skiing; Leisure Economy; Athletic Sports

社会科学文献出版社　　　　　　　　　　　　**皮书系列**

❖ 皮书起源 ❖

"皮书"起源于十七、十八世纪的英国，主要指官方或社会组织正式发表的重要文件或报告，多以"白皮书"命名。在中国，"皮书"这一概念被社会广泛接受，并被成功运作、发展成为一种全新的出版形态，则源于中国社会科学院社会科学文献出版社。

❖ 皮书定义 ❖

皮书是对中国与世界发展状况和热点问题进行年度监测，以专业的角度、专家的视野和实证研究方法，针对某一领域或区域现状与发展态势展开分析和预测，具备原创性、实证性、专业性、连续性、前沿性、时效性等特点的公开出版物，由一系列权威研究报告组成。

❖ 皮书作者 ❖

皮书系列的作者以中国社会科学院、著名高校、地方社会科学院的研究人员为主，多为国内一流研究机构的权威专家学者，他们的看法和观点代表了学界对中国与世界的现实和未来最高水平的解读与分析。

❖ 皮书荣誉 ❖

皮书系列已成为社会科学文献出版社的著名图书品牌和中国社会科学院的知名学术品牌。2016年，皮书系列正式列入"十三五"国家重点出版规划项目；2012~2016年，重点皮书列入中国社会科学院承担的国家哲学社会科学创新工程项目；2017年，55种院外皮书使用"中国社会科学院创新工程学术出版项目"标识。

中国皮书网

发布皮书研创资讯，传播皮书精彩内容
引领皮书出版潮流，打造皮书服务平台

栏目设置

关于皮书：何谓皮书、皮书分类、皮书大事记、皮书荣誉、
皮书出版第一人、皮书编辑部

最新资讯：通知公告、新闻动态、媒体聚焦、网站专题、视频直播、下载专区

皮书研创：皮书规范、皮书选题、皮书出版、皮书研究、研创团队

皮书评奖评价：指标体系、皮书评价、皮书评奖

互动专区：皮书说、皮书智库、皮书微博、数据库微博

所获荣誉

2008年、2011年，中国皮书网均在全国新闻出版业网站荣誉评选中获得"最具商业价值网站"称号；

2012年，获得"出版业网站百强"称号。

网库合一

2014年，中国皮书网与皮书数据库端口合一，实现资源共享。更多详情请登录www.pishu.cn。

权威报告·热点资讯·特色资源

皮书数据库
ANNUAL REPORT(YEARBOOK) DATABASE

当代中国与世界发展高端智库平台

所获荣誉

- 2016年，入选"国家'十三五'电子出版物出版规划骨干工程"
- 2015年，荣获"搜索中国正能量 点赞2015""创新中国科技创新奖"
- 2013年，荣获"中国出版政府奖·网络出版物奖"提名奖
- 连续多年荣获中国数字出版博览会"数字出版·优秀品牌"奖

成为会员

通过网址www.pishu.com.cn或使用手机扫描二维码进入皮书数据库网站，进行手机号码验证或邮箱验证即可成为皮书数据库会员（建议通过手机号码快速验证注册）。

会员福利

- 使用手机号码首次注册会员可直接获得100元体验金，不需充值即可购买和查看数据库内容（仅限使用手机号码快速注册）。
- 已注册用户购书后可免费获赠100元皮书数据库充值卡。刮开充值卡涂层获取充值密码，登录并进入"会员中心"—"在线充值"—"充值卡充值"，充值成功后即可购买和查看数据库内容。

数据库服务热线：400-008-6695
数据库服务QQ：2475522410
数据库服务邮箱：database@ssap.cn
图书销售热线：010-59367070/7028
图书服务QQ：1265056568
图书服务邮箱：duzhe@ssap.cn

社会科学文献出版社 皮书系列
SOCIAL SCIENCES ACADEMIC PRESS (CHINA)
卡号：629382297679
密码：

子库介绍
Sub-Database Introduction

中国经济发展数据库

涵盖宏观经济、农业经济、工业经济、产业经济、财政金融、交通旅游、商业贸易、劳动经济、企业经济、房地产经济、城市经济、区域经济等领域，为用户实时了解经济运行态势、把握经济发展规律、洞察经济形势、做出经济决策提供参考和依据。

中国社会发展数据库

全面整合国内外有关中国社会发展的统计数据、深度分析报告、专家解读和热点资讯构建而成的专业学术数据库。涉及宗教、社会、人口、政治、外交、法律、文化、教育、体育、文学艺术、医药卫生、资源环境等多个领域。

中国行业发展数据库

以中国国民经济行业分类为依据，跟踪分析国民经济各行业市场运行状况和政策导向，提供行业发展最前沿的资讯，为用户投资、从业及各种经济决策提供理论基础和实践指导。内容涵盖农业，能源与矿产业，交通运输业，制造业，金融业，房地产业，租赁和商务服务业，科学研究，环境和公共设施管理，居民服务业，教育，卫生和社会保障，文化、体育和娱乐业等100余个行业。

中国区域发展数据库

对特定区域内的经济、社会、文化、法治、资源环境等领域的现状与发展情况进行分析和预测。涵盖中部、西部、东北、西北等地区，长三角、珠三角、黄三角、京津冀、环渤海、合肥经济圈、长株潭城市群、关中—天水经济区、海峡经济区等区域经济体和城市圈，北京、上海、浙江、河南、陕西等34个省份及中国台湾地区。

中国文化传媒数据库

包括文化事业、文化产业、宗教、群众文化、图书馆事业、博物馆事业、档案事业、语言文字、文学、历史地理、新闻传播、广播电视、出版事业、艺术、电影、娱乐等多个子库。

世界经济与国际关系数据库

以皮书系列中涉及世界经济与国际关系的研究成果为基础，全面整合国内外有关世界经济与国际关系的统计数据、深度分析报告、专家解读和热点资讯构建而成的专业学术数据库。包括世界经济、国际政治、世界文化与科技、全球性问题、国际组织与国际法、区域研究等多个子库。

法律声明

"皮书系列"(含蓝皮书、绿皮书、黄皮书)之品牌由社会科学文献出版社最早使用并持续至今,现已被中国图书市场所熟知。"皮书系列"的LOGO( )与"经济蓝皮书""社会蓝皮书"均已在中华人民共和国国家工商行政管理总局商标局登记注册。"皮书系列"图书的注册商标专用权及封面设计、版式设计的著作权均为社会科学文献出版社所有。未经社会科学文献出版社书面授权许可,任何使用与"皮书系列"图书注册商标、封面设计、版式设计相同或者近似的文字、图形或其组合的行为均系侵权行为。

经作者授权,本书的专有出版权及信息网络传播权为社会科学文献出版社享有。未经社会科学文献出版社书面授权许可,任何就本书内容的复制、发行或以数字形式进行网络传播的行为均系侵权行为。

社会科学文献出版社将通过法律途径追究上述侵权行为的法律责任,维护自身合法权益。

欢迎社会各界人士对侵犯社会科学文献出版社上述权利的侵权行为进行举报。电话:010-59367121,电子邮箱:fawubu@ssap.cn。

社会科学文献出版社

社长致辞

2017年正值皮书品牌专业化二十周年之际，世界每天都在发生着让人眼花缭乱的变化，而唯一不变的，是面向未来无数的可能性。作为个体，如何获取专业信息以备不时之需？作为行政主体或企事业主体，如何提高决策的科学性让这个世界变得更好而不是更糟？原创、实证、专业、前沿、及时、持续，这是1997年"皮书系列"品牌创立的初衷。

1997~2017，从最初一个出版社的学术产品名称到媒体和公众使用频率极高的热点词语，从专业术语到大众话语，从官方文件到独特的出版型态，作为重要的智库成果，"皮书"始终致力于成为海量信息时代的信息过滤器，成为经济社会发展的记录仪，成为政策制定、评估、调整的智力源，社会科学研究的资料集成库。"皮书"的概念不断延展，"皮书"的种类更加丰富，"皮书"的功能日渐完善。

1997~2017，皮书及皮书数据库已成为中国新型智库建设不可或缺的抓手与平台，成为政府、企业和各类社会组织决策的利器，成为人文社科研究最基本的资料库，成为世界系统完整及时认知当代中国的窗口和通道！"皮书"所具有的凝聚力正在形成一种无形的力量，吸引着社会各界关注中国的发展，参与中国的发展。

二十年的"皮书"正值青春，愿每一位皮书人付出的年华与智慧不辜负这个时代！

社会科学文献出版社社长
中国社会学会秘书长

2016年11月

皮书系列
重点推荐

社会科学文献出版社简介

社会科学文献出版社成立于1985年，是直属于中国社会科学院的人文社会科学学术出版机构。成立以来，社科文献出版社依托于中国社会科学院和国内外人文社会科学界丰厚的学术出版和专家学者资源，始终坚持"创社科经典，出传世文献"的出版理念、"权威、前沿、原创"的产品定位以及学术成果和智库成果出版的专业化、数字化、国际化、市场化的经营道路。

社科文献出版社是中国新闻出版业转型与文化体制改革的先行者。积极探索文化体制改革的先进方向和现代企业经营决策机制，社科文献出版社先后荣获"全国文化体制改革工作先进单位"、中国出版政府奖·先进出版单位奖、中国社会科学院先进集体、全国科普工作先进集体等荣誉称号。多人次荣获"第十届韬奋出版奖""全国新闻出版行业领军人才""数字出版先进人物""北京市新闻出版广电行业领军人才"等称号。

社科文献出版社是中国人文社会科学学术出版的大社名社，也是以皮书为代表的智库成果出版的专业强社。年出版图书2000余种，其中皮书350余种，出版新书字数5.5亿字，承印与发行中国社科院院属期刊72种，先后创立了皮书系列、列国志、中国史话、社科文献学术译库、社科文献学术文库、甲骨文书系等一大批既有学术影响又有市场价值的品牌，确立了在社会学、近代史、苏东问题研究等专业学科及领域出版的领先地位。图书多次荣获中国出版政府奖、"三个一百"原创图书出版工程、"五个'一'工程奖"、"大众喜爱的50种图书"等奖项，在中央国家机关"强素质·做表率"读书活动中，入选图书品种数位居各大出版社之首。

社科文献出版社是中国学术出版规范与标准的倡议者与制定者，代表全国50多家出版社发起实施学术著作出版规范的倡议，承担学术著作规范国家标准的起草工作，率先编撰完成《皮书手册》对皮书品牌进行规范化管理，并在此基础上推出中国版芝加哥手册——《SSAP学术出版手册》。

社科文献出版社是中国数字出版的引领者，拥有皮书数据库、列国志数据库、"一带一路"数据库、减贫数据库、集刊数据库等4大产品线11个数据库产品，机构用户达1300余家，海外用户百余家，荣获"数字出版转型示范单位""新闻出版标准化先进单位""专业数字内容资源知识服务模式试点企业标准化示范单位"等称号。

社科文献出版社是中国学术出版走出去的践行者。社科文献出版社海外图书出版与学术合作业务遍及全球40余个国家和地区并于2016年成立俄罗斯分社，累计输出图书500余种，涉及近20个语种，累计获得国家社科基金中华学术外译项目资助76种、"丝路书香工程"项目资助60种、中国图书对外推广计划项目资助71种以及经典中国国际出版工程资助28种，被商务部认定为"2015-2016年度国家文化出口重点企业"。

如今，社科文献出版社拥有固定资产3.6亿元，年收入近3亿元，设置了七大出版分社、六大专业部门，成立了皮书研究院和博士后科研工作站，培养了一支近400人的高素质与高效率的编辑、出版、营销和国际推广队伍，为未来成为学术出版的大社、名社、强社，成为文化体制改革与文化企业转型发展的排头兵奠定了坚实的基础。

经济类 皮书系列 重点推荐

经 济 类

经济类皮书涵盖宏观经济、城市经济、大区域经济，提供权威、前沿的分析与预测

经济蓝皮书
2017年中国经济形势分析与预测

李扬/主编　2017年1月出版　定价：89.00元

◆ 本书为总理基金项目，由著名经济学家李扬领衔，联合中国社会科学院等数十家科研机构、国家部委和高等院校的专家共同撰写，系统分析了2016年的中国经济形势并预测2017年中国经济运行情况。

中国省域竞争力蓝皮书
中国省域经济综合竞争力发展报告（2015~2016）

李建平　李闽榕　高燕京/主编　2017年5月出版　定价：198.00元

◆ 本书融多学科的理论为一体，深入追踪研究了省域经济发展与中国国家竞争力的内在关系，为提升中国省域经济综合竞争力提供有价值的决策依据。

城市蓝皮书
中国城市发展报告No.10

潘家华　单菁菁/主编　2017年9月出版　估价：89.00元

◆ 本书是由中国社会科学院城市发展与环境研究中心编著的，多角度、全方位地立体展示了中国城市的发展状况，并对中国城市的未来发展提出了许多建议。该书有强烈的时代感，对中国城市发展实践有重要的参考价值。

人口与劳动绿皮书
中国人口与劳动问题报告 No.18

蔡昉 张车伟/主编　2017年10月出版　估价：89.00元

◆ 本书为中国社会科学院人口与劳动经济研究所主编的年度报告，对当前中国人口与劳动形势做了比较全面和系统的深入讨论，为研究中国人口与劳动问题提供了一个专业性的视角。

世界经济黄皮书
2017年世界经济形势分析与预测

张宇燕/主编　2017年1月出版　定价：89.00元

◆ 本书由中国社会科学院世界经济与政治研究所的研究团队撰写，2016年世界经济增速进一步放缓，就业增长放慢。世界经济面临许多重大挑战同时，地缘政治风险、难民危机、大国政治周期、恐怖主义等问题也仍然在影响世界经济的稳定与发展。预计2017年按PPP计算的世界GDP增长率约为3.0%。

国际城市蓝皮书
国际城市发展报告（2017）

屠启宇/主编　2017年2月出版　定价：79.00元

◆ 本书作者以上海社会科学院从事国际城市研究的学者团队为核心，汇集同济大学、华东师范大学、复旦大学、上海交通大学、南京大学、浙江大学相关城市研究专业学者。立足动态跟踪介绍国际城市发展时间中，最新出现的重大战略、重大理念、重大项目、重大报告和最佳案例。

金融蓝皮书
中国金融发展报告（2017）

王国刚/主编　2017年2月出版　定价：79.00元

◆ 本书由中国社会科学院金融研究所组织编写，概括和分析了2016年中国金融发展和运行中的各方面情况，研讨和评论了2016年发生的主要金融事件，有利于读者了解掌握2016年中国的金融状况，把握2017年中国金融的走势。

经济类　皮书系列重点推荐

农村绿皮书
中国农村经济形势分析与预测（2016~2017）

魏后凯　杜志雄　黄秉信/主编　2017年4月出版　估价：89.00元

◆ 本书描述了2016年中国农业农村经济发展的一些主要指标和变化，并对2017年中国农业农村经济形势的一些展望和预测，提出相应的政策建议。

西部蓝皮书
中国西部发展报告（2017）

徐璋勇/主编　2017年7月出版　估价：89.00元

◆ 本书由西北大学中国西部经济发展研究中心主编，汇集了源自西部本土以及国内研究西部问题的权威专家的第一手资料，对国家实施西部大开发战略进行年度动态跟踪，并对2017年西部经济、社会发展态势进行预测和展望。

经济蓝皮书·夏季号
中国经济增长报告（2016~2017）

李扬/主编　2017年9月出版　估价：98.00元

◆ 中国经济增长报告主要探讨2016~2017年中国经济增长问题，以专业视角解读中国经济增长，力求将其打造成一个研究中国经济增长、服务宏微观各级决策的周期性、权威性读物。

就业蓝皮书
2017年中国本科生就业报告

麦可思研究院/编著　2017年6月出版　估价：98.00元

◆ 本书基于大量的数据和调研，内容翔实，调查独到，分析到位，用数据说话，对中国大学生就业及学校专业设置起到了很好的建言献策作用。

皮书系列 重点推荐　社会政法类

社会政法类

社会政法类皮书聚焦社会发展领域的热点、难点问题，提供权威、原创的资讯与视点

社会蓝皮书
2017年中国社会形势分析与预测
李培林　陈光金　张翼/主编　2016年12月出版　定价：89.00元

◆ 本书由中国社会科学院社会学研究所组织研究机构专家、高校学者和政府研究人员撰写，聚焦当下社会热点，对2016年中国社会发展的各个方面内容进行了权威解读，同时对2017年社会形势发展趋势进行了预测。

法治蓝皮书
中国法治发展报告 No.15（2017）
李林　田禾/主编　2017年3月出版　定价：118.00元

◆ 本年度法治蓝皮书回顾总结了2016年度中国法治发展取得的成就和存在的不足，对中国政府、司法、检务透明度进行了跟踪调研，并对2017年中国法治发展形势进行了预测和展望。

社会体制蓝皮书
中国社会体制改革报告 No.5（2017）
龚维斌/主编　2017年3月出版　定价：89.00元

◆ 本书由国家行政学院社会治理研究中心和北京师范大学中国社会管理研究院共同组织编写，主要对2016年社会体制改革情况进行回顾和总结，对2017年的改革走向进行分析，提出相关政策建议。

社会政法类 — 皮书系列重点推荐

社会心态蓝皮书
中国社会心态研究报告（2017）

王俊秀　杨宜音 / 主编　2017年12月出版　估价：89.00元

◆ 本书是中国社会科学院社会学研究所社会心理研究中心"社会心态蓝皮书课题组"的年度研究成果，运用社会心理学、社会学、经济学、传播学等多种学科的方法进行了调查和研究，对于目前中国社会心态状况有较广泛和深入的揭示。

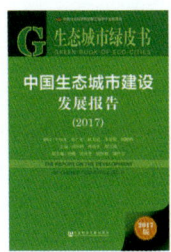

生态城市绿皮书
中国生态城市建设发展报告（2017）

刘举科　孙伟平　胡文臻 / 主编　2017年7月出版　估价：118.00元

◆ 报告以绿色发展、循环经济、低碳生活、民生宜居为理念，以更新民众观念、提供决策咨询、指导工程实践、引领绿色发展为宗旨，试图探索一条具有中国特色的城市生态文明建设新路。

城市生活质量蓝皮书
中国城市生活质量报告（2017）

中国经济实验研究院 / 主编　2017年7月出版　估价：89.00元

◆ 本书对全国35个城市居民的生活质量主观满意度进行了电话调查，同时对35个城市居民的客观生活质量指数进行了计算，为中国城市居民生活质量的提升，提出了针对性的政策建议。

公共服务蓝皮书
中国城市基本公共服务力评价（2017）

钟君　刘志昌　吴正杲 / 主编　2017年12月出版　估价：89.00元

◆ 中国社会科学院经济与社会建设研究室与华图政信调查组成联合课题组，从2010年开始对基本公共服务力进行研究，研创了基本公共服务力评价指标体系，为政府考核公共服务与社会管理工作提供了理论工具。

行业报告类

行业报告类皮书立足重点行业、新兴行业领域，提供及时、前瞻的数据与信息

企业社会责任蓝皮书
中国企业社会责任研究报告（2017）

黄群慧　钟宏武　张蒽　翟利峰 / 著　　2017 年 10 月出版　　估价：89.00 元

◆ 本书剖析了中国企业社会责任在 2016～2017 年度的最新发展特征，详细解读了省域国有企业在社会责任方面的阶段性特征，生动呈现了国内外优秀企业的社会责任实践。对了解中国企业社会责任履行现状、未来发展，以及推动社会责任建设有重要的参考价值。

新能源汽车蓝皮书
中国新能源汽车产业发展报告（2017）

中国汽车技术研究中心　日产（中国）投资有限公司

东风汽车有限公司 / 编著　　2017 年 7 月出版　　估价：98.00 元

◆ 本书对中国 2016 年新能源汽车产业发展进行了全面系统的分析，并介绍了国外的发展经验。有助于相关机构、行业和社会公众等了解中国新能源汽车产业发展的最新动态，为政府部门出台新能源汽车产业相关政策法规、企业制定相关战略规划，提供必要的借鉴和参考。

杜仲产业绿皮书
中国杜仲橡胶资源与产业发展报告（2016～2017）

杜红岩　胡文臻　俞锐 / 主编　　2017 年 4 月出版　　估价：85.00 元

◆ 本书对 2016 年杜仲产业的发展情况、研究团队在杜仲研究方面取得的重要成果、部分地区杜仲产业发展的具体情况、杜仲新标准的制定情况等进行了较为详细的分析与介绍，使广大关心杜仲产业发展的读者能够及时跟踪产业最新进展。

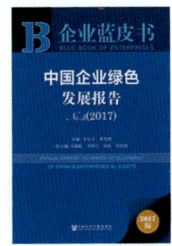

企业蓝皮书
中国企业绿色发展报告 No.2（2017）

李红玉 朱光辉 / 主编　　2017年8月出版　　估价：89.00元

◆ 本书深入分析中国企业能源消费、资源利用、绿色金融、绿色产品、绿色管理、信息化、绿色发展政策及绿色文化方面的现状，并对目前存在的问题进行研究，剖析因果，谋划对策，为企业绿色发展提供借鉴，为中国生态文明建设提供支撑。

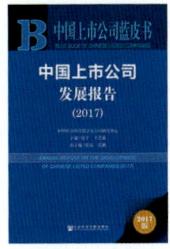

中国上市公司蓝皮书
中国上市公司发展报告（2017）

张平 王宏淼 / 主编　　2017年10月出版　　估价：98.00元

◆ 本书由中国社会科学院上市公司研究中心组织编写的，着力于全面、真实、客观反映当前中国上市公司财务状况和价值评估的综合性年度报告。本书详尽分析了2016年中国上市公司情况，特别是现实中暴露出的制度性、基础性问题，并对资本市场改革进行了探讨。

资产管理蓝皮书
中国资产管理行业发展报告（2017）

智信资产管理研究院 / 编著　　2017年6月出版　　估价：89.00元

◆ 中国资产管理行业刚刚兴起，未来将成为中国金融市场最有看点的行业。本书主要分析了2016年度资产管理行业的发展情况，同时对资产管理行业的未来发展做出科学的预测。

体育蓝皮书
中国体育产业发展报告（2017）

阮伟 钟秉枢 / 主编　　2017年12月出版　　估价：89.00元

◆ 本书运用多种研究方法，在体育竞赛业、体育用品业、体育场馆业、体育传媒业等传统产业研究的基础上，并对2016年体育领域内的各种热点事件进行研究和梳理，进一步拓宽了研究的广度、提升了研究的高度、挖掘了研究的深度。

 国别与地区类

国际问题类

国际问题类皮书关注全球重点国家与地区,
提供全面、独特的解读与研究

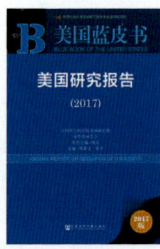

美国蓝皮书
美国研究报告(2017)

郑秉文 黄平/主编　2017年6月出版　估价:89.00元

◆ 本书是由中国社会科学院美国研究所主持完成的研究成果,它回顾了美国2016年的经济、政治形势与外交战略,对2017年以来美国内政外交发生的重大事件及重要政策进行了较为全面的回顾和梳理。

日本蓝皮书
日本研究报告(2017)

杨伯江/主编　2017年5月出版　估价:89.00元

◆ 本书对2016年日本的政治、经济、社会、外交等方面的发展情况做了系统介绍,对日本的热点及焦点问题进行了总结和分析,并在此基础上对该国2017年的发展前景做出预测。

亚太蓝皮书
亚太地区发展报告(2017)

李向阳/主编　2017年4月出版　估价:89.00元

◆ 本书是中国社会科学院亚太与全球战略研究院的集体研究成果。2017年的"亚太蓝皮书"继续关注中国周边环境的变化。该书盘点了2016年亚太地区的焦点和热点问题,为深入了解2016年及未来中国与周边环境的复杂形势提供了重要参考。

德国蓝皮书
德国发展报告（2017）

郑春荣 / 主编　2017年6月出版　估价：89.00元

◆ 本报告由同济大学德国研究所组织编撰，由该领域的专家学者对德国的政治、经济、社会文化、外交等方面的形势发展情况，进行全面的阐述与分析。

日本经济蓝皮书
日本经济与中日经贸关系研究报告（2017）

张季风 / 编著　2017年5月出版　估价：89.00元

◆ 本书系统、详细地介绍了2016年日本经济以及中日经贸关系发展情况，在进行了大量数据分析的基础上，对2017年日本经济以及中日经贸关系的大致发展趋势进行了分析与预测。

俄罗斯黄皮书
俄罗斯发展报告（2017）

李永全 / 编著　2017年7月出版　估价：89.00元

◆ 本书系统介绍了2016年俄罗斯经济政治情况，并对2016年该地区发生的焦点、热点问题进行了分析与回顾；在此基础上，对该地区2017年的发展前景进行了预测。

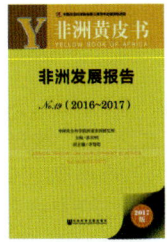

非洲黄皮书
非洲发展报告 No.19（2016～2017）

张宏明 / 主编　2017年8月出版　估价：89.00元

◆ 本书是由中国社会科学院西亚非洲研究所组织编撰的非洲形势年度报告，比较全面、系统地分析了2016年非洲政治形势和热点问题，探讨了非洲经济形势和市场走向，剖析了大国对非洲关系的新动向；此外，还介绍了国内非洲研究的新成果。

皮书系列
重点推荐　　地方发展类

地方发展类

地方发展类皮书关注中国各省份、经济区域，提供科学、多元的预判与资政信息

北京蓝皮书
北京公共服务发展报告（2016~2017）

施昌奎 / 主编　2017年3月出版　定价：79.00元

◆ 本书是由北京市政府职能部门的领导、首都著名高校的教授、知名研究机构的专家共同完成的关于北京市公共服务发展与创新的研究成果。

河南蓝皮书
河南经济发展报告（2017）

张占仓　完世伟 / 主编　2017年4月出版　估价：89.00元

◆ 本书以国内外经济发展环境和走向为背景，主要分析当前河南经济形势，预测未来发展趋势，全面反映河南经济发展的最新动态、热点和问题，为地方经济发展和领导决策提供参考。

广州蓝皮书
2017年中国广州经济形势分析与预测

庾建设　陈浩钿　谢博能 / 主编　2017年7月出版　估价：85.00元

◆ 本书由广州大学与广州市委政策研究室、广州市统计局联合主编，汇集了广州科研团体、高等院校和政府部门诸多经济问题研究专家、学者和实际部门工作者的最新研究成果，是关于广州经济运行情况和相关专题分析、预测的重要参考资料。

 文化传媒类 皮书系列 重点推荐

文化传媒类

文化传媒类皮书透视文化领域、文化产业，探索文化大繁荣、大发展的路径

新媒体蓝皮书
中国新媒体发展报告 No.8（2017）
唐绪军 / 主编　2017 年 6 月出版　估价：89.00 元

◆ 本书是由中国社会科学院新闻与传播研究所组织编写的关于新媒体发展的最新年度报告，旨在全面分析中国新媒体的发展现状，解读新媒体的发展趋势，探析新媒体的深刻影响。

移动互联网蓝皮书
中国移动互联网发展报告（2017）
官建文 / 主编　2017 年 6 月出版　估价：89.00 元

◆ 本书着眼于对 2016 年度中国移动互联网的发展情况做深入解析，对未来发展趋势进行预测，力求从不同视角、不同层面全面剖析中国移动互联网发展的现状、年度突破及热点趋势等。

传媒蓝皮书
中国传媒产业发展报告（2017）
崔保国 / 主编　2017 年 5 月出版　估价：98.00 元

◆ "传媒蓝皮书"连续十多年跟踪观察和系统研究中国传媒产业发展。本报告在对传媒产业总体以及各细分行业发展状况与趋势进行深入分析基础上，对年度发展热点进行跟踪，剖析新技术引领下的商业模式，对传媒各领域发展趋势、内体经营、传媒投资进行解析，为中国传媒产业正在发生的变革提供前瞻性参考。

经济类

"三农"互联网金融蓝皮书
中国"三农"互联网金融发展报告（2017）
著（编）者：李勇坚 王弢　　2017年8月出版 / 估价：98.00元
PSN B-2016-561-1/1

G20国家创新竞争力黄皮书
二十国集团（G20）国家创新竞争力发展报告（2016~2017）
著（编）者：李建平 李闽榕 赵新力　周天勇
2017年8月出版 / 估价：158.00元
PSN Y-2011-229-1/1

产业蓝皮书
中国产业竞争力报告（2017）No.7
著（编）者：张其仔　　2017年12月出版 / 估价：98.00元
PSN B-2010-175-1/1

城市创新蓝皮书
中国城市创新报告（2017）
著（编）者：周天勇 旷建伟　　2017年11月出版 / 估价：89.00元
PSN B-2013-340-1/1

城市蓝皮书
中国城市发展报告 No.10
著（编）者：潘家华 单菁菁　　2017年9月出版 / 估价：89.00元
PSN B-2007-091-1/1

城乡一体化蓝皮书
中国城乡一体化发展报告（2016~2017）
著（编）者：汝信 付崇兰　　2017年7月出版 / 估价：85.00元
PSN B-2011-226-1/2

城镇化蓝皮书
中国新型城镇化健康发展报告（2017）
著（编）者：张占斌　　2017年8月出版 / 估价：89.00元
PSN B-2014-396-1/1

创新蓝皮书
创新型国家建设报告（2016~2017）
著（编）者：詹正茂　　2017年12月出版 / 估价：89.00元
PSN B-2009-140-1/1

创业蓝皮书
中国创业发展报告（2016~2017）
著（编）者：黄群慧 赵卫星 钟宏武等
2017年11月出版 / 估价：89.00元
PSN B-2016-578-1/1

低碳发展蓝皮书
中国低碳发展报告（2016~2017）
著（编）者：齐晔 张希良　　2017年3月出版 / 估价：98.00元
PSN B-2011-223-1/1

低碳经济蓝皮书
中国低碳经济发展报告（2017）
著（编）者：薛进军 赵忠秀　　2017年6月出版 / 估价：85.00元
PSN B-2011-194-1/1

东北蓝皮书
中国东北地区发展报告（2017）
著（编）者：姜晓秋　　2017年2月出版 / 定价：79.00元
PSN B-2006-067-1/1

发展与改革蓝皮书
中国经济发展和体制改革报告No.8
著（编）者：邹东涛 王再文　　2017年4月出版 / 估价：98.00元
PSN B-2008-122-1/1

工业化蓝皮书
中国工业化进程报告（2017）
著（编）者：黄群慧　　2017年12月出版 / 估价：158.00元
PSN B-2007-095-1/1

管理蓝皮书
中国管理发展报告（2017）
著（编）者：张晓东　　2017年10月出版 / 估价：98.00元
PSN B-2014-416-1/1

国际城市蓝皮书
国际城市发展报告（2017）
著（编）者：屠启宇　　2017年2月出版 / 定价：79.00元
PSN B-2012-260-1/1

国家创新蓝皮书
中国创新发展报告（2017）
著（编）者：陈劲　　2017年12月出版 / 估价：89.00元
PSN B-2014-370-1/1

金融蓝皮书
中国金融发展报告（2017）
著（编）者：王国刚　　2017年2月出版 / 定价：79.00元
PSN B-2004-031-1/6

京津冀金融蓝皮书
京津冀金融发展报告（2017）
著（编）者：王爱俭 李向前
2017年4月出版 / 估价：89.00元
PSN B-2013-528-1/1

京津冀蓝皮书
京津冀发展报告（2017）
著（编）者：文魁 祝尔娟　　2017年4月出版 / 估价：89.00元
PSN B-2012-262-1/1

经济蓝皮书
2017年中国经济形势分析与预测
著（编）者：李扬　　2017年1月出版 / 定价：89.00元
PSN B-1996-001-1/1

经济蓝皮书·春季号
2017年中国经济前景分析
著（编）者：李扬　　2017年6月出版 / 估价：89.00元
PSN B-1999-008-1/1

经济蓝皮书·夏季号
中国经济增长报告（2016~2017）
著（编）者：李扬　　2017年9月出版 / 估价：98.00元
PSN B-2010-176-1/1

经济信息绿皮书
中国与世界经济发展报告（2017）
著（编）者：杜平　　2017年12月出版 / 定价：89.00元
PSN G-2003-023-1/1

就业蓝皮书
2017年中国本科生就业报告
著（编）者：麦可思研究院　　2017年6月出版 / 估价：98.00元
PSN B-2009-146-1/2

经济类 皮书系列 2017全品种

就业蓝皮书
2017年中国高职高专生就业报告
著(编)者：麦可思研究院　2017年6月出版　估价：98.00元
PSN B-2015-472-2/2

科普能力蓝皮书
中国科普能力评价报告（2017）
著(编)者：李富 强李群　2017年8月出版　估价：89.00元
PSN B-2016-556-1/1

临空经济蓝皮书
中国临空经济发展报告（2017）
著(编)者：连玉明　2017年9月出版　估价：89.00元
PSN B-2014-421-1/1

农村绿皮书
中国农村经济形势分析与预测（2016~2017）
著(编)者：魏后凯 杜志雄 黄秉信
2017年4月出版　估价：89.00元
PSN G-1998-003-1/1

农业应对气候变化蓝皮书
气候变化对中国农业影响评估报告 No.3
著(编)者：矫梅燕　2017年8月出版　估价：98.00元
PSN B-2014-413-1/1

气候变化绿皮书
应对气候变化报告（2017）
著(编)者：王伟光 郑国光　2017年6月出版　估价：89.00元
PSN G-2009-144-1/1

区域蓝皮书
中国区域经济发展报告（2016~2017）
著(编)者：赵弘　2017年6月出版　估价：89.00元
PSN R-2004-034-1/1

全球环境竞争力绿皮书
全球环境竞争力报告（2017）
著(编)者：李建平 李闽榕 王金南
2017年12月出版　估价：198.00元
PSN G-2013-363-1/1

人口与劳动绿皮书
中国人口与劳动问题报告 No.18
著(编)者：蔡昉 张车伟　2017年11月出版　估价：89.00元
PSN G-2000-012-1/1

商务中心区蓝皮书
中国商务中心区发展报告 No.3（2016）
著(编)者：李国红 单菁菁　2017年4月出版　估价：89.00元
PSN B-2015-444-1/1

世界经济黄皮书
2017年世界经济形势分析与预测
著(编)者：张宇燕　2017年1月出版　定价：89.00元
PSN Y-1999-006-1/1

世界旅游城市绿皮书
世界旅游城市发展报告（2017）
著(编)者：宋宇　2017年4月出版　估价：128.00元
PSN G-2014-400-1/1

土地市场蓝皮书
中国农村土地市场发展报告（2016~2017）
著(编)者：李光荣　2017年4月出版　估价：89.00元
PSN B-2016-527-1/1

西北蓝皮书
中国西北发展报告（2017）
著(编)者：高建龙　2017年4月出版　估价：89.00元
PSN B-2012-261-1/1

西部蓝皮书
中国西部发展报告（2017）
著(编)者：徐璋勇　2017年7月出版　估价：89.00元
PSN B-2005-039-1/1

新型城镇化蓝皮书
新型城镇化发展报告（2017）
著(编)者：李伟 宋敏 沈体雁　2017年4月出版　估价：98.00元
PSN B-2014-431-1/1

新兴经济体蓝皮书
金砖国家发展报告（2017）
著(编)者：林跃勤 周文　2017年12月出版　估价：89.00元
PSN B-2011-195-1/1

长三角蓝皮书
2017年新常态下深化一体化的长三角
著(编)者：王庆五　2017年12月出版　估价：88.00元
PSN B-2005-038-1/1

中部竞争力蓝皮书
中国中部经济社会竞争力报告（2017）
著(编)者：教育部人文社会科学重点研究基地
　　　　　南昌大学中国中部经济社会发展研究中心
2017年12月出版　估价：89.00元
PSN B-2012-276-1/1

中部蓝皮书
中国中部地区发展报告（2017）
著(编)者：宋亚平　2017年12月出版　估价：88.00元
PSN B-2007-089-1/1

中国省域竞争力蓝皮书
中国省域经济综合竞争力发展报告（2017）
著(编)者：李建平 李闽榕 高燕京
2017年2月出版　定价：198.00元
PSN B-2007-088-1/1

中三角蓝皮书
长江中游城市群发展报告（2017）
著(编)者：秦尊文　2017年9月出版　估价：89.00元
PSN B-2014-417-1/1

中小城市绿皮书
中国中小城市发展报告（2017）
著(编)者：中国城市经济学会中小城市经济发展委员会
　　　　　中国城镇化促进会中小城市发展委员会
　　　　　《中国中小城市发展报告》编纂委员会
　　　　　中小城市发展战略研究院
2017年11月出版　估价：128.00元
PSN G-2010-161-1/1

中原蓝皮书
中原经济区发展报告（2017）
著(编)者：李英杰　2017年6月出版　估价：88.00元
PSN B-2011-192-1/1

自贸区蓝皮书
中国自贸区发展报告（2017）
著(编)者：王力　2017年7月出版　估价：89.00元
PSN B-2016-559-1/1

社会政法类

北京蓝皮书
中国社区发展报告（2017）
著(编)者：于燕燕　2017年4月出版／估价：89.00元
PSN B-2007-083-5/8

殡葬绿皮书
中国殡葬事业发展报告（2017）
著(编)者：李伯森　2017年4月出版／估价：158.00元
PSN G-2010-180-1/1

城市管理蓝皮书
中国城市管理报告（2016~2017）
著(编)者：刘林　刘承水　2017年5月出版／估价：158.00元
PSN B-2013-336-1/1

城市生活质量蓝皮书
中国城市生活质量报告（2017）
著(编)者：中国经济实验研究院
2018年7月出版／估价：89.00元
PSN B-2013-326-1/1

城市政府能力蓝皮书
中国城市政府公共服务能力评估报告（2017）
著(编)者：何艳玲　2017年4月出版／估价：89.00元
PSN B-2013-338-1/1

慈善蓝皮书
中国慈善发展报告（2017）
著(编)者：杨团　2017年6月出版／估价：89.00元
PSN B-2009-142-1/1

党建蓝皮书
党的建设研究报告No.2（2017）
著(编)者：崔建民　陈东平　2017年4月出版／估价：89.00元
PSN B-2016-524-1/1

地方法治蓝皮书
中国地方法治发展报告No.3（2017）
著(编)者：李林　田禾　2017年4月出版／估价：108.00元
PSN B-2015-442-1/1

法治蓝皮书
中国法治发展报告No.15（2017）
著(编)者：李林　田禾　2017年3月出版／定价：118.00元
PSN B-2004-027-1/1

法治政府蓝皮书
中国法治政府发展报告（2017）
著(编)者：中国政法大学法治政府研究院
2017年4月出版／估价：98.00元
PSN B-2015-502-1/2

法治政府蓝皮书
中国法治政府评估报告（2017）
著(编)者：中国政法大学法治政府研究院
2017年11月出版／估价：98.00元
PSN B-2016-577-2/2

法治蓝皮书
中国法院信息化发展报告No.1（2017）
著(编)者：李林　田禾　2017年2月出版／定价：108.00元
PSN B-2017-604-3/3

反腐倡廉蓝皮书
中国反腐倡廉建设报告No.7
著(编)者：张英伟　2017年12月出版／估价：89.00元
PSN B-2012-259-1/1

非传统安全蓝皮书
中国非传统安全研究报告（2016~2017）
著(编)者：余潇枫　魏志江　2017年6月出版／估价：89.00元
PSN B-2012-273-1/1

妇女发展蓝皮书
中国妇女发展报告No.7
著(编)者：王金玲　2017年9月出版／估价：148.00元
PSN B-2006-069-1/1

妇女教育蓝皮书
中国妇女教育发展报告No.4
著(编)者：张李玺　2017年10月出版／估价：78.00元
PSN B-2008-121-1/1

妇女绿皮书
中国性别平等与妇女发展报告（2017）
著(编)者：谭琳　2017年12月出版／估价：99.00元
PSN G-2006-073-1/1

公共服务蓝皮书
中国城市基本公共服务力评价（2017）
著(编)者：钟君　刘志昌　吴正杲　2017年12月出版／估价：89.00元
PSN B-2011-214-1/1

公民科学素质蓝皮书
中国公民科学素质报告（2016~2017）
著(编)者：李群　陈雄　马宗文
2017年4月出版／估价：89.00元
PSN B-2014-379-1/1

公共关系蓝皮书
中国公共关系发展报告（2017）
著(编)者：柳斌杰　2017年11月出版／估价：89.00元
PSN B-2016-580-1/1

公益蓝皮书
中国公益慈善发展报告（2017）
著(编)者：朱健刚　2018年4月出版／估价：118.00元
PSN B-2012-283-1/1

国际人才蓝皮书
中国国际移民报告（2017）
著(编)者：王辉耀　2017年4月出版／估价：89.00元
PSN B-2012-304-3/4

国际人才蓝皮书
中国留学发展报告（2017）No.5
著(编)者：王辉耀　苗绿　2017年10月出版／估价：89.00元
PSN B-2012-244-2/4

海洋社会蓝皮书
中国海洋社会发展报告（2017）
著(编)者：崔凤　宋宁而　2017年7月出版／估价：89.00元
PSN B-2015-478-1/1

社会政法类 — 皮书系列 2017全品种

行政改革蓝皮书
中国行政体制改革报告（2017）No.6
著(编)者：魏礼群　2017年5月出版 / 估价：98.00元
PSN B-2011-231-1/1

华侨华人蓝皮书
华侨华人研究报告（2017）
著(编)者：贾益民　2017年12月出版 / 估价：128.00元
PSN B-2011-204-1/1

环境竞争力绿皮书
中国省域环境竞争力发展报告（2017）
著(编)者：李建平　李闽榕　王金南
2017年11月出版 / 估价：198.00元
PSN B-2010-165-1/1

环境绿皮书
中国环境发展报告（2017）
著(编)者：刘鉴强　2017年4月出版 / 估价：89.00元
PSN G-2006-048-1/1

基金会蓝皮书
中国基金会发展报告（2016~2017）
著(编)者：中国基金会发展报告课题组
2017年4月出版 / 估价：85.00元
PSN B-2013-368-1/1

基金会绿皮书
中国基金会发展独立研究报告（2017）
著(编)者：基金会中心网　中央民族大学基金会研究中心
2017年6月出版 / 估价：88.00元
PSN G-2011-213-1/1

基金会透明度蓝皮书
中国基金会透明度发展研究报告（2017）
著(编)者：基金会中心网　清华大学廉政与治理研究中心
2017年12月出版 / 估价：89.00元
PSN B-2015-509-1/1

家庭蓝皮书
中国"创建幸福家庭活动"评估报告（2017）
国务院发展研究中心"创建幸福家庭活动评估"课题组著
2017年8月出版 / 估价：89.00元
PSN B-2015-508-1/1

健康城市蓝皮书
中国健康城市建设研究报告（2017）
著(编)者：王鸿春　解树江　盛继洪
2017年9月出版 / 估价：89.00元
PSN B-2016-565-2/2

教师蓝皮书
中国中小学教师发展报告（2017）
著(编)者：曾晓东　鱼霞　2017年6月出版 / 估价：89.00元
PSN B-2012-289-1/1

教育蓝皮书
中国教育发展报告（2017）
著(编)者：杨东平　2017年4月出版 / 估价：89.00元
PSN B-2006-047-1/1

科普蓝皮书
中国基层科普发展报告（2016~2017）
著(编)者：赵立　新陈玲　2017年9月出版 / 估价：89.00元
PSN B-2016-569-3/3

科普蓝皮书
中国科普基础设施发展报告（2017）
著(编)者：任福君　2017年6月出版 / 估价：89.00元
PSN B-2010-174-1/3

科普蓝皮书
中国科普人才发展报告（2017）
著(编)者：郑念　任嵘嵘　2017年4月出版 / 估价：98.00元
PSN B-2015-512-2/3

科学教育蓝皮书
中国科学教育发展报告（2017）
著(编)者：罗晖　王康友　2017年10月出版 / 估价：89.00元
PSN B-2015-487-1/1

劳动保障蓝皮书
中国劳动保障发展报告（2017）
著(编)者：刘燕斌　2017年9月出版 / 估价：188.00元
PSN B-2014-415-1/1

老龄蓝皮书
中国老年宜居环境发展报告（2017）
著(编)者：党俊武　周燚珉　2017年4月出版 / 估价：89.00元
PSN B-2013-320-1/1

连片特困区蓝皮书
中国连片特困区发展报告（2017）
著(编)者：游俊　冷志明　丁建军
2017年4月出版 / 估价：98.00元
PSN B-2013-321-1/1

流动儿童蓝皮书
中国流动儿童教育发展报告（2016）
著(编)者：杨东平　2017年1月出版 / 定价：79.00元
PSN B-2017-600-1/1

民调蓝皮书
中国民生调查报告（2017）
著(编)者：谢耘耕　2017年12月出版 / 估价：98.00元
PSN B-2014-398-1/1

民族发展蓝皮书
中国民族发展报告（2017）
著(编)者：郝时远　王延中　王希恩
2017年4月出版 / 估价：98.00元
PSN B-2006-070-1/1

女性生活蓝皮书
中国女性生活状况报告 No.11（2017）
著(编)者：韩湘景　2017年10月出版 / 估价：98.00元
PSN B-2006-071-1/1

汽车社会蓝皮书
中国汽车社会发展报告（2017）
著(编)者：王俊秀　2017年12月出版 / 估价：89.00元
PSN B-2011-224-1/1

皮书系列 2017全品种

社会政法类

青年蓝皮书
中国青年发展报告（2017）No.3
著（编）者：廉思 等　2017年4月出版／估价：89.00元
PSN B-2013-333-1/1

青少年蓝皮书
中国未成年人互联网运用报告（2017）
著（编）者：李文革 沈洁 季为民
2017年11月出版／估价：89.00元
PSN B-2010-165-1/1

青少年体育蓝皮书
中国青少年体育发展报告（2017）
著（编）者：郭建军 杨桦　2017年9月出版／估价：89.00元
PSN B-2015-482-1/1

群众体育蓝皮书
中国群众体育发展报告（2017）
著（编）者：刘国永 杨桦　2017年12月出版／估价：89.00元
PSN B-2016-519-2/3

人权蓝皮书
中国人权事业发展报告No.7（2017）
著（编）者：李君如　2017年9月出版／估价：98.00元
PSN B-2011-215-1/1

社会保障绿皮书
中国社会保障发展报告（2017）No.8
著（编）者：王延中　2017年1月出版／估价：98.00元
PSN G-2001-014-1/1

社会风险评估蓝皮书
风险评估与危机预警评估报告（2017）
著（编）者：唐钧　2017年8月出版／估价：85.00元
PSN B-2016-521-1/1

社会管理蓝皮书
中国社会管理创新报告No.5
著（编）者：连玉明　2017年11月出版／估价：89.00元
PSN B-2012-300-1/1

社会蓝皮书
2017年中国社会形势分析与预测
著（编）者：李培林 陈光金 张翼
2016年12月出版／估价：89.00元
PSN B-1998-002-1/1

社会体制蓝皮书
中国社会体制改革报告No.5（2017）
著（编）者：龚维斌　2017年3月出版／定价：89.00元
PSN B-2013-330-1/1

社会心态蓝皮书
中国社会心态研究报告（2017）
著（编）者：王俊秀 杨宜音　2017年12月出版／估价：89.00元
PSN B-2011-199-1/1

社会组织蓝皮书
中国社会组织发展报告（2016~2017）
著（编）者：黄晓勇　2017年1月出版／定价：89.00元
PSN B-2008-118-1/2

社会组织蓝皮书
中国社会组织评估发展报告（2017）
著（编）者：徐家良 廖鸿　2017年12月出版／估价：89.00元
PSN B-2013-366-1/1

生态城市绿皮书
中国生态城市建设发展报告（2017）
著（编）者：刘举科 孙伟平 胡文臻
2017年9月出版／定价：118.00元
PSN G-2012-269-1/1

生态文明绿皮书
中国省域生态文明建设评价报告（ECI 2017）
著（编）者：严耕　2017年12月出版／估价：98.00元
PSN G-2010-170-1/1

土地整治蓝皮书
中国土地整治发展研究报告No.4
著（编）者：国土资源部土地整治中心
2017年7月出版／估价：89.00元
PSN B-2014-401-1/1

土地政策蓝皮书
中国土地政策研究报告（2017）
著（编）者：高延利 李宪文
2017年12月出版／定价：89.00元
PSN B-2015-506-1/1

医改蓝皮书
中国医药卫生体制改革报告（2017）
著（编）者：文学国 房志武　2017年11月出版／估价：98.00元
PSN B-2014-432-1/1

医疗卫生绿皮书
中国医疗卫生发展报告No.7（2017）
著（编）者：申宝忠 韩玉珍　2017年4月出版／估价：85.00元
PSN G-2004-033-1/1

应急管理蓝皮书
中国应急管理报告（2017）
著（编）者：宋英华　2017年9月出版／估价：98.00元
PSN B-2016-563-1/1

政治参与蓝皮书
中国政治参与报告（2017）
著（编）者：房宁　2017年9月出版／估价：118.00元
PSN B-2011-200-1/1

宗教蓝皮书
中国宗教报告（2016）
著（编）者：邱永辉　2017年4月出版／估价：89.00元
PSN B-2008-117-1/1

行业报告类

SUV蓝皮书
中国SUV市场发展报告（2016~2017）
著(编)者：靳军　2017年9月出版／估价：89.00元
PSN B-2016-572-1/1

保健蓝皮书
中国保健服务产业发展报告 No.2
著(编)者：中国保健协会 中共中央党校
2017年7月出版／估价：198.00元
PSN B-2012-272-3/3

保健蓝皮书
中国保健食品产业发展报告 No.2
著(编)者：中国保健协会
　　　　　中国社会科学院食品药品产业发展与监管研究中心
2017年7月出版／估价：198.00元
PSN B-2012-271-2/3

保健蓝皮书
中国保健用品产业发展报告 No.2
著(编)者：中国保健协会
　　　　　国务院国有资产监督管理委员会研究中心
2017年4月出版／估价：198.00元
PSN B-2012-270-1/3

保险蓝皮书
中国保险业竞争力报告（2017）
著(编)者：项俊波　2017年12月出版／估价：99.00元
PSN B-2013-311-1/1

冰雪蓝皮书
中国滑雪产业发展报告（2017）
著(编)者：孙承华 伍斌 魏庆华 张鸿俊
2017年8月出版／估价：89.00元
PSN B-2016-560-1/1

彩票蓝皮书
中国彩票发展报告（2017）
著(编)者：益彩基金　2017年4月出版／估价：98.00元
PSN B-2015-462-1/1

餐饮产业蓝皮书
中国餐饮产业发展报告（2017）
著(编)者：邢颖　2017年6月出版／估价：98.00元
PSN B-2009-151-1/1

测绘地理信息蓝皮书
新常态下的测绘地理信息研究报告（2017）
著(编)者：库热西·买合苏提
2017年12月出版／估价：118.00元
PSN B-2009-145-1/1

茶业蓝皮书
中国茶产业发展报告（2017）
著(编)者：杨江帆 李闽榕　2017年10月出版／估价：88.00元
PSN B-2010-164-1/1

产权市场蓝皮书
中国产权市场发展报告（2016~2017）
著(编)者：曹和平　2017年5月出版／估价：89.00元
PSN B-2009-147-1/1

产业安全蓝皮书
中国出版传媒产业安全报告（2016~2017）
著(编)者：北京印刷学院文化产业安全研究院
2017年4月出版／估价：89.00元
PSN B-2014-384-13/14

产业安全蓝皮书
中国文化产业安全报告（2017）
著(编)者：北京印刷学院文化产业安全研究院
2017年12月出版／估价：89.00元
PSN B-2014-378-12/14

产业安全蓝皮书
中国新媒体产业安全报告（2017）
著(编)者：北京印刷学院文化产业安全研究院
2017年12月出版／估价：89.00元
PSN B-2015-500-14/14

城投蓝皮书
中国城投行业发展报告（2017）
著(编)者：王晨艳 丁伯康　2017年11月出版／估价：300.00元
PSN B-2016-514-1/1

电子政务蓝皮书
中国电子政务发展报告（2016~2017）
著(编)者：李季 杜平　2017年7月出版／估价：89.00元
PSN B-2003-022-1/1

杜仲产业绿皮书
中国杜仲橡胶资源与产业发展报告（2016~2017）
著(编)者：杜红岩 胡文臻 俞锐
2017年4月出版／估价：85.00元
PSN G-2013-350-1/1

房地产蓝皮书
中国房地产发展报告 No.14（2017）
著(编)者：李春华 王业强　2017年5月出版／估价：89.00元
PSN B-2004-028-1/1

服务外包蓝皮书
中国服务外包产业发展报告（2017）
著(编)者：王晓红 刘德军
2017年6月出版／估价：89.00元
PSN B-2013-331-2/2

服务外包蓝皮书
中国服务外包竞争力报告（2017）
著(编)者：王力 刘春生 黄肴华
2017年11月出版／估价：85.00元
PSN B-2011-216-1/2

工业和信息化蓝皮书
世界网络安全发展报告（2016~2017）
著(编)者：洪京一　2017年4月出版／估价：89.00元
PSN B-2015-452-5/5

工业和信息化蓝皮书
世界信息化发展报告（2016~2017）
著(编)者：洪京一　2017年4月出版／估价：89.00元
PSN B-2015-451-4/5

皮书系列 2017全品种

行业报告类

工业和信息化蓝皮书
世界信息技术产业发展报告（2016~2017）
著(编)者：洪京一　2017年4月出版　估价：89.00元
PSN B-2015-449-2/5

工业和信息化蓝皮书
移动互联网产业发展报告（2016~2017）
著(编)者：洪京一　2017年4月出版　估价：89.00元
PSN B-2015-448-1/1

工业和信息化蓝皮书
战略性新兴产业发展报告（2016~2017）
著(编)者：洪京一　2017年4月出版　估价：89.00元
PSN B-2015-450-3/5

工业设计蓝皮书
中国工业设计发展报告（2017）
著(编)者：王晓红　于炜　张立群
2017年9月出版　估价：138.00元
PSN B-2014-420-1/1

黄金市场蓝皮书
中国商业银行黄金业务发展报告（2016~2017）
著(编)者：平安银行　2017年4月出版　估价：98.00元
PSN B-2016-525-1/1

互联网金融蓝皮书
中国互联网金融发展报告（2017）
著(编)者：李东荣　2017年9月出版　估价：128.00元
PSN B-2014-374-1/1

互联网医疗蓝皮书
中国互联网医疗发展报告（2017）
著(编)者：宫晓东　2017年9月出版　估价：89.00元
PSN B-2016-568-1/1

会展蓝皮书
中外会展业动态评估年度报告（2017）
著(编)者：张敏　2017年4月出版　估价：88.00元
PSN B-2013-327-1/1

金融监管蓝皮书
中国金融监管报告（2017）
著(编)者：胡滨　2017年6月出版　估价：89.00元
PSN B-2012-281-1/1

金融蓝皮书
中国金融中心发展报告（2017）
著(编)者：王力　黄育华　2017年11月出版　估价：85.00元
PSN B-2011-186-6/6

建筑装饰蓝皮书
中国建筑装饰行业发展报告（2017）
著(编)者：刘晓一　葛道顺　2017年7月出版　估价：198.00元
PSN B-2016-554-1/1

客车蓝皮书
中国客车产业发展报告（2016~2017）
著(编)者：姚蔚　2017年10月出版　估价：85.00元
PSN B-2013-361-1/1

旅游安全蓝皮书
中国旅游安全报告（2017）
著(编)者：郑向敏　谢朝武　2017年5月出版　估价：128.00元
PSN B-2012-280-1/1

旅游绿皮书
2016~2017年中国旅游发展分析与预测
著(编)者：宋瑞　2017年2月出版　定价：89.00元
PSN G-2002-018-1/1

煤炭蓝皮书
中国煤炭工业发展报告（2017）
著(编)者：岳福斌　2017年12月出版　估价：85.00元
PSN B-2008-123-1/1

民营企业社会责任蓝皮书
中国民营企业社会责任报告（2017）
著(编)者：中华全国工商业联合会
2017年12月出版　估价：89.00元
PSN B-2015-510-1/1

民营医院蓝皮书
中国民营医院发展报告（2017）
著(编)者：庄一强　2017年10月出版　估价：85.00元
PSN B-2012-299-1/1

闽商蓝皮书
闽商发展报告（2017）
著(编)者：李闽榕　王日根　林琛
2017年12月出版　估价：89.00元
PSN B-2012-298-1/1

能源蓝皮书
中国能源发展报告（2017）
著(编)者：崔民选　王军生　陈义和
2017年10月出版　估价：98.00元
PSN B-2006-049-1/1

农产品流通蓝皮书
中国农产品流通产业发展报告（2017）
著(编)者：贾敬敦　张东科　张玉玺　张鹏毅　周伟
2017年4月出版　估价：89.00元
PSN B-2012-288-1/1

企业公益蓝皮书
中国企业公益研究报告（2017）
著(编)者：钟宏武　汪杰　顾一　黄晓娟　等
2017年12月出版　估价：89.00元
PSN B-2015-501-1/1

企业国际化蓝皮书
中国企业国际化报告（2017）
著(编)者：王辉耀　2017年11月出版　估价：98.00元
PSN B-2014-427-1/1

企业蓝皮书
中国企业绿色发展报告No.2（2017）
著(编)者：李红玉　朱光辉　2017年8月出版　估价：89.00元
PSN B-2015-481-2/2

企业社会责任蓝皮书
中国企业社会责任研究报告（2017）
著(编)者：黄群慧　钟宏武　张蒽　翟利峰
2017年11月出版　估价：89.00元
PSN B-2009-149-1/1

企业社会责任蓝皮书
中资企业海外社会责任研究报告（2016~2017）
著(编)者：钟宏武　叶柳红　张蒽
2017年1月出版　定价：79.00元
PSN B-2017-603-2/2

行业报告类 皮书系列 2017全品种

汽车安全蓝皮书
中国汽车安全发展报告(2017)
著(编)者:中国汽车技术研究中心
2017年7月出版 / 估价:89.00元
PSN B-2014-385-1/1

汽车电子商务蓝皮书
中国汽车电子商务发展报告(2017)
著(编)者:中华全国工商业联合会汽车经销商商会
北京易观智库网络科技有限公司
2017年10月出版 / 估价:128.00元
PSN B-2015-485-1/1

汽车工业蓝皮书
中国汽车工业发展年度报告(2017)
著(编)者:中国汽车工业协会 中国汽车技术研究中心
丰田汽车(中国)投资有限公司
2017年4月出版 / 估价:128.00元
PSN B-2015-463-1/2

汽车工业蓝皮书
中国汽车零部件产业发展报告(2017)
著(编)者:中国汽车工业协会 中国汽车工程研究院
2017年10月出版 / 98.00元
PSN B-2016-515-2/2

汽车蓝皮书
中国汽车产业发展报告(2017)
著(编)者:国务院发展研究中心产业经济研究部
中国汽车工程学会 大众汽车集团(中国)
2017年8月出版 / 98.00元
PSN B-2008-124-1/1

人力资源蓝皮书
中国人力资源发展报告(2017)
著(编)者:余兴安 2017年11月出版 / 估价:89.00元
PSN B-2012-287-1/1

融资租赁蓝皮书
中国融资租赁业发展报告(2016~2017)
著(编)者:李光荣 王力 2017年8月出版 / 估价:89.00元
PSN B-2015-443-1/1

商会蓝皮书
中国商会发展报告No.5(2017)
著(编)者:王钦敏 2017年7月出版 / 估价:89.00元
PSN B-2008-125-1/1

输血服务蓝皮书
中国输血行业发展报告(2017)
著(编)者:朱永明 耿鸿武 2016年8月出版 / 估价:89.00元
PSN B-2016-583-1/1

社会责任管理蓝皮书
中国上市公司社会责任能力成熟度报告(2017)No.2
著(编)者:肖红军 王晓光 李伟阳
2017年12月出版 / 估价:98.00元
PSN B-2015-507-2/2

社会责任管理蓝皮书
中国企业公众透明度报告(2017)No.3
著(编)者:黄速建 熊梦 王晓光 肖红军
2017年4月出版 / 98.00元
PSN B-2015-440-1/2

食品药品蓝皮书
食品药品安全与监管政策研究报告(2016~2017)
著(编)者:唐民皓 2017年6月出版 / 估价:89.00元
PSN B-2009-129-1/1

世界能源蓝皮书
世界能源发展报告(2017)
著(编)者:黄晓勇 2017年6月出版 / 估价:99.00元
PSN B-2013-349-1/1

水利风景区蓝皮书
中国水利风景区发展报告(2017)
著(编)者:谢婵才 兰思仁 2017年5月出版 / 估价:89.00元
PSN B-2015-480-1/1

碳市场蓝皮书
中国碳市场报告(2017)
著(编)者:定金彪 2017年11月出版 / 估价:89.00元
PSN B-2014-430-1/1

体育蓝皮书
中国体育产业发展报告(2017)
著(编)者:阮伟 钟秉枢 2017年12月出版 / 估价:89.00元
PSN B-2010-179-1/4

网络空间安全蓝皮书
中国网络空间安全发展报告(2017)
著(编)者:惠志斌 唐涛 2017年4月出版 / 估价:89.00元
PSN B-2015-466-1/1

西部金融蓝皮书
中国西部金融发展报告(2017)
著(编)者:李忠民 2017年8月出版 / 估价:85.00元
PSN B-2010-160-1/1

协会商会蓝皮书
中国行业协会商会发展报告(2017)
著(编)者:景朝阳 李勇 2017年4月出版 / 估价:99.00元
PSN B-2015-461-1/1

新能源汽车蓝皮书
中国新能源汽车产业发展报告(2017)
著(编)者:中国汽车技术研究中心
日产(中国)投资有限公司 东风汽车有限公司
2017年7月出版 / 估价:98.00元
PSN B-2013-347-1/1

新三板蓝皮书
中国新三板市场发展报告(2017)
著(编)者:王力 2017年6月出版 / 估价:89.00元
PSN B-2016-534-1/1

信托市场蓝皮书
中国信托业市场报告(2016~2017)
著(编)者:用益信托研究院
2017年1月出版 / 估价:198.00元
PSN B-2014-371-1/1

信息化蓝皮书
中国信息化形势分析与预测(2016~2017)
著(编)者:周宏仁 2017年8月出版 / 估价:98.00元
PSN B-2010-168-1/1

皮书系列 2017全品种 — 行业报告类

信用蓝皮书
中国信用发展报告（2017）
著(编)者：章政 田侃　　2017年4月出版 / 估价：99.00元
PSN B-2013-328-1/1

休闲绿皮书
2017年中国休闲发展报告
著(编)者：宋瑞　　2017年10月出版 / 估价：89.00元
PSN G-2010-158-1/1

休闲体育蓝皮书
中国休闲体育发展报告（2016~2017）
著(编)者：李相如 钟炳枢　　2017年10月出版 / 估价：89.00元
PSN G-2016-516-1/1

养老金融蓝皮书
中国养老金融发展报告（2017）
著(编)者：董克用 姚余栋
2017年8月出版 / 估价：89.00元
PSN B-2016-584-1/1

药品流通蓝皮书
中国药品流通行业发展报告（2017）
著(编)者：佘鲁林 温再兴　　2017年8月出版 / 估价：158.00元
PSN B-2014-429-1/1

医院蓝皮书
中国医院竞争力报告（2017）
著(编)者：庄一强 曾益新　　2017年3月出版 / 定价：108.00元
PSN B-2016-529-1/1

邮轮绿皮书
中国邮轮产业发展报告（2017）
著(编)者：汪泓　　2017年10月出版 / 估价：89.00元
PSN G-2014-419-1/1

智能养老蓝皮书
中国智能养老产业发展报告（2017）
著(编)者：朱勇　　2017年10月出版 / 估价：89.00元
PSN B-2015-488-1/1

债券市场蓝皮书
中国债券市场发展报告（2016~2017）
著(编)者：杨农　　2017年10月出版 / 估价：89.00元
PSN B-2016-573-1/1

中国节能汽车蓝皮书
中国节能汽车发展报告（2016~2017）
著(编)者：中国汽车工程研究院股份有限公司
2017年9月出版 / 估价：98.00元
PSN B-2016-566-1/1

中国上市公司蓝皮书
中国上市公司发展报告（2017）
著(编)者：张平 王宏淼
2017年10月出版 / 估价：98.00元
PSN B-2014-414-1/1

中国陶瓷产业蓝皮书
中国陶瓷产业发展报告（2017）
著(编)者：左和平 黄速建　　2017年10月出版 / 估价：98.00元
PSN B-2016-574-1/1

中国总部经济蓝皮书
中国总部经济发展报告（2016~2017）
著(编)者：赵弘　　2017年9月出版 / 估价：89.00元
PSN B-2005-036-1/1

中医文化蓝皮书
中国中医药文化传播发展报告（2017）
著(编)者：毛嘉陵　　2017年7月出版 / 估价：89.00元
PSN B-2015-468-1/1

装备制造业蓝皮书
中国装备制造业发展报告（2017）
著(编)者：徐东华　　2017年12月出版 / 估价：148.00元
PSN B-2015-505-1/1

资本市场蓝皮书
中国场外交易市场发展报告（2016~2017）
著(编)者：高峦　　2017年4月出版 / 估价：89.00元
PSN B-2009-153-1/1

资产管理蓝皮书
中国资产管理行业发展报告（2017）
著(编)者：智信资产管理研究院
2017年6月出版 / 估价：89.00元
PSN B-2014-407-2/2

文化传媒类

传媒竞争力蓝皮书
中国传媒国际竞争力研究报告（2017）
著(编)者：李本乾 刘强
2017年11月出版 / 估价：148.00元
PSN B-2013-356-1/1

传媒蓝皮书
中国传媒产业发展报告（2017）
著(编)者：崔保国　2017年5月出版 / 估价：98.00元
PSN B-2005-035-1/1

传媒投资蓝皮书
中国传媒投资发展报告（2017）
著(编)者：张向东 谭云明
2017年6月出版 / 估价：128.00元
PSN B-2015-474-1/1

动漫蓝皮书
中国动漫产业发展报告（2017）
著(编)者：卢斌 郑玉明 牛兴侦
2017年9月出版 / 估价：89.00元
PSN B-2011-198-1/1

非物质文化遗产蓝皮书
中国非物质文化遗产发展报告（2017）
著(编)者：陈平　2017年5月出版 / 估价：98.00元
PSN B-2015-469-1/1

广电蓝皮书
中国广播电影电视发展报告（2017）
著(编)者：国家新闻出版广电总局发展研究中心
2017年7月出版 / 估价：98.00元
PSN B-2006-072-1/1

广告主蓝皮书
中国广告主营销传播趋势报告 No.9
著(编)者：黄升民 杜国清 邵华冬 等
2017年10月出版 / 估价：148.00元
PSN B-2005-041-1/1

国际传播蓝皮书
中国国际传播发展报告（2017）
著(编)者：胡正荣 李继东 姬德强
2017年11月出版 / 估价：89.00元
PSN B-2014-408-1/1

国家形象蓝皮书
中国国家形象传播报告（2016）
著(编)者：张昆　2017年3月出版 / 定价：98.00元
PSN B-2017-605-1/1

纪录片蓝皮书
中国纪录片发展报告（2017）
著(编)者：何苏六　2017年9月出版 / 估价：89.00元
PSN B-2011-222-1/1

科学传播蓝皮书
中国科学传播报告（2017）
著(编)者：詹正茂　2017年7月出版 / 估价：89.00元
PSN B-2008-120-1/1

两岸创意经济蓝皮书
两岸创意经济研究报告（2017）
著(编)者：罗昌智 林咏能
2017年10月出版 / 估价：98.00元
PSN B-2014-437-1/1

媒介与女性蓝皮书
中国媒介与女性发展报告（2016~2017）
著(编)者：刘利群　2017年9月出版 / 估价：118.00元
PSN B-2013-345-1/1

媒体融合蓝皮书
中国媒体融合发展报告（2017）
著(编)者：梅宁华 宋建武　2017年7月出版 / 估价：89.00元
PSN B-2015-479-1/1

全球传媒蓝皮书
全球传媒发展报告（2017）
著(编)者：胡正荣 李继东 唐晓芬
2017年11月出版 / 估价：89.00元
PSN B-2012-237-1/1

少数民族非遗蓝皮书
中国少数民族非物质文化遗产发展报告（2017）
著(编)者：肖远平（彝） 柴立（满）
2017年8月出版 / 估价：98.00元
PSN B-2015-467-1/1

视听新媒体蓝皮书
中国视听新媒体发展报告（2017）
著(编)者：国家新闻出版广电总局发展研究中心
2017年7月出版 / 估价：98.00元
PSN B-2011-184-1/1

文化创新蓝皮书
中国文化创新报告（2017）No.7
著(编)者：于平 傅才武　2017年7月出版 / 估价：98.00元
PSN B-2009-143-1/1

文化建设蓝皮书
中国文化发展报告（2016~2017）
著(编)者：江畅 孙伟平 戴茂堂
2017年6月出版 / 估价：116.00元
PSN B-2014-392-1/1

文化科技蓝皮书
文化科技创新发展报告（2017）
著(编)者：于平 李凤亮　2017年11月出版 / 估价：89.00元
PSN B-2013-342-1/1

文化蓝皮书
中国公共文化服务发展报告（2017）
著(编)者：刘新成 张永新 张旭
2017年12月出版 / 估价：98.00元
PSN B-2007-093-2/10

文化蓝皮书
中国公共文化投入增长测评报告（2017）
著(编)者：王亚南　2017年2月出版 / 定价：79.00元
PSN B-2014-435-10/10

皮书系列 2017全品种
文化传媒类·地方发展类

文化蓝皮书
中国少数民族文化发展报告（2016~2017）
著(编)者：武翠英 张晓明 任乌晶
2017年9月出版 / 估价：89.00元
PSN B-2013-369-9/10

文化蓝皮书
中国文化产业发展报告（2016~2017）
著(编)者：张晓明 王家新 章建刚
2017年4月出版 / 估价：89.00元
PSN B-2002-019-1/10

文化蓝皮书
中国文化产业供需协调检测报告（2017）
著(编)者：王亚南 2017年2月出版 / 定价：79.00元
PSN B-2013-323-8/10

文化蓝皮书
中国文化消费需求景气评价报告（2017）
著(编)者：王亚南 2017年2月出版 / 定价：79.00元
PSN B-2011-236-4/10

文化品牌蓝皮书
中国文化品牌发展报告（2017）
著(编)者：欧阳友权 2017年5月出版 / 估价：98.00元
PSN B-2012-277-1/1

文化遗产蓝皮书
中国文化遗产事业发展报告（2017）
著(编)者：苏杨 张颖岚 王宇飞
2017年8月出版 / 估价：98.00元
PSN B-2008-119-1/1

文学蓝皮书
中国文情报告（2016~2017）
著(编)者：白烨 2017年5月出版 / 估价：49.00元
PSN B-2011-221-1/1

新媒体蓝皮书
中国新媒体发展报告No.8（2017）
著(编)者：唐绪军 2017年6月出版 / 估价：89.00元
PSN B-2010-169-1/1

新媒体社会责任蓝皮书
中国新媒体社会责任研究报告（2017）
著(编)者：钟瑛 2017年11月出版 / 估价：89.00元
PSN B-2014-423-1/1

移动互联网蓝皮书
中国移动互联网发展报告（2017）
著(编)者：官建文 2017年6月出版 / 估价：89.00元
PSN B-2012-282-1/1

舆情蓝皮书
中国社会舆情与危机管理报告（2017）
著(编)者：谢耘耕 2017年9月出版 / 估价：128.00元
PSN B-2011-235-1/1

影视蓝皮书
中国影视产业发展报告（2017）
著(编)者：司若 2017年4月出版 / 估价：138.00元
PSN B-2016-530-1/1

地方发展类

安徽经济蓝皮书
合芜蚌国家自主创新综合示范区研究报告（2016~2017）
著(编)者：黄家海 王开玉 蔡宪
2017年7月出版 / 估价：89.00元
PSN B-2014-383-1/1

安徽蓝皮书
安徽社会发展报告（2017）
著(编)者：程桦 2017年4月出版 / 估价：89.00元
PSN B-2013-325-1/1

澳门蓝皮书
澳门经济社会发展报告（2016~2017）
著(编)者：吴志良 郝雨凡 2017年6月出版 / 估价：98.00元
PSN B-2009-138-1/1

北京蓝皮书
北京公共服务发展报告（2016~2017）
著(编)者：施昌奎 2017年3月出版 / 定价：79.00元
PSN B-2008-103-7/8

北京蓝皮书
北京经济发展报告（2016~2017）
著(编)者：杨松 2017年6月出版 / 估价：89.00元
PSN B-2006-054-2/8

北京蓝皮书
北京社会发展报告（2016~2017）
著(编)者：李伟东 2017年6月出版 / 估价：89.00元
PSN B-2006-055-3/8

北京蓝皮书
北京社会治理发展报告（2016~2017）
著(编)者：殷星辰 2017年5月出版 / 估价：89.00元
PSN B-2014-391-8/8

北京蓝皮书
北京文化发展报告（2016~2017）
著(编)者：李建盛 2017年4月出版 / 估价：89.00元
PSN B-2007-082-4/8

北京律师绿皮书
北京律师发展报告No.3（2017）
著(编)者：王隽 2017年7月出版 / 估价：88.00元
PSN G-2012-301-1/1

北京旅游蓝皮书
北京旅游发展报告（2017）
著(编)者：北京旅游学会 2017年4月出版 / 估价：88.00元
PSN B-2011-217-1/1

地方发展类　皮书系列 2017全品种

北京人才蓝皮书
北京人才发展报告（2017）
著（编）者：于淼　2017年12月出版 / 估价：128.00元
PSN B-2011-201-1/1

北京社会心态蓝皮书
北京社会心态分析报告（2016～2017）
著（编）者：北京社会心理研究所
2017年8月出版 / 估价：89.00元
PSN B-2014-422-1/1

北京社会组织管理蓝皮书
北京社会组织发展与管理（2016～2017）
著（编）者：黄江松　2017年4月出版 / 估价：88.00元
PSN B-2015-446-1/1

北京体育蓝皮书
北京体育产业发展报告（2016～2017）
著（编）者：钟秉枢　陈杰　杨铁黎
2017年9月出版 / 估价：89.00元
PSN B-2015-475-1/1

北京养老产业蓝皮书
北京养老产业发展报告（2017）
著（编）者：周明明　冯喜良　2017年8月出版 / 估价：89.00元
PSN B-2015-465-1/1

滨海金融蓝皮书
滨海新区金融发展报告（2017）
著（编）者：王爱俭　张锐钢　2017年12月出版 / 估价：89.00元
PSN B-2014-424-1/1

城乡一体化蓝皮书
中国城乡一体化发展报告·北京卷（2016～2017）
著（编）者：张宝秀　黄序　2017年5月出版 / 估价：89.00元
PSN B-2012-258-2/2

创意城市蓝皮书
北京文化创意产业发展报告（2017）
著（编）者：张京成　王国华　2017年10月出版 / 估价：89.00元
PSN B-2012-263-1/7

创意城市蓝皮书
天津文化创意产业发展报告（2016～2017）
著（编）者：谢思全　2017年6月出版 / 估价：89.00元
PSN B-2016-537-7/7

创意城市蓝皮书
武汉文化创意产业发展报告（2017）
著（编）者：黄永林　陈汉桥　2017年9月出版 / 估价：99.00元
PSN B-2013-354-4/7

创意上海蓝皮书
上海文化创意产业发展报告（2016～2017）
著（编）者：王慧敏　王兴全　2017年8月出版 / 估价：89.00元
PSN B-2016-562-1/1

福建妇女发展蓝皮书
福建省妇女发展报告（2017）
著（编）者：刘群英　2017年11月出版 / 估价：88.00元
PSN B-2015-220-1/1

福建自贸区蓝皮书
中国（福建）自由贸易试验区发展报告（2016～2017）
著（编）者：黄茂兴　2017年4月出版 / 估价：108.00元
PSN B-2017-532-1/1

甘肃蓝皮书
甘肃经济发展分析与预测（2017）
著（编）者：安文华　罗哲　2017年1月出版 / 定价：79.00元
PSN B-2013-312-1/6

甘肃蓝皮书
甘肃社会发展分析与预测（2017）
著（编）者：安文华　包晓霞　谢增虎
2017年1月出版 / 定价：79.00元
PSN B-2013-313-2/6

甘肃蓝皮书
甘肃文化发展分析与预测（2017）
著（编）者：王俊莲　王小华　2017年1月出版 / 定价：79.00元
PSN B-2013-314-3/6

甘肃蓝皮书
甘肃县域和农村发展报告（2017）
著（编）者：朱智文　包东红　王建兵
2017年1月出版 / 定价：79.00元
PSN B-2013-316-5/6

甘肃蓝皮书
甘肃舆情分析与预测（2017）
著（编）者：陈双梅　张谦元　2017年1月出版 / 定价：79.00元
PSN B-2013-315-4/6

甘肃蓝皮书
甘肃商贸流通发展报告（2017）
著（编）者：张应华　王福生　王晓芳
2017年1月出版 / 定价：79.00元
PSN B-2016-523-6/6

广东蓝皮书
广东全面深化改革发展报告（2017）
著（编）者：周林生　涂成林　2017年12月出版 / 估价：89.00元
PSN B-2015-504-3/3

广东蓝皮书
广东社会工作发展报告（2017）
著（编）者：罗观翠　2017年6月出版 / 估价：89.00元
PSN B-2014-402-2/3

广东外经贸蓝皮书
广东对外经济贸易发展研究报告（2016~2017）
著（编）者：陈万灵　2017年8月出版 / 估价：98.00元
PSN B-2012-286-1/1

广西北部湾经济区蓝皮书
广西北部湾经济区开放开发报告（2017）
著（编）者：广西北部湾经济区规划建设管理委员会办公室
　　　　　广西社会科学院 广西北部湾发展研究院
2017年4月出版 / 估价：89.00元
PSN B-2010-181-1/1

巩义蓝皮书
巩义经济社会发展报告（2017）
著（编）者：丁同民　朱军　2017年4月出版 / 估价：58.00元
PSN B-2016-533-1/1

广州蓝皮书
2017年中国广州经济形势分析与预测
著（编）者：庾建设　陈浩钿　谢博能
2017年7月出版 / 估价：85.00元
PSN B-2011-185-9/14

广州蓝皮书
2017年中国广州社会形势分析与预测
著(编)者：张强 陈怡霓 杨秦　2017年6月出版 / 估价：85.00元
PSN B-2008-110-5/14

广州蓝皮书
广州城市国际化发展报告（2017）
著(编)者：朱名宏　2017年8月出版 / 估价：79.00元
PSN B-2012-246-11/14

广州蓝皮书
广州创新型城市发展报告（2017）
著(编)者：尹涛　2017年7月出版 / 估价：79.00元
PSN B-2012-247-12/14

广州蓝皮书
广州经济发展报告（2017）
著(编)者：朱名宏　2017年7月出版 / 估价：79.00元
PSN B-2005-040-1/14

广州蓝皮书
广州农村发展报告（2017）
著(编)者：朱名宏　2017年8月出版 / 估价：79.00元
PSN B-2010-167-8/14

广州蓝皮书
广州汽车产业发展报告（2017）
著(编)者：杨再高 冯兴亚　2017年7月出版 / 估价：79.00元
PSN B-2006-066-3/14

广州蓝皮书
广州青年发展报告（2016~2017）
著(编)者：徐柳 张强　2017年9月出版 / 估价：79.00元
PSN B-2013-352-13/14

广州蓝皮书
广州商贸业发展报告（2017）
著(编)者：李江涛 肖振宇 荀振英
2017年7月出版 / 估价：79.00元
PSN B-2012-245-10/14

广州蓝皮书
广州社会保障发展报告（2017）
著(编)者：蔡国萱　2017年8月出版 / 估价：79.00元
PSN B-2014-425-14/14

广州蓝皮书
广州文化创意产业发展报告（2017）
著(编)者：徐咏虹　2017年7月出版 / 估价：79.00元
PSN B-2008-111-6/14

广州蓝皮书
中国广州城市建设与管理发展报告（2017）
著(编)者：董皞 陈小钢 李江涛
2017年7月出版 / 估价：85.00元
PSN B-2007-087-4/14

广州蓝皮书
中国广州科技创新发展报告（2017）
著(编)者：邹采荣 马正勇 陈爽
2017年7月出版 / 估价：79.00元
PSN B-2006-065-2/14

广州蓝皮书
中国广州文化发展报告（2017）
著(编)者：徐俊忠 陆志强 顾涧清
2017年7月出版 / 估价：79.00元
PSN B-2009-134-7/14

贵阳蓝皮书
贵阳城市创新发展报告No.2（白云篇）
著(编)者：连玉明　2017年10月出版 / 估价：89.00元
PSN B-2015-491-3/10

贵阳蓝皮书
贵阳城市创新发展报告No.2（观山湖篇）
著(编)者：连玉明　2017年10月出版 / 估价：89.00元
PSN B-2011-235-1/1

贵阳蓝皮书
贵阳城市创新发展报告No.2（花溪篇）
著(编)者：连玉明　2017年10月出版 / 估价：89.00元
PSN B-2015-490-2/10

贵阳蓝皮书
贵阳城市创新发展报告No.2（开阳篇）
著(编)者：连玉明　2017年10月出版 / 估价：89.00元
PSN B-2015-492-4/10

贵阳蓝皮书
贵阳城市创新发展报告No.2（南明篇）
著(编)者：连玉明　2017年10月出版 / 估价：89.00元
PSN B-2015-496-8/10

贵阳蓝皮书
贵阳城市创新发展报告No.2（清镇篇）
著(编)者：连玉明　2017年10月出版 / 估价：89.00元
PSN B-2015-489-1/10

贵阳蓝皮书
贵阳城市创新发展报告No.2（乌当篇）
著(编)者：连玉明　2017年10月出版 / 估价：89.00元
PSN B-2015-495-7/10

贵阳蓝皮书
贵阳城市创新发展报告No.2（息烽篇）
著(编)者：连玉明　2017年10月出版 / 估价：89.00元
PSN B-2015-493-5/10

贵阳蓝皮书
贵阳城市创新发展报告No.2（修文篇）
著(编)者：连玉明　2017年10月出版 / 估价：89.00元
PSN B-2015-494-6/10

贵阳蓝皮书
贵阳城市创新发展报告No.2（云岩篇）
著(编)者：连玉明　2017年10月出版 / 估价：89.00元
PSN B-2015-498-10/10

贵州房地产蓝皮书
贵州房地产发展报告No.4（2017）
著(编)者：武廷方　2017年7月出版 / 估价：89.00元
PSN B-2014-426-1/1

贵州蓝皮书
贵州册亨经济社会发展报告(2017)
著(编)者：黄德林　2017年3月出版 / 估价：89.00元
PSN B-2016-526-8/9

地方发展类 皮书系列 2017全品种

贵州蓝皮书
贵安新区发展报告（2016~2017）
著(编)者：马长青 吴大华　2017年6月出版 / 估价：89.00元
PSN B-2015-459-4/9

贵州蓝皮书
贵州法治发展报告（2017）
著(编)者：吴大华　2017年5月出版 / 估价：89.00元
PSN B-2012-254-2/9

贵州蓝皮书
贵州国有企业社会责任发展报告（2016~2017）
著(编)者：郭丽 周航 万强
2017年12月出版 / 估价：89.00元
PSN B-2015-511-6/9

贵州蓝皮书
贵州民航业发展报告（2017）
著(编)者：申振东 吴大华　2017年10月出版 / 估价：89.00元
PSN B-2015-471-5/9

贵州蓝皮书
贵州民营经济发展报告（2017）
著(编)者：杨静 吴大华　2017年4月出版 / 估价：89.00元
PSN B-2016-531-9/9

贵州蓝皮书
贵州人才发展报告（2017）
著(编)者：于杰 吴大华　2017年9月出版 / 估价：89.00元
PSN B-2014-382-3/9

贵州蓝皮书
贵州社会发展报告（2017）
著(编)者：王兴骥　2017年6月出版 / 估价：89.00元
PSN B-2010-166-1/9

贵州蓝皮书
贵州国家级开放创新平台发展报告（2017）
著(编)者：申晓庆 吴大华 李泓
2017年6月出版 / 估价：89.00元
PSN B-2016-518-1/9

海淀蓝皮书
海淀区文化和科技融合发展报告（2017）
著(编)者：陈名杰 孟景伟　2017年5月出版 / 估价：85.00元
PSN B-2013-329-1/1

杭州都市圈蓝皮书
杭州都市圈发展报告（2017）
著(编)者：沈翔 戚建国　2017年5月出版 / 估价：128.00元
PSN B-2012-302-1/1

杭州蓝皮书
杭州妇女发展报告（2017）
著(编)者：魏颖　2017年6月出版 / 估价：89.00元
PSN B-2014-403-1/1

河北经济蓝皮书
河北省经济发展报告（2017）
著(编)者：马树强 金浩 张贵
2017年4月出版 / 估价：89.00元
PSN B-2014-380-1/1

河北蓝皮书
河北经济社会发展报告（2017）
著(编)者：郭金平　2017年1月出版 / 定价：79.00元
PSN B-2014-372-1/2

河北蓝皮书
京津冀协同发展报告（2017）
著(编)者：陈路　2017年1月出版 / 定价：79.00元
PSN B-2017-601-2/2

河北食品药品安全蓝皮书
河北食品药品安全研究报告（2017）
著(编)者：丁锦霞　2017年6月出版 / 估价：89.00元
PSN B-2015-473-1/1

河南经济蓝皮书
2017年河南经济形势分析与预测
著(编)者：王世炎　2017年3月出版 / 定价：79.00元
PSN B-2007-086-1/1

河南蓝皮书
2017年河南社会形势分析与预测
著(编)者：刘道兴 牛苏林　2017年4月出版 / 估价：89.00元
PSN B-2005-043-1/8

河南蓝皮书
河南城市发展报告（2017）
著(编)者：张占仓 王建国　2017年5月出版 / 估价：89.00元
PSN B-2009-131-3/8

河南蓝皮书
河南法治发展报告（2017）
著(编)者：丁同民 张林海　2017年5月出版 / 估价：89.00元
PSN B-2014-376-6/8

河南蓝皮书
河南工业发展报告（2017）
著(编)者：张占仓 丁同民　2017年5月出版 / 估价：89.00元
PSN B-2013-317 5/0

河南蓝皮书
河南金融发展报告（2017）
著(编)者：河南省社会科学院
2017年6月出版 / 估价：89.00元
PSN B-2014-390-7/8

河南蓝皮书
河南经济发展报告（2017）
著(编)者：张占仓 完世伟　2017年4月出版 / 估价：89.00元
PSN B-2010-157-4/8

河南蓝皮书
河南农业农村发展报告（2017）
著(编)者：吴海峰　2017年4月出版 / 估价：89.00元
PSN B-2015-445-8/8

河南蓝皮书
河南文化发展报告（2017）
著(编)者：卫绍生　2017年4月出版 / 估价：88.00元
PSN B-2008-106-2/8

河南商务蓝皮书
河南商务发展报告（2017）
著(编)者：焦锦淼 穆荣国　2017年6月出版 / 估价：88.00元
PSN B-2014-399-1/1

黑龙江蓝皮书
黑龙江经济发展报告（2017）
著(编)者：朱宇　2017年1月出版 / 定价：79.00元
PSN B-2011-190-2/2

27

皮书系列 重点推荐 — 地方发展类

黑龙江蓝皮书
黑龙江社会发展报告（2017）
著(编)者：谢宝禄　2017年1月出版／定价：79.00元
PSN B-2011-189-1/2

湖北文化蓝皮书
湖北文化发展报告（2017）
著(编)者：吴成国　2017年10月出版／估价：95.00元
PSN B-2016-567-1/1

湖南城市蓝皮书
区域城市群整合
著(编)者：童中贤　韩未名
2017年12月出版／估价：89.00元
PSN B-2006-064-1/1

湖南蓝皮书
2017年湖南产业发展报告
著(编)者：梁志峰　2017年5月出版／估价：128.00元
PSN B-2011-207-2/8

湖南蓝皮书
2017年湖南电子政务发展报告
著(编)者：梁志峰　2017年5月出版／估价：128.00元
PSN B-2014-394-6/8

湖南蓝皮书
2017年湖南经济展望
著(编)者：梁志峰　2017年5月出版／估价：128.00元
PSN B-2011-206-1/8

湖南蓝皮书
2017年湖南两型社会与生态文明发展报告
著(编)者：梁志峰　2017年5月出版／估价：128.00元
PSN B-2011-208-3/8

湖南蓝皮书
2017年湖南社会发展报告
著(编)者：梁志峰　2017年5月出版／估价：128.00元
PSN B-2014-393-5/8

湖南蓝皮书
2017年湖南县域经济社会发展报告
著(编)者：梁志峰　2017年5月出版／估价：128.00元
PSN B-2014-395-7/8

湖南蓝皮书
湖南城乡一体化发展报告（2017）
著(编)者：陈文胜　王文强　陆福兴　邝奕轩
2017年6月出版／估价：89.00元
PSN B-2015-477-8/8

湖南县域绿皮书
湖南县域发展报告 No.3
著(编)者：袁准　周小毛　黎仁寅
2017年3月出版／定价：79.00元
PSN G-2012-274-1/1

沪港蓝皮书
沪港发展报告（2017）
著(编)者：尤安山　2017年9月出版／估价：89.00元
PSN B-2013-362-1/1

吉林蓝皮书
2017年吉林经济社会形势分析与预测
著(编)者：邵汉明　2016年12月出版／定价：79.00元
PSN B-2013-319-1/1

吉林省城市竞争力蓝皮书
吉林省城市竞争力报告（2016~2017）
著(编)者：崔岳春　张磊　2016年12月出版／定价：79.00元
PSN B-2015-513-1/1

济源蓝皮书
济源经济社会发展报告（2017）
著(编)者：喻新安　2017年4月出版／估价：89.00元
PSN B-2014-387-1/1

健康城市蓝皮书
北京健康城市建设研究报告（2017）
著(编)者：王鸿春　2017年8月出版／估价：89.00元
PSN B-2015-460-1/2

江苏法治蓝皮书
江苏法治发展报告 No.6（2017）
著(编)者：蔡道通　龚廷泰　2017年8月出版／估价：98.00元
PSN B-2012-290-1/1

江西蓝皮书
江西经济社会发展报告（2017）
著(编)者：张勇　姜玮　梁勇　2017年10月出版／估价：89.00元
PSN B-2015-484-1/2

江西蓝皮书
江西设区市发展报告（2017）
著(编)者：姜玮　梁勇　2017年10月出版／估价：79.00元
PSN B-2016-517-2/2

江西文化蓝皮书
江西文化产业发展报告（2017）
著(编)者：张圣才　汪春翔
2017年10月出版／估价：128.00元
PSN B-2015-499-1/1

街道蓝皮书
北京街道发展报告No.2（白纸坊篇）
著(编)者：连玉明　2017年8月出版／估价：98.00元
PSN B-2016-544-7/15

街道蓝皮书
北京街道发展报告No.2（椿树篇）
著(编)者：连玉明　2017年8月出版／估价：98.00元
PSN B-2016-548-11/15

街道蓝皮书
北京街道发展报告No.2（大栅栏篇）
著(编)者：连玉明　2017年8月出版／估价：98.00元
PSN B-2016-552-15/15

街道蓝皮书
北京街道发展报告No.2（德胜篇）
著(编)者：连玉明　2017年8月出版／估价：98.00元
PSN B-2016-551-14/15

街道蓝皮书
北京街道发展报告No.2（广安门内篇）
著(编)者：连玉明　2017年8月出版／估价：98.00元
PSN B-2016-540-3/15

皮书系列 重点推荐 — 地方发展类

街道蓝皮书
北京街道发展报告No.2（广安门外篇）
著（编）者：连玉明　2017年8月出版 / 估价：98.00元
PSN B-2016-547-10/15

街道蓝皮书
北京街道发展报告No.2（金融街篇）
著（编）者：连玉明　2017年8月出版 / 估价：98.00元
PSN B-2016-538-1/15

街道蓝皮书
北京街道发展报告No.2（牛街篇）
著（编）者：连玉明　2017年8月出版 / 估价：98.00元
PSN B-2016-545-8/15

街道蓝皮书
北京街道发展报告No.2（什刹海篇）
著（编）者：连玉明　2017年8月出版 / 估价：98.00元
PSN B-2016-546-9/15

街道蓝皮书
北京街道发展报告No.2（陶然亭篇）
著（编）者：连玉明　2017年8月出版 / 估价：98.00元
PSN B-2016-542-5/15

街道蓝皮书
北京街道发展报告No.2（天桥篇）
著（编）者：连玉明　2017年8月出版 / 估价：98.00元
PSN B-2016-549-12/15

街道蓝皮书
北京街道发展报告No.2（西长安街篇）
著（编）者：连玉明　2017年8月出版 / 估价：98.00元
PSN B-2016-543-6/15

街道蓝皮书
北京街道发展报告No.2（新街口篇）
著（编）者：连玉明　2017年8月出版 / 估价：98.00元
PSN B-2016-541-4/15

街道蓝皮书
北京街道发展报告No.2（月坛篇）
著（编）者：连玉明　2017年8月出版 / 估价：98.00元
PSN B-2016-539-2/15

街道蓝皮书
北京街道发展报告No.2（展览路篇）
著（编）者：连玉明　2017年8月出版 / 估价：98.00元
PSN B-2016-550-13/15

经济特区蓝皮书
中国经济特区发展报告（2017）
著（编）者：陶一桃　2017年12月出版 / 估价：98.00元
PSN B-2009-139-1/1

辽宁蓝皮书
2017年辽宁经济社会形势分析与预测
著（编）者：曹晓峰　梁启东
2017年4月出版 / 估价：79.00元
PSN B-2006-053-1/1

洛阳蓝皮书
洛阳文化发展报告（2017）
著（编）者：刘福兴　陈启明　2017年7月出版 / 估价：89.00元
PSN B-2015-476-1/1

南京蓝皮书
南京文化发展报告（2017）
著（编）者：徐宁　2017年10月出版 / 估价：89.00元
PSN B-2014-439-1/1

南宁蓝皮书
南宁法治发展报告（2017）
著（编）者：杨维超　2017年12月出版 / 估价：79.00元
PSN B-2015-509-1/3

南宁蓝皮书
南宁经济发展报告（2017）
著（编）者：胡建华　2017年9月出版 / 估价：79.00元
PSN B-2016-570-2/3

南宁蓝皮书
南宁社会发展报告（2017）
著（编）者：胡建华　2017年9月出版 / 估价：79.00元
PSN B-2016-571-3/3

内蒙古蓝皮书
内蒙古反腐倡廉建设报告No.2
著（编）者：张志华　无极　2017年12月出版 / 估价：79.00元
PSN B-2013-365-1/1

浦东新区蓝皮书
上海浦东经济发展报告（2017）
著（编）者：沈开艳　周奇　2017年2月出版 / 定价：79.00元
PSN B-2011-225-1/1

青海蓝皮书
2017年青海经济社会形势分析与预测
著（编）者：陈玮　2016年12月出版 / 定价：79.00元
PSN B-2012-275-1/1

人口与健康蓝皮书
深圳人口与健康发展报告（2017）
著（编）者：陆杰华　罗乐宣　苏杨
2017年11月出版 / 估价：89.00元
PSN B-2011-228-1/1

山东蓝皮书
山东经济形势分析与预测（2017）
著（编）者：李广杰　2017年7月出版 / 估价：89.00元
PSN B-2014-404-1/4

山东蓝皮书
山东社会形势分析与预测（2017）
著（编）者：张华　唐洲雁　2017年6月出版 / 估价：89.00元
PSN B-2014-405-2/4

山东蓝皮书
山东文化发展报告（2017）
著（编）者：涂可国　2017年11月出版 / 估价：98.00元
PSN B-2014-406-3/4

山西蓝皮书
山西资源型经济转型发展报告（2017）
著（编）者：李志强　2017年7月出版 / 估价：89.00元
PSN B-2011-197-1/1

皮书系列重点推荐　地方发展类

陕西蓝皮书
陕西经济发展报告（2017）
著(编)者：任宗哲　白宽犁　裴成荣
2017年1月出版 / 定价：69.00元
PSN B-2009-135-1/5

陕西蓝皮书
陕西社会发展报告（2017）
著(编)者：任宗哲　白宽犁　牛昉
2017年1月出版 / 定价：69.00元
PSN B-2009-136-2/5

陕西蓝皮书
陕西文化发展报告（2017）
著(编)者：任宗哲　白宽犁　王长寿
2017年1月出版 / 定价：69.00元
PSN B-2009-137-3/5

上海蓝皮书
上海传媒发展报告（2017）
著(编)者：强荧　焦雨虹　2017年2月出版 / 定价：79.00元
PSN B-2012-295-5/7

上海蓝皮书
上海法治发展报告（2017）
著(编)者：叶青　2017年6月出版 / 估价：89.00元
PSN B-2012-296-6/7

上海蓝皮书
上海经济发展报告（2017）
著(编)者：沈开艳　2017年2月出版 / 定价：79.00元
PSN B-2006-057-1/7

上海蓝皮书
上海社会发展报告（2017）
著(编)者：杨雄　周海旺　2017年2月出版 / 定价：79.00元
PSN B-2006-058-2/7

上海蓝皮书
上海文化发展报告（2017）
著(编)者：荣跃明　2017年2月出版 / 定价：79.00元
PSN B-2006-059-3/7

上海蓝皮书
上海文学发展报告（2017）
著(编)者：陈圣来　2017年6月出版 / 估价：89.00元
PSN B-2012-297-7/7

上海蓝皮书
上海资源环境发展报告（2017）
著(编)者：周冯琦　汤庆合
2017年2月出版 / 定价：79.00元
PSN B-2006-060-4/7

社会建设蓝皮书
2017年北京社会建设分析报告
著(编)者：宋贵伦　冯虹　2017年10月出版 / 估价：89.00元
PSN B-2010-173-1/1

深圳蓝皮书
深圳法治发展报告（2017）
著(编)者：张骁儒　2017年6月出版 / 估价：89.00元
PSN B-2015-470-6/7

深圳蓝皮书
深圳经济发展报告（2017）
著(编)者：张骁儒　2017年7月出版 / 估价：89.00元
PSN B-2008-112-3/7

深圳蓝皮书
深圳劳动关系发展报告（2017）
著(编)者：汤庭芬　2017年6月出版 / 估价：89.00元
PSN B-2007-097-2/7

深圳蓝皮书
深圳社会建设与发展报告（2017）
著(编)者：张骁儒　陈东平　2017年7月出版 / 估价：89.00元
PSN B-2008-113-4/7

深圳蓝皮书
深圳文化发展报告(2017)
著(编)者：张骁儒　2017年7月出版 / 估价：89.00元
PSN B-2016-555-7/7

丝绸之路蓝皮书
丝绸之路经济带发展报告（2017）
著(编)者：任宗哲　白宽犁　谷孟宾
2017年1月出版 / 定价：75.00元
PSN B-2014-410-1/1

法治蓝皮书
四川依法治省年度报告 No.3（2017）
著(编)者：李林　杨天宗　田禾
2017年3月出版 / 定价：118.00元
PSN B-2015-447-1/1

四川蓝皮书
2017年四川经济形势分析与预测
著(编)者：杨钢　2017年1月出版 / 定价：98.00元
PSN B-2007-098-2/7

四川蓝皮书
四川城镇化发展报告（2017）
著(编)者：侯水平　陈炜　2017年4月出版 / 估价：85.00元
PSN B-2015-456-7/7

四川蓝皮书
四川法治发展报告（2017）
著(编)者：郑泰安　2017年4月出版 / 估价：89.00元
PSN B-2015-441-5/7

四川蓝皮书
四川企业社会责任研究报告（2016~2017）
著(编)者：侯水平　盛毅　翟刚
2017年4月出版 / 估价：89.00元
PSN B-2014-386-4/7

四川蓝皮书
四川社会发展报告（2017）
著(编)者：李羚　2017年5月出版 / 估价：89.00元
PSN B-2008-127-3/7

四川蓝皮书
四川生态建设报告（2017）
著(编)者：李晟之　2017年4月出版 / 估价：85.00元
PSN B-2015-455-6/7

皮书系列重点推荐

地方发展类·国际问题类

四川蓝皮书
四川文化产业发展报告（2017）
著(编)者：向宝云 张立伟
2017年4月出版 / 估价：89.00元
PSN B-2006-074-1/7

体育蓝皮书
上海体育产业发展报告（2016~2017）
著(编)者：张林 黄海燕
2017年10月出版 / 估价：89.00元
PSN B-2015-454-4/4

体育蓝皮书
长三角地区体育产业发展报告（2016~2017）
著(编)者：张林 2017年4月出版 / 估价：89.00元
PSN B-2015-453-3/4

天津金融蓝皮书
天津金融发展报告（2017）
著(编)者：王爱俭 孔德昌
2017年12月出版 / 估价：98.00元
PSN B-2014-418-1/1

图们江区域合作蓝皮书
图们江区域合作发展报告（2017）
著(编)者：李铁 2017年6月出版 / 估价：98.00元
PSN B-2015-464-1/1

温州蓝皮书
2017年温州经济社会形势分析与预测
著(编)者：潘忠强 王春光 金浩
2017年4月出版 / 估价：89.00元
PSN B-2008-105-1/1

西咸新区蓝皮书
西咸新区发展报告（2016~2017）
著(编)者：李扬 王军 2017年6月出版 / 估价：89.00元
PSN B-2016-535-1/1

扬州蓝皮书
扬州经济社会发展报告（2017）
著(编)者：丁纯 2017年12月出版 / 估价：98.00元
PSN B-2011-191-1/1

长株潭城市群蓝皮书
长株潭城市群发展报告（2017）
著(编)者：张萍 2017年12月出版 / 估价：89.00元
PSN B-2008-109-1/1

中医文化蓝皮书
北京中医文化传播发展报告（2017）
著(编)者：毛嘉陵 2017年5月出版 / 估价：79.00元
PSN B-2015-468-1/2

珠三角流通蓝皮书
珠三角商圈发展研究报告（2017）
著(编)者：王先庆 林至颖
2017年7月出版 / 估价：98.00元
PSN B-2012-292-1/1

遵义蓝皮书
遵义发展报告（2017）
著(编)者：曾征 龚永育 雍思强
2017年12月出版 / 估价：89.00元
PSN B-2014-433-1/1

国际问题类

"一带一路"跨境通道蓝皮书
"一带一路"跨境通道建设研究报告（2017）
著(编)者：郭业洲 2017年8月出版 / 估价：89.00元
PSN B-2016-558-1/1

"一带一路"蓝皮书
"一带一路"建设发展报告（2017）
著(编)者：孔丹 李永全 2017年7月出版 / 估价：89.00元
PSN B-2016-553-1/1

阿拉伯黄皮书
阿拉伯发展报告（2016~2017）
著(编)者：罗林 2017年11月出版 / 估价：89.00元
PSN Y-2014-381-1/1

北部湾蓝皮书
泛北部湾合作发展报告（2017）
著(编)者：吕余生 2017年12月出版 / 估价：85.00元
PSN B-2008-114-1/1

大湄公河次区域蓝皮书
大湄公河次区域合作发展报告（2017）
著(编)者：刘稚 2017年8月出版 / 估价：89.00元
PSN B-2011-196-1/1

大洋洲蓝皮书
大洋洲发展报告（2017）
著(编)者：喻常森 2017年10月出版 / 估价：89.00元
PSN B-2013-341-1/1

皮书系列 重点推荐 — 国际问题类

德国蓝皮书
德国发展报告（2017）
著(编)者：郑春荣　2017年6月出版 / 估价：89.00元
PSN B-2012-278-1/1

东盟黄皮书
东盟发展报告（2017）
著(编)者：杨晓强　庄国土
2017年4月出版 / 估价：89.00元
PSN Y-2012-303-1/1

东南亚蓝皮书
东南亚地区发展报告（2016~2017）
著(编)者：厦门大学东南亚研究中心　王勤
2017年12月出版 / 估价：89.00元
PSN B-2012-240-1/1

俄罗斯黄皮书
俄罗斯发展报告（2017）
著(编)者：李永全　2017年7月出版 / 估价：89.00元
PSN Y-2006-061-1/1

非洲黄皮书
非洲发展报告 No.19（2016~2017）
著(编)者：张宏明　2017年8月出版 / 估价：89.00元
PSN Y-2012-239-1/1

公共外交蓝皮书
中国公共外交发展报告（2017）
著(编)者：赵启正　雷蔚真
2017年4月出版 / 估价：89.00元
PSN B-2015-457-1/1

国际安全蓝皮书
中国国际安全研究报告(2017)
著(编)者：刘慧　2017年7月出版 / 估价：98.00元
PSN B-2016-522-1/1

国际形势黄皮书
全球政治与安全报告（2017）
著(编)者：张宇燕
2017年1月出版 / 定价：89.00元
PSN Y-2001-016-1/1

韩国蓝皮书
韩国发展报告（2017）
著(编)者：牛林杰　刘宝全
2017年11月出版 / 估价：89.00元
PSN B-2010-155-1/1

加拿大蓝皮书
加拿大发展报告（2017）
著(编)者：仲伟合　2017年9月出版 / 估价：89.00元
PSN B-2014-389-1/1

拉美黄皮书
拉丁美洲和加勒比发展报告（2016~2017）
著(编)者：吴白乙　2017年6月出版 / 估价：89.00元
PSN Y-1999-007-1/1

美国蓝皮书
美国研究报告（2017）
著(编)者：郑秉文　黄平　2017年6月出版 / 估价：89.00元
PSN B-2011-210-1/1

缅甸蓝皮书
缅甸国情报告（2017）
著(编)者：李晨阳　2017年12月出版 / 估价：86.00元
PSN B-2013-343-1/1

欧洲蓝皮书
欧洲发展报告（2016~2017）
著(编)者：黄平　周弘　江时学
2017年6月出版 / 估价：89.00元
PSN B-1999-009-1/1

葡语国家蓝皮书
葡语国家发展报告（2017）
著(编)者：王成安　张敏　2017年12月出版 / 估价：89.00元
PSN B-2015-503-1/2

葡语国家蓝皮书
中国与葡语国家关系发展报告·巴西（2017）
著(编)者：张曙光　2017年8月出版 / 估价：89.00元
PSN B-2016-564-2/2

日本经济蓝皮书
日本经济与中日经贸关系研究报告（2017）
著(编)者：张季风　2017年5月出版 / 估价：89.00元
PSN B-2008-102-1/1

日本蓝皮书
日本研究报告（2017）
著(编)者：杨伯江　2017年5月出版 / 估价：89.00元
PSN B-2002-020-1/1

上海合作组织黄皮书
上海合作组织发展报告（2017）
著(编)者：李进峰　吴宏伟　李少捷
2017年6月出版 / 估价：89.00元
PSN Y-2009-130-1/1

世界创新竞争力黄皮书
世界创新竞争力发展报告（2017）
著(编)者：李闽榕　李建平　赵新力
2017年4月出版 / 估价：148.00元
PSN Y-2013-318-1/1

泰国蓝皮书
泰国研究报告（2017）
著(编)者：庄国土　张禹东
2017年8月出版 / 估价：118.00元
PSN B-2016-557-1/1

土耳其蓝皮书
土耳其发展报告（2017）
著(编)者：郭长刚　刘义　2017年9月出版 / 估价：89.00元
PSN B-2014-412-1/1

亚太蓝皮书
亚太地区发展报告（2017）
著(编)者：李向阳　2017年4月出版 / 估价：89.00元
PSN B-2001-015-1/1

印度蓝皮书
印度国情报告（2017）
著(编)者：吕昭义　2017年12月出版 / 估价：89.00元
PSN B-2012-241-1/1

国际问题类 — 皮书系列重点推荐

印度洋地区蓝皮书
印度洋地区发展报告（2017）
著（编）者：汪戎　　2017年6月出版 / 估价：89.00元
PSN B-2013-334-1/1

英国蓝皮书
英国发展报告（2016~2017）
著（编）者：王展鹏　　2017年11月出版 / 估价：89.00元
PSN B-2015-486-1/1

越南蓝皮书
越南国情报告（2017）
著（编）者：谢林城
2017年12月出版 / 估价：89.00元
PSN B-2006-056-1/1

以色列蓝皮书
以色列发展报告（2017）
著（编）者：张倩红　　2017年8月出版 / 估价：89.00元
PSN B-2015-483-1/1

伊朗蓝皮书
伊朗发展报告（2017）
著（编）者：冀开远　　2017年10月出版 / 估价：89.00元
PSN B-2016-575-1/1

中东黄皮书
中东发展报告No.19（2016~2017）
著（编）者：杨光　　2017年10月出版 / 估价：89.00元
PSN Y-1998-004-1/1

中亚黄皮书
中亚国家发展报告（2017）
著（编）者：孙力　吴宏伟　　2017年7月出版 / 估价：98.00元
PSN Y-2012-238-1/1

　　皮书序列号是社会科学文献出版社专门为识别皮书、管理皮书而设计的编号。皮书序列号是出版皮书的许可证号，是区别皮书与其他图书的重要标志。

　　它由一个前缀和四部分构成。这四部分之间用连字符"-"连接。前缀和这四部分之间空半个汉字（见示例）。

《国际人才蓝皮书：中国留学发展报告》序列号示例

　　从示例中可以看出，《国际人才蓝皮书：中国留学发展报告》的首次出版年份是2012年，是社科文献出版社出版的第244个皮书品种，是"国际人才蓝皮书"系列的第2个品种（共4个品种）。

社会科学文献出版社　　　　　　　　　**皮书系列**

❖ 皮书起源 ❖

"皮书"起源于十七、十八世纪的英国，主要指官方或社会组织正式发表的重要文件或报告，多以"白皮书"命名。在中国，"皮书"这一概念被社会广泛接受，并被成功运作、发展成为一种全新的出版形态，则源于中国社会科学院社会科学文献出版社。

❖ 皮书定义 ❖

皮书是对中国与世界发展状况和热点问题进行年度监测，以专业的角度、专家的视野和实证研究方法，针对某一领域或区域现状与发展态势展开分析和预测，具备原创性、实证性、专业性、连续性、前沿性、时效性等特点的公开出版物，由一系列权威研究报告组成。

❖ 皮书作者 ❖

皮书系列的作者以中国社会科学院、著名高校、地方社会科学院的研究人员为主，多为国内一流研究机构的权威专家学者，他们的看法和观点代表了学界对中国与世界的现实和未来最高水平的解读与分析。

❖ 皮书荣誉 ❖

皮书系列已成为社会科学文献出版社的著名图书品牌和中国社会科学院的知名学术品牌。2016年，皮书系列正式列入"十三五"国家重点出版规划项目；2012~2016年，重点皮书列入中国社会科学院承担的国家哲学社会科学创新工程项目；2017年，55种院外皮书使用"中国社会科学院创新工程学术出版项目"标识。

中国皮书网

www.pishu.cn

发布皮书研创资讯，传播皮书精彩内容
引领皮书出版潮流，打造皮书服务平台

栏目设置

关于皮书：何谓皮书、皮书分类、皮书大事记、皮书荣誉、
皮书出版第一人、皮书编辑部

最新资讯：通知公告、新闻动态、媒体聚焦、网站专题、视频直播、下载专区

皮书研创：皮书规范、皮书选题、皮书出版、皮书研究、研创团队

皮书评奖评价：指标体系、皮书评价、皮书评奖

互动专区：皮书说、皮书智库、皮书微博、数据库微博

所获荣誉

2008年、2011年，中国皮书网均在全国新闻出版业网站荣誉评选中获得"最具商业价值网站"称号；

2012年，获得"出版业网站百强"称号。

网库合一

2014年，中国皮书网与皮书数据库端口合一，实现资源共享。更多详情请登录www.pishu.cn。

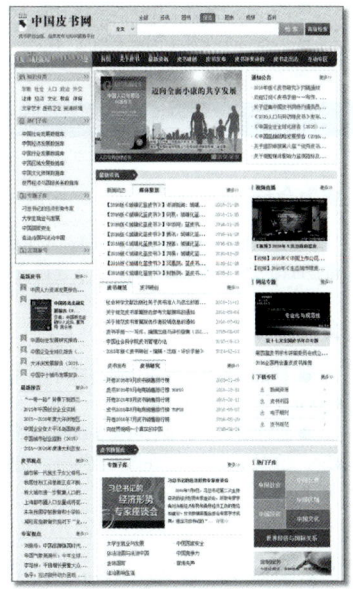

权威报告·热点资讯·特色资源

皮书数据库
ANNUAL REPORT(YEARBOOK) DATABASE

当代中国与世界发展高端智库平台

所获荣誉

- 2016年，入选"国家'十三五'电子出版物出版规划骨干工程"
- 2015年，荣获"搜索中国正能量 点赞2015""创新中国科技创新奖"
- 2013年，荣获"中国出版政府奖·网络出版物奖"提名奖
- 连续多年荣获中国数字出版博览会"数字出版·优秀品牌"奖

成为会员

通过网址www.pishu.com.cn或使用手机扫描二维码进入皮书数据库网站，进行手机号码验证或邮箱验证即可成为皮书数据库会员（建议通过手机号码快速验证注册）。

会员福利

- 使用手机号码首次注册会员可直接获得100元体验金，不需充值即可购买和查看数据库内容（仅限使用手机号码快速注册）。
- 已注册用户购书后可免费获赠100元皮书数据库充值卡。刮开充值卡涂层获取充值密码，登录并进入"会员中心"—"在线充值"—"充值卡充值"，充值成功后即可购买和查看数据库内容。

数据库服务热线：400-008-6695
数据库服务QQ：2475522410
数据库服务邮箱：database@ssap.cn

图书销售热线：010-59367070/7028
图书服务QQ：1265056568
图书服务邮箱：duzhe@ssap.cn